마을을 담은
학교자율시간 교과서

누구나 쉽게 따라 하고 사용할 수 있는

마을을 담은 학교자율시간 교과서

윤현식 지음

한국문화사

프롤로그

마을과 학교를 연계하여 마을을 배우고 익히며, 마을 속 삶과 끊임없이 연결하려는 노력은 꾸준히 이어져 왔습니다. 익숙하지 않은 마을을 배우고 탐구하는 과정에서 교과와 창의적 체험 활동과 연계하여 학교에서의 배움이 학교 담장을 넘어 실천되고 확장될 수 있도록 많은 교사들이 최선을 다했습니다. 이러한 노력은 마을 연계 교육, 마을교육과정, 마을교육공동체 등 다양한 형태로 열매를 맺었으며, 마을의 가치와 활용 가능성을 탐구하는 노력은 지금, 이 순간에도 계속되고 있습니다.

교과, 자유학기제, 혁신학교, 마을교육공동체, 창의적 체험 활동 등 다방면에 걸친 마을 교육은 오랜 시간과 경험이 축적되면서 하나의 체계를 이루고 있습니다. 이러한 마을 교육은 교육 분야에 새로운 관점과 도전을 제시하며 큰 전환점을 마련했을 뿐만 아니라 그 과정에서 교육적 성과도 함께 이뤄졌습니다. 하지만, 현장에서는 마을 교육의 한계와 수정이 필요하다는 의견도 제기되고 있습니다. 교사 개인이 마을 교육을 추진하면서 겪는 어려움, 지속 가능한 마을 교육을 운영하는 데 따르는 제약, 학교 중심이 아닌 외부 주체 중심 운영의 난항, 체계적인 마을 교육

시스템의 부족 등 여러 문제가 제기되고 있습니다.

특히, 마을 교육을 추진하는 교사가 마을에 대해 충분히 알지 못하거나 마을을 알기 위한 시간을 따로 내기 어려운 현실적인 문제가 존재합니다. 공공기관이나 마을 전문가를 섭외하는 과정에서도 여러 어려움이 따릅니다. 마을 교육을 지속해서 추진하기 위해서는 충분한 시간 확보와 학교 교육과정 전체와의 연계가 필수적이지만, 이를 실현하기에는 여전히 많은 제약이 있습니다. 학교 중심 또는 교사 중심으로 마을 교육을 기획하고 운영하려 해도 외부 기관이나 전문가, 마을 강사와의 연계 활동이 주요한 비중을 차지하는 경우 적합한 시기나 주제를 체험하는 데 제한이 따릅니다. 더불어, 교과와 연계한 마을 교육과정이나 창의적 체험 활동을 추진하는 데 필요한 자료와 정보를 수집하더라도 이를 적용하고 실천하는 데 한계가 발생하고 있습니다.

이를 해결하기 위해서는 마을과 연계한 교육과정을 더욱 공고히 체계화하고, 그 내용을 교과 및 창의적 체험 활동과 연계할 수 있도록 방안을 마련해야 합니다. 2022 개정 교육과정에서 새롭게 도입된 학교자율시간을 활용하여 마을과 다양한 교과를 연계하고, 학습자가 주도적으로 탐구하며 깊이 있는 학습을 이룰 수 있도록 지원할 수 있습니다. 이를 통해 학교 교육을 넘어 삶과 연계한 교육을 실천할 수 있습니다. 학교자율시간에 개설된 과목으로 마을 교육을 운영하면서 교육과정을 계획하고, 교과서를 제시함으로써 마을 교육을 더욱 체계화할 수 있으며, 다양한 교과를 아우르며 융합하고 연계할 수 있는 기반을 마련할 수 있습니다. 그동안 마을을 하나의 프로젝트나 연계 활동, 수업 대상으로만 다루었다면 학교자율시간 과목을 통해 교육과정 체계를 정립하고, 여러 교과의 지식과 개념을 적용하고 탐구하며 수업과 평가가 이루어지는 과목으로 기능할 수 있기를 기대합니다.

이 책에서는 교사들이 마을 연계 교육을 실천해야 한다는 부담감을 줄이고, 중학교 교사들이 자신의 교과와 연계할 수 있는 활동을 탐색할 수 있도록 구성하였습니다. 또한, 마을 연계 교육을 지속해서 추진하는 데 어려움을 덜기 위해 마을 연계 활동을 교과서 형태로 제시하여 필요한 부분을 적절히 활용할 수 있도록 하였습니다. 교사, 교과, 학교 중심의 마을교육과정 수립 및 성취 기준을 제시하여 외부와의 연계와 지원에 대한 교사의 고민과 선택을 도울 수 있도록 하였으며, 마을교육과정의 목표, 성격, 내용 체계, 성취기준, 교수·학습 및 평가, 성취 수준, 수행평가 등을 체계적으로 정리하여 제시하였습니다.

그동안 교사 중심의 마을 교육과정을 실천하면서 겪은 다양한 경험과 한계, 개선점을 반영하여 마을 교육과정을 체계적으로 구조화하였습니다. 이 책은 마을 연계 교육에 관심이 있는 분들, 마을 연계 교육 계획을 수립하기 위해 자료를 찾는 분들, 다양한 교과와 교사가 협력하여 마을 연계 교육을 실천하고자 하는 분들, 학교자율시간에 마을 연계 교육을 고민하는 분들에게 도움이 되기를 바랍니다.

마을 교육은 매우 복합적이고 다양한 관점에서 해석될 수 있습니다. 하지만, 궁극적으로 마을 교육의 공통된 목표는 학습자가 마을의 구성원으로 성장하고, 그 과정에서 의미 있는 참여와 학습을 이뤄내는 데 있습니다. 교과, 교사, 학교 중심의 마을 교육에 주목하는 교사들도 많으며, 학교 안에서의 배움이 학교 밖으로 적용되고 확장되는 것을 진정한 배움으로 인식하고 있습니다. 이 책은 마을을 단순히 아는 것에 그치지 않고, 학교 교과와 연계하여 깊이 있고 창의적으로 탐구하는 과정을 제안합니다. 이를 통해 학습자가 마을을 배우고 자신을 발견하며 스스로 인지적, 정서적 능력을 함양해 나갈 수 있도록 돕는 것을 목표로 하고 있습니다.

이 책은 총 4부로 구성되어 있습니다. 1부에서는 학교자율시간에 대한 전반적인 이해를 돕기 위한 내용을 담고 있습니다. 2부에서는 학교자율시간에 운영할 수 있는 '마을의 삶과 앎'이라는 과목의 교육과정을 종합적으로 제시하였으며, 이 과목의 설계 개요, 성격, 목표, 내용 체계, 성취기준, 교수·학습 및 평가를, 3부에서는 성취 수준을 안내하였습니다. 4부에서는 '마을의 삶과 앎' 교과서에 대한 내용을 다루고 있으며, 교과서의 학습 흐름을 '생각의 씨앗-배움의 뿌리-탐구의 싹-상상의 가지-창의의 열매-지식의 수확-미래의 씨앗'이라는 7단계로 구체화하였습니다.

이 책은 특정 지역에 국한된 지역 중심 교육과정이 아닌 성취기준을 자유롭게 적용하고 학습 내용을 학습자의 지역에 맞게 변형·재구성할 수 있도록 구성되었습니다. 교과서 내용 예시로는 하나의 지역을 사례로 담았지만, 이를 활용하는 교사가 학습 내용을 학습자의 상황과 필요에 맞게 재구성하고, 맞춤형으로 제시할 수 있도록 포괄적인 관점에서 제안하고 있습니다.

전술(前述)한 바와 같이 학교 현장에서 마을교육과 학교 교육을 연계하기 위한 큰 노력이 지속되어 왔습니다. 이러한 노력은 마을과의 연계를 희망하는 교육자들에게 큰 동기를 부여했으며, 특히 학교자율시간을 통해 학습자의 삶과 앎을 연결하는 중요한 다리가 될 것으로 기대됩니다. 학교자율시간과 결합한 마을교육은 단순히 지역 자원을 활용하는 데 그치지 않고, 학교 교육과정을 풍부하게 하며 학습자가 자신의 주변 환경과 깊이 연결될 수 있는 새로운 학습 기회를 제공합니다. 이책은 학교 교육과정 속에서 마을과 연계한 교육을 시작하려는 분들께 첫걸음을 내딛는 데 실질적인 도움을 드리고자 합니다. 이 책은 교사의 관점에서 마을교육과정을 제안하고 있으며, 이를 바탕으로 학교자율시간과 결합하여 실천해 나가는 과정을 통해 마을 연계 교육이 더 이상 높은 장벽이나 별개의 과제가 아닌 교과·교사·학교와 자연스럽게 조화를 이루는 하나의 방향으로 자리 잡을 수 있으리라 기대합니다.

끝으로, 이 책은 완결성, 완벽성, 또는 결정성을 지닌 절대적 기준으로서의 마을교육과정을 제시하는 것이 아닙니다. 대신, 함께 생각하고, 모두 협의하며, 같이 실천하고, 서로 나눌 수 있는 하나의 화제(話題)로 제안하고자 합니다. 더불어 학교자율시간 운영에 대한 고민과 탐색, 그리고 마을교육의 이해와 실천을 위해 노력하는 학교 현장의 선생님들께 이 책이 작은 도움과 보탬이 되기를 바랍니다. 더 많은 학교와 교사가 마을과 함께하는 교육을 실천할 수 있기를 진심으로 바라며, 이 책이 마을 교육 실천의 여정에서 함께하는 길잡이가 되기를 희망합니다.

목차

1부

학교 자율시간

학교자율시간의 이해

학교자율시간의 개념

학교교육과정에 대한 인식 전환

주어진
교육과정

학교자율시간

만들어 가는
교육과정

교사·학생·학부모 간 상호작용을 통해 함께 만들어 가는 학교 교육과정

교육과정 개발자 또는 설계자로서의 교사 역할 수행

교육과정 분권화 및 자율화 실현

지역과 학교의 여건 및 학생의 필요에 따라 교과 및 창의적 체험활동의 일부 시수를 확보하여
국가 교육과정에 제시되지 않은 새로운 과목을 자유롭게 개발·운영하는 시간

학교자율시간의 운영 근거

학교자율시간의 운영 근거는 2022 개정 교육과정 총론에 제시되어 있다.

3) 학교는 지역과 연계하거나 다양하고 특색 있는 교육과정 운영을 위해 학교자율시간을 편성·운영한다.
  가) 학교자율시간을 활용하여 이 교육과정에 제시되어 있는 교과목 외에 새로운 선택과목을 개설할 수 있다.
  나) 학교자율시간에 개설되는 과목의 내용은 지역과 학교의 여건 및 학생의 필요에 따라 학교가 결정하되, 학생의 선택권을 고려하여 다양한 과목을 개설·운영한다.
  다) 학교자율시간은 학교 여건에 따라 연간 34주를 기준으로 한 교과별 및 창의적 체험활동 수업 시간의 학기별 1주의 수업 시간을 확보하여 운영한다.
                                                        − 2022 개정 교육과정 총론

학교자율시간의 성격과 운영 형태

학교자율시간을 활용하여 2022 개정 교육과정에 제시된 교과목 외에 새로운 과목을 개설할 수 있다. 이 과목은 국가교육과정에 제시되지 않은 '교육감 승인 과목(고시 외 과목)'을 의미한다.

학교 자체 과목 개발 시에 교육감 승인 과목(고시 외 과목) 신설을 위한 승인 절차가 필요하며 과목의 구성 요소는 목표, 내용, 성취기준, 교수·학습 및 평가 등을 갖추어야 하며 필요에 따라 해당 과목을 운영할 때 사용할 교과서나 학습자료 등도 고려해야 한다.

학교자율시간 개설한 과목은 다음의 예처럼 관련 교과(군)에 편성한다.

구분		교과	과목
교과(군)	사회(역사 포함) / 도덕	사회	사회
			마을의 삶과 앎
		역사	역사
		도덕	도덕

학교자율시간에 개설하는 과목은 새로운 선택과목으로 중학교 교육과정에 편제

된 교과의 과목과는 다르다.

학교자율시간 과목의 내용 형태는 학교의 학생·학부모·교사의 요구를 반영하고 학교의 지역적 상황과 여건을 고려하여 아래와 같이 자유롭게 내용을 구성할 수 있다.

구분	예시
교과 융합형 설계	특정 교과(군) 간의 간학문적 융합 활동이 잘 드러나는 과목 내용을 구성하여 학년별, 학기별로 집중하여 교과 내용을 심화·확장하는 형태로 과목 설계 예 과학 기술과 윤리, 인문학과 음악, 자연과학 토론 등
진로 중심형 설계	진로 체험, 진로 연계 활동, 다양한 진로 프로젝트 활동이 가능하도록 과목 내용을 구성하여 설계 예 자연과학과 진로, 인문 사회와 진로, 진로 진학과 고교학점제 등
지역사회 연계형 설계	지역 내 다양한 교육자원을 활용하여 지역사회의 특색이 잘 드러나는 내용으로 과목을 설계 예 지역사회 이해와 자원 탐색, 지역사회 체인지 메이커 등
학생 주도 프로젝트형 설계	학습자가 교사와 함께 스스로 목표를 세우고 교사·동료와 함께 다양한 상호작용과 탐구 등을 통해 교과 내용을 심화·확장하는 형태로 과목을 설계 예 학생 융합 탐구, 학생 주도 동아리 프로젝트, 학급자율자치 등
기초소양 강화형 설계	언어·수리·디지털 소양 강화를 위해 성취 기준을 분석하고 학습자의 발달 단계에 맞는 내용을 구성하여 기초소양을 체계적으로 강화하는 형태로 과목을 개설 예 디지털 문해력 탐구, 수리력 문해력 탐구 등

출처: 교육부, 「2022 개정 교육과정 편성·운영 톺아보기」

학교자율시간을 활용하여 개설한 과목의 평가는 교과(군)로 편성하기 때문에 편성된 교과(군)의 평가 방식에 준하여 시·도학업성적관리지침에 따라 실시한다. 그 예는 다음과 같다.

구분	교과(군)	평가
1	국어 교과(군), 사회(역사 포함)/도덕 교과(군), 수학 교과(군), 과학/기술·가정/정보 교과(군), 영어 교과(군), 선택(생활 외국어 또는 한문) 교과(군)로 학교자율시간 과목을 개설하는 경우	5단계 (A-B-C-D-E)
2	체육 교과(군), 예술(음악/미술) 교과(군)로 학교자율시간 과목을 개설하는 경우	3단계 (A-B-C)
3	선택 교과(군)의 교양 과목 성격으로 학교자율시간 과목을 개설하는 경우 ※ 2024 중학교 학업성적관리 시행지침: 중학교의 선택 과목 중 고등학교 보통 교과의 교양 교과 성격을 지닌 과목(환경, 보건, 진로와 직업 등)	이수 여부 (P/F)

출처: 교육부, 「2022 개정 교육과정 편성·운영 톺아보기」

학교자율시간 과목 개설 시에 고려해야 할 사항은 지역 연계, 학생의 요구에 따라 다양하고 특색있는 과목으로 구성해야 한다. 단, 해당 과목의 목표, 내용, 학습 및 평가 등을 고려하여 적정 수의 과목을 편성할 필요가 있다. 또한, 학교자율시간을 위한 교원·학생·학부모 교육공동체의 협의와 논의가 필요하다.

학교자율시간의 편성

학교자율시간의 편성 시수는 연간 34주를 기준으로 할 때 교과 및 창의적 체험활동 수업 시간의 학기별 1주의 수업 시간(수업량)이 된다. 실제 교육과정 운영 시간을 기준으로 '총 수업 시간 수'에 따라 편성하며 예는 다음과 같다.

○○중학교 학교자율시간 운영 시수(예시)	
학교자율시간 시수	시수
교과와 창의적 체험활동의 3년간 총 시수	3,366시간
교과와 창의적 체험활동의 연간 총 시수	1,122시간
교과와 창의적 체험활동의 연간 주당 평균 수업 시수	66시간
교과와 창의적 체험활동의 학기별 주당 평균 시수	33시간

출처: 교육부, 「2022 개정 교육과정 편성·운영 톺아보기」

학교자율시간은 학기 내 1주의 수업 시간을 확보하여 운영해야 하며, 학교자율시간의 운영 학년과 학기는 학교장이 결정하며 학교자율시간의 시수는 학기 단위로 편성·운영해야 한다. 중학교 3년 내 한 학기 이상 편성·운영해야 하며 매 학년, 매 학기 편성도 가능하다. 학교 여건에 따라 3개 학년 중 필요로 하는 학년·학기 중심으로 편성 가능하다. 단, 학기 단위로 분산을 운영하는 것은 불가하다. 1학기 17시간, 2학기 17시간을 나누어서 하는 것은 불가하나, 한 학기에 각 16~17시간에 해당하는 2개 과목을 개설하여 총 33~34시간을 운영하는 것은 가능하다.

학교자율시간 편성 시수 확보 방안은 교과 특성 및 학교 여건을 고려하여 교과(군) 및 창의적 체험활동에서 시수 감축 또는 시수 순증 등의 방법을 활용하여 학기별 1주 수업량을 운영해야 한다.

학교자율시간 시수 확보를 위한 교과 시수 조정 범위는 모든 교과(군)와 창의적 체험활동의 20% 범위 내 시수 확보가 가능하다. 다만, 학교 자율시간을 편성하더라도 체육 및 예술(음악/미술) 교과(군)의 기준 수업 시수를 감축하여 편성·운영할 수 없다. 즉, 학교자율시간을 통해 체육 및 예술(음악/미술)과 관련된 새로운 선택 과목을 개설하여 운영할 때도 해당 교과(군)의 기준 수업 시수인 272시간 미만으로 감축하여 운영할 수 없다. 다음은 그 예이다.

예시	가능 여부
체육 과목(239시간)+체육 교과로 편성된 학교자율시간 과목(33시간) → 총 체육 교과의 수업 시수(272시간): 기준 시수 충족	가능
체육 과목(239시간) + 체육 외 교과로 편성된 학교자율시간 과목(33시간) → 총 체육 교과의 수업 시수(239시간): 기준 시수 미달	불가
체육 과목(239시간)+체육 교과로 편성된 학교자율시간 과목(17시간) → 총 체육 교과의 수업 시수(256시간): 기준 시수 미달	불가

출처: 교육부, 「2022 개정 교육과정 편성·운영 톺아보기」

학교자율시간의 편성 유형과 시수 확보 방법은 크게 세 가지로 구분할 수 있다.

구분	편성 유형	내용
지속형	매주 학교자율시간의 시수 활용	매주 시수 활용 시 과목 운영의 지속성과 안정성 확보, 교과 간 융합 과목의 개설·운영에 용이
집중형	학기 초, 학기 중, 학기 말에 집중적으로 학교자율시간의 시수 활용	학교의 필요에 따라 유휴 시간에 활용 가능, 과목의 특성에 따라 집중적인 학습 가능
혼합형	지속형과 집중형의 혼합	일정 기간 '지속형'으로 학교자율시간을 운영 후 학기말에 그 결과를 공유하는 방식 등으로 적용 가능

구분	편성 예시
지속형에 적합	특정 교과(군) 시수 조정(주당 1시간)을 통한 학교자율시간 편성 A교과(16시간) + B교과(17시간) → 학교자율시간 33시간 확보
집중형에 적합	다수의 교과(군) 시수 조정을 통한 학교자율시간 편성 A교과(6시간) + B교과(4시간) + C교과(6시간) + D교과 (4시간) +E교과 (6시간) + F교과(4시간) + G교과(3시간) → 학교자율시간 33시간 확보
혼합형에 적합	교과(군)와 창의적 체험활동 간 시수 조정을 통한 학교자율시간 편성 A교과(12시간) + B교과(12시간) + 창의적 체험활동(9시간) → 학교자율시간 33시간 확보

2부

마을의 삶과 앎 교육과정

마을의 삶과 앎 교육과정

'마을의 삶과 앎'이라는 학교자율시간 과목을 운영하기 위한 교육과정을 2022 개정 교육과정 교과 교육과정 틀을 토대로 작성, 제시하였다.

교육과정 설계의 개요

'마을의 삶과 앎'의 교육과정에서는 '자기관리 역량, 지식정보처리 역량, 창의적 사고역량, 심미적 감성 역량, 협력적 소통 역량, 공동체 역량'으로 설정하였다. 마을에 관한, 마을을 통한, 마을을 위한 체계에 기반하여 각각의 주요 역량을 주안에 두고 마을에 관한 지식과 이해, 마을을 통한 역할과 책임, 마을을 위한 참여와 성장으로 구성하였다.

교육과정 체계로는 성격 및 목표, 내용 체계 및 성취기준, 교수·학습 및 평가로 구성하였다. '성격'에서는 과목의 필요성을, '목표'에서는 핵심 역량과의 연계성을 가능한 목표로 제시하였다. '내용 체계'에서는 핵심 아이디어를 밝히고, '지식·이해', '과정·기능', '가치·태도'의 세 범주와 그에 따른 내용 요소를 제시하였다. '성취기준'은 학습자의 역량 함양을 위해 내용 체계의 '내용 요소'를 유기적으로 결합하여 구성하였다. 성취기준에 관한 이해를 돕고, 소통을 원활히 하기 위해 '성취기준 해설'을 제공하였으며, 이를 지도할 때 유의할 점을 '성취기준 적용 시 유의 사항'에 기술하였다. '교수·학습 및 평가'에서는 교수·학습 시 강조 및 유의할 사항을 중심으로 제시하였다.

지식·이해에서는 마을의 역사적 배경, 문화, 사회적 구조 등을 이해하는 데 필요한 지식으로 구성하였다. 과정·기능은 마을의 현상을 탐구하고 마을의 문제나 쟁점을 분석하며 마을 구성원과 소통하며 해결하는 과정에서 필요한 기능으로 구성하였다. 가치·태도는 정의적 요소를 중심으로 민주시민에게 필요한 태도로 구성하였다.

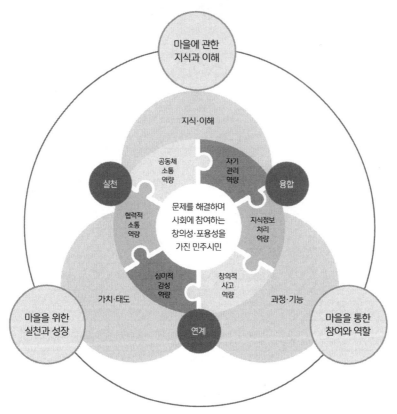

'마을의 삶과 앎' 교육과정 설계의 개요

성격 및 목표

성격

　마을은 다양한 구성원들이 삶의 터전으로서 일상생활을 함께하면서 소통을 바탕으로 공동체의 문제를 해결해 나가며 사람들이 같이 살아가는 공간을 의미한다. 오랜 세월 동안 자연환경의 영향을 받고 이에 적응하며 마을만의 주거 형태, 생활양식, 문화를 형성하며 생활해 왔으며, 환경을 활용하고 극복하며 고유의 전통과 가치를 형성해 왔다. 마을 구성원이 함께 만들고 가꾸며 이어져 온 문화적 특성과 전통을 인식함으로써 마을을 깊이 있게 이해하고 나아가 마을과 자신의 관계를 알고 자신을 스스로 탐색해 볼 수 있다. 특히, 마을의 다양성과 가치를 존중하며, 현대 사회에서 강조하는 공동체 의식, 민주시민의 자질을 함양한다. 이를 통해 역할과 책임을 깊이 탐구하고, 마을 구성원의 삶과 상호작용, 마을이 가진 문제와 쟁점을 분석함으로써 더 깊이 사고할 수 있다. 나아가 효율적이고 합리적인 방안을 협력적으로 도출하고 실천하여 삶의 행복과 공동체의 발전을 추구할 수 있다.

'마을의 삶과 앎'이라는 과목은 마을이라는 한정된 공간과 공간에 내재한 역사, 문화, 사회적 특성을 이해하고 파악하며 마을에 관한 총체적 지식과 감수성을 키우며, 마을을 직접 체험해 보는 창의적인 활동과 마을의 과거, 현재, 미래를 비판적이고 창의적으로 사고해 보는 학습 경험을 통해 마을을 통합적, 체계적으로 성찰해 보는 과목이다. 학문적 융합을 바탕으로 하여 주제에 접근하여 다양한 교과의 개념, 기능을 활용하여 마을에 관한 기초적인 지식을 습득함은 물론 마을의 현상, 현안, 가치를 발견하고 탐구하는 능력을 익혀 마을을 종합적인 관점에서 바라보고 주도적으로 참여하고 성장하는 능력을 함양할 수 있다.

마을에 관한 지식과 정보를 수용, 생산하고 마을의 전통과 문화, 역사적 가치를 성찰하고 누리며, 마을이 당면한 문제를 분석하고 협력적인 의사소통에 기반하여 창의적이고 실현이 가능한 해결책을 제시하고 마을 구성원의 삶을 깊이 있게 이해하고 자신을 성찰함으로써 긍정적인 자아정체성을 확립하며, 지속 가능한 마을의 발전을 위해 존중과 배려, 소통과 나눔을 바탕으로 사회 참여를 주도적으로 실천하는 민주시민으로 성장할 수 있다.

목표

　'마을의 삶과 앎' 과목의 목표는 학습자들이 복잡하고 불확실한 미래 사회에 대응하여 자신을 이해하고 민주시민 역량을 함양할 수 있도록 마을의 유래, 변천 과정, 역사 등 기초적인 정보를 습득함은 물론, 마을에서 나타나는 현상과 문제를 탐구하는 능력을 익혀 합리적인 대안과 실현이 가능한 해결 방안을 협력적으로 도출하고 실현하며 자기의 삶과 마을을 연계하여 마을과 함께 더불어 성장하는 역량과 태도를 기르는 데 있다.

　마을에 관한 지식과 정보를 심층적으로 이해하고 이를 활용하여 마을 구성원으로서 역할과 책임, 자질을 인식, 제고하며 나아가 마을에서 나타나는 현상과 문제를 창의적, 합리적, 포용적으로 해결하는 데 주도적으로 참여하는 능력과 태도를 함양하는 것을 목표로 한다.

　폭넓은 지식과 이해를 넓혀 마을에 관한 다양한 영역을 살펴보는 안목과 식견을 키우고 이를 토대로 마을의 여러 가지 자원과 문화, 현상을 분석하며 자기 자신과 공동체에 관한 인식을 확립하고 책임감과 공동체 의식을 기르며 마을의 가치를 깨닫고 주도적으로 자기 삶과 앎을 마을과 연계하여 마을의 성장과 발전을 위해 적극적으로 참여하고 실천하는 민주 시민성을 함양하는 데 있다. 다양한 자료와 매체를 활용하여 여러 영역의 지식과 정보를 전반적으로 이해하고 탐구하며 사회 구성원으로서 기초적 능력과 자질, 역할을 지속해서 개발, 인식하여 자아정체성을 탐색하고 더불어 살아가는 마을의 문제를 독창적인 아이디어를 통해 해결책을 탐색하고 상호 협력적인 관계에서 공동의 목적을 구현함으로써 삶의 의미와 가치, 마을의 가치, 공동체 발전에 적극적이고 책임감 있게 참여하는 역량을 기르는 데 목적이 있다.

　초등학교에서 학습한 지역사를 바탕으로 중학교 수준에서 마을을 이해하고, 창의·융합적인 주제와 내용을 중심으로 참여·실행함으로써 마을의 지속가능한 발전과 성장에 이바지할 수 있는 능력과 태도를 기르도록 하는 데 있다.

▶ 마을에 관한 지식과 이해를 통해 학습자들이 마을의 다양한 요소와 그 상호작용을 이해하고, 마을의 가치와 정체성을 발견하며 창의적으로 계승할 역량을 기르는 것을 목표로 한다. 마을의 지명, 문화, 예술, 역사적 특색과 자연·인문환경의 상호작용을 탐구하고, 마을의 특징과 가치를 분석하는 안목을 키우며, 공동체의 정체성과 철학을 이해하며, 마을의 자랑거리를 알리고 지속 가능한 발전에 이바지하는 태도를 함양한다.

▶ 마을을 통한 참여와 역할을 통해 학습자들이 마을의 다양한 요소를 이해하고, 공동체 문제를 해결하며 마을의 가치와 정체성을 높이는 데 주도적으로 참여하는 역량을 기르는 것을 목표로 한다. 구성원의 상황과 입장을 존중하며 협력하는 태도를 함양하고, 전통과 문화, 자연·인문환경의 조화를 바탕으로 지속 가능한 실천 방안을 모색하고 실행하는 능력을 키우며, 학습자들이 이러한 과정을 통해 마을공동체의 성장과 더 나은 미래를 만들어가는 주체로서 역할을 자각하도록 한다.

▶ 마을을 위한 실천과 성장을 통해 학습자들이 마을공동체의 경제활동과 자원을 이해하고, 자신의 진로와 직업을 탐색하며 지속 가능한 발전을 도모하는 역량과 태도를 기르는 것을 목표로 한다. 마을의 직업 구조와 경제활동을 탐구하고, 창업과 상권 분석을 통해 경제적 자립과 발전 가능성을 모색하며 실천적 역량을 키우고, 인간과 자연의 조화, 마을의 고유 가치와 정신을 계승하며 지역사회의 책임 있는 일원으로 지속 가능한 발전에 이바지하는 태도를 함양한다.

내용 체계 및 성취기준

내용 체계

마을에 관한 지식과 이해(우리 마을로 떠나는 내 앎의 여행)

핵심 아이디어	• 마을은 다양한 구성원들이 살아가는 삶의 터전으로 일상생활을 함께하면서 소통을 바탕으로 공동체 문제를 함께해 나가는 사람들이 살아가는 공간이다. • 마을의 지명은 오랜 시간 동안 살아온 사람들의 인식과 가치가 담겨 있으며 지리적·역사적 특색을 담고 있다. • 마을의 문화와 예술은 공동체의 철학과 정체성을 담고 있으며, 이는 과거와 현재를 연결하는 매개체이다. • 마을의 환경에 따라 다양한 문화, 역사가 형성되며, 자연·인문환경과 인간 생활은 상호작용하며 영향을 주고받는다. • 마을의 생활상과 가치, 문화가 담긴 대상은 마을 고유의 역사와 전통을 보여주는 중요한 역할을 하며, 구성원의 경험과 정서를 교류하도록 이어준다. • 전통과 문화, 역사가 함축된 마을을 알리고, 교류를 촉진하여 마을의 자랑거리를 소개하는 것은 마을에 가치를 더한다.
범주	중학교
지식·이해	• 마을과 마을의 공간　　　• 마을 지명 유래와 변천 과정 • 마을의 지리적·역사적 특색　　• 마을의 문화와 예술 • 마을의 자연환경　　　　• 마을의 인문환경 • 마을의 자랑거리　　　　• 마을의 명소
과정·기능	• 여러 지리정보와 매체를 활용하여 지리적 요소 시각화하기 • 지리적 특성이나 경험을 토대로 자료로 표현하기 • 지역의 수집 정보를 수집·활용하여 여러 방식으로 표현하기 • 마을의 서사를 구성하여 다양한 방식으로 표현하기 • 다양한 문화·예술 사례를 조사하고, 감상하기

과정·기능	• 문화·예술과 마을 전통, 정체성, 상호 연계성 파악하기 • 자연환경과 주민 생활 간 관계성 파악하기 • 지리적 특성이나 주제를 바탕으로, 자료로 표현하기 • 인문환경과 주민 생활 간 상호 연계성 파악하기 • 여러 가지 데이터 및 시사 자료를 활용하여 마을의 특성과 변화 추론하기 • 마을의 의미와 가치에 관해 성찰하기 • 대상의 특징이 드러나도록 소개하기 • 대상의 중요도가 나타나도록 다양하게 표현하기
가치·태도	• 문화와 가치에 관한 이해, 관심, 존중하는 태도 • 다양한 문화·예술에 관한 존중과 참여하는 태도 • 자연환경에 관한 호기심과 소중히 여기는 태도 • 여러 요소의 변화에 따른 미래 사회에 관심을 가지는 태도 • 마을에 관심을 두고 알리고 참여하는 태도

마을을 통한 역할과 참여(우리 마을에서 피어나는 나의 자리)

핵심 아이디어	• 진정한 자기 이해를 이루기 위해서는 마을에 관한 이해를 높이고, 자신에 관한 올바른 정체성을 확립해야 한다. • 공동체의 주요 문제를 해결하고, 개선된 생활 환경을 조성하는 방안을 모색하고 실천하는 것은 마을의 가치와 심미성을 높일 수 있다. • 다양한 구성원들이 함께 살아가는 마을에는 성별, 나이, 계층 등의 여러 요소에 의해 형성되는 구성원들의 상황을 이해하고 도울 수 있다. • 마을의 전통, 생활 양식과 문화가 담긴 축제는 상호 소통의 장이며, 마을의 자원과 가치가 담기고 마을의 정체성을 드러내는 축제는 함께 성장하게 한다. • 자연환경과 인문환경, 역사가 함께 만든 마을의 관광자원을 인식하고, 지역민의 관점에서 지역민의 삶과 가치가 담긴 여행은 특색을 가진다.
범주	중학교
지식·이해	• 사회적 역할과 자아정체성 • 공동체와 공동체 문제 • 마을의 구성원과 공존 • 마을의 문화유산과 축제 • 마을 관광자원과 공정여행
과정·기능	• 사회화와 자아정체성 탐색하기 • 사회적 역할과 책임 파악하기 • 개인과 공동체의 상호 관계성 파악하기

과정·기능	• 공동체 의사결정 과정에서 의사소통하기 • 문제를 발견하고 대응 방안 모색하기 • 합리적이고 실현이 가능한 방안 실천하기 • 관계적 존재의 의미를 바탕으로 공감하며 소통하기 • 다양한 자료와 매체를 활용하여 표현하기 • 대상의 의미와 가치에 관해 탐색하기 • 다양한 자료와 관점으로 평가하기 • 기존의 아이디어를 창의적으로 재구성하기 • 대상의 개념을 이해하고 활용하기 • 여러 자원과 매체를 활용하여 아이디어 시각화하기
가치·태도	• 자기 이해와 정체성, 사회적 역할을 탐색하는 자세 • 문제에 관심을 두고 참여하는 태도 • 타인의 상황과 처지에 주의를 기울이는 태도 • 책임감 있는 존재로 인식하고 실천하는 자세

마을을 위한 실천과 성장(우리 마을을 위한 나의 발걸음)

핵심 아이디어	• 마을공동체 구성원들의 경제활동과 가치관, 능력 등 여러 요소에 의해 구성, 분포된 직업을 이해하는 것은 직업을 가까이에서 볼 수 있는 경험이다. • 마을의 경제활동, 상권에 관한 이해와 분석을 기반한 창업은 경제 이해와 활성화 필요성, 직업 역량을 키운다. • 인간과 자연의 공존과 지속 가능한 삶을 위해 상호관련성을 이해하고 올바른 지식, 기능, 태도를 갖춰야 한다. • 오랜 시간과 역사, 전통 속에 전달되고 축적된 마을 고유의 가치와 정신, 경험, 주제 등이 담인 자료는 가치를 가진다.
핵심 아이디어	• 다양한 사회 변화 요인에 의해 달라질 마을의 미래를 예측해 보고 이에 대응하기 위한 실현 가능한 방안과 마을의 성장 방향 설정은 마을을 위한 중요한 요소이다. • 지속 가능한 미래를 위해서는 주체적 행동이 필요하다.
범주	중학교
지식·이해	• 마을의 직업 • 마을 직업 체험 • 마을의 경제활동과 창업 • 친환경 마을 • 마을 지도 • 지속가능한 마을

과정·기능	• 자기 이해에 기반한 진로 탐색과 진로 설계하기 • 여러 직업인의 삶과 특성 조사하기 • 자료를 표, 그래프로 나타내고 해석하기 • 통계적 탐구 문제 설정하기 • 바람직한 직업인 특성과 자세 분석하기 • 진로 활동 참여하기 • 자기의 행동이 미치는 영향 성찰하기 • 지속 가능성을 고려하여 실천하기 • 사회·문화 현상 개선을 위한 합리적인 대안 마련하기 • 사회 변동 요인 분석하기 • 미래 사회 대응을 위한 대안 도출하기
가치·태도	• 자신의 진로에 관한 자기 주도적인 태도 • 창의적 발상과 도전 정신을 가진 자세 • 자기의 삶이 관련된 통계에 참여하는 태도 • 사회적 수성원에 관한 공감과 배려를 가진 태도 • 지속 가능한 미래를 위한 책임감과 실천 의지를 가진 자세 • 생태 지향적 삶의 태도

성취기준

마을에 관한 지식과 이해: 우리 마을로 떠나는 내 앎의 여행

> [9마삶-01-01] 마을의 지명 유래와 변천 과정을 탐구하여, 마을의 역사적·사회적 특성을 분석하고 설명한다.
> [9마삶-01-02] 마을의 문화와 예술을 탐구하고, 그 속에 담긴 전통과 가치를 분석하여, 문화적 특성을 이해하고 설명한다.
> [9마삶-01-03] 마을의 인문환경과 자연환경이 주민들의 생활 양식과 삶에 미치는 영향을 분석하고, 상호작용의 중요성을 탐구한다.
> [9마삶-01-04] 마을의 정체성, 가치관, 개성이 반영된 공간을 조사하고, 사회문화적 맥락과 연계하여 탐구한다.
> [9마삶-01-05] 마을의 대표적인 유·무형의 자원을 탐색하고, 가치를 분석하여 이를 홍보할 수 있는 전략을 수립하고 소개한다.

▶ 성취기준 해설

- [9마삶-01-01] 학습자들이 거주하거나 생활하는 마을에 관하여 깊이 있는 학습을 목표로 하며, 이를 위해 마을의 지명 유래와 변천 과정을 조사하고 마을의 역사적 배경, 사회적 특징을 분석하는 능력을 기르는 것을 중점으로 한다. 지명은 이름 이상의 의미와 가치를 지니며, 지역의 역사와 전통, 주민들의 삶과 밀접한 관련이 있으며, 마을의 지명이 중요한 이유와 마을의 과거와 현재를 잇는 요소임을 인식하며 탐구하도록 한다. 마을의 중요한 역사적 사건, 발전 과정, 주요 인물 등과 관련한 맥락을 바탕으로 역사적 특성을 이해하고, 마을 구성원들의 삶과 문화, 맥락 등을 고려하여 사회적 변화나 발전 등 사회적 특성을 탐구하도록 한다.

- [9마삶-01-02] 학습자가 마을의 전통과 가치를 담고 있는 문화와 예술을 탐구·체험·감상하고, 이를 바탕으로 마을 고유의 문화적 특성을 이해하며 마을의 소중한 문화유산과 예술적 요소 등을 조사하고, 이러한 요소들이 마을 구성원의 삶과 가치관과 어떻게 관련 있는지를 파악하도록 한다. 마을의 고유한 문화적 특성이 형성된 배경을 이해하고, 궁극적으로는 마을 문화와 예술에 관한 관심을 두고, 자부심을 품도록 한다.

- [9마삶-01-03] 마을의 인문환경과 자연환경이 서로 어떻게 상호작용하며, 이러한 상호작용이 마을 구성원의 삶과 생활 양식에 어떤 영향을 미쳤는지 분석하고 이해하는 데 중점을 둔다. 마을의 인문환경과 자연환경의 개념과 요소를 이해하고, 상호 관련성을 탐구하며, 마을의 자연환경이 주민의 경제 활동과 생활에 미친 기회와 제약, 인문환경이 자연환경을 보존, 변화시킨 다양한 사례를 조사하도록 한다. 마을 주민의 생활 양식이 일방적인 개인의 선택이나 하나의 요인에 의한 형성과 발전이 아니라 마을의 자연적·사회적 조건과 깊은 관련이 있음을 알고 다양한 요인이 만들어 낸 복합체로서 마을로 인식하도록 한다.

- [9마삶-01-04] 마을의 특성과 개성이 잘 드러나는 마을을 대표하는 인물, 역사적 장소, 상징적 대상 등을 선정, 조사하고 이러한 요소들이 개별적·단편적인 것이 아닌 사회·문화적 맥락에서 어떻게 형성되고 유지되었는지를 파악하는 것에 중점을 두도록 한다. 마을 주민들이 상호 공유하는 가치관, 정신이 반영된 대상을 사회적 구조와 문화적 맥락 흐름 내에서 살펴봄으로써 자신뿐만 아니라 자신이 속한 공동체의 정체성을 깊이 이해하도록 주도적 역량을 배양하도록 한다.
- [9마삶-01-05] 마을의 대표적인 가치와 특성을 담고 있는 유·무형의 유산을 통해 마을의 정체성과 문화적 특성을 종합적으로 파악하는 것을 중점에 두며 조사·탐구와 병행하여 마을을 알리기 위한 효과적인 홍보 전략을 구체적으로 수립하고 홍보 원리와 미디어 매체를 활용함으로써 마을의 긍정적인 이미지, 애향심을 높이도록 한다.

▶ 성취기준 적용 시 고려사항

- 마을 지명과 변천 과정에서 나타나는 특징을 역사적 사건과 사회적 변화가 미친 영향과 흐름을 여러모로 탐구하도록 한다. 마을의 변천 과정과 역사적 특성을 단순히 시간의 흐름으로만 이해하지 않고, 사회·정치·문화적 맥락을 파악할 수 있도록 지도한다. 마을의 과거, 현재를 아는 것이 자신을 알아가는 것과 연결되어 있음을 안내한다.
- 마을의 문화와 예술에는 무엇이 있으며, 마을의 정체성과 어떻게 연결되어 있는지를 탐구하고, 그 가치를 깨닫게 하도록 한다. 문화와 예술을 아는 것에 그치지 않고 체험할 수 있는 학습 경험을 제공하도록 한다. 마을의 다양한 문화가 생성된 역사적 배경과 문화적 맥락을 이해하도록 한다.
- 마을 형성과 마을 구성원의 생활에 영향을 미치는 자연환경과 인문환경을 마을만이 가진 특성이자 고유의 문화, 생활 양식을 창출할 수 있다는 것을 안내

한다. 마을의 자연환경과 인문환경을 수치나 지도로 익히기보다는 실제 체험할 수 있도록 지도한다.

- 편견이나 제한 없이 다양한 관점과 접근을 통해 마을을 대표하는 대상을 탐색하도록 하며 공동체 내에서 대상이 가지는 상징적 의미를 찾도록 안내한다. 기존의 대상에 새로운 해석 또는 새로운 대상을 발굴하여 함께 생각을 나누는 데 중점을 둔다.

- 마을의 자랑거리가 가진 여러 맥락을 충분히 이해하며, 단발성 홍보에 초점을 두기보다는 마을의 진정한 특성과 교육적 가치가 함께 전달되도록 지도한다.

마을을 통한 역할과 참여: 우리 마을에서 피어나는 나의 자리

> [9마삶-02-01] 마을공동체에서 개인과 공동체의 상호작용을 이해하고, 이에 기반한 사회적 역할과 자아정체성을 탐구한다.
> [9마삶-02-02] 마을에서 발생하는 다양한 문제의 원인을 분석하고, 창의적이며 실현이 가능한 해결 방안을 제안한다.
> [9마삶-02-03] 마을에서 지원이 필요한 장소나 구성원의 현안을 파악하고, 구체적인 해결 방안을 제시하여 실천한다.
> [9마삶-02-04] 마을의 축제를 탐색하고, 다양한 자원을 활용해 여러 관점에서 적절한 테마를 선정하여 축제를 기획한다.
> [9마삶-02-05] 마을의 문화, 생태, 역사 등을 주제로 한 여행을 조사하고, 공정 여행 상품을 개발한다.

- [9마삶-02-01] 공동체 내에서 개인과 마을 간의 상호작용을 분석하고, 이러한 상호작용을 통해 개인이 마을공동체에 어떻게 기여하고 영향을 미치는지 이해하며 더불어, 마을공동체가 개인의 삶과 정체성 형성에 미치는 영향을 명확히 이해하도록 한다. 공동체의 일원으로서 자신이 맡고 있는 역할을 인식하고, 공동체와의 관계 속에서 자아를 성찰하고 공동체의 발전과 자신의 성장 사이의 균형을 찾을 수 있도록 한다.

- [9마삶-02-02] 마을에서 발생하는 다양한 문제들에 관해 분석적이고 비판적인 사고를 기르며, 문제의 근본적인 원인을 파악하고 이를 다양하게 분석하는 능력을 기르도록 한다. 마을의 문제가 복잡한 구조적 요인과 상호작용 속에서 발생한다는 것을 인식하고, 나아가 이를 해결하기 위해 공동체 구성원이 협력하고 창의적인 아이디어를 도출하여 실현이 가능한 해결 방안을 설정하고 실천하도록 한다. 문제 해결 과정에서 다양한 입장과 의견을 고려하며 협력적 의사소통을 통해 마을의 발전에 이바지할 수 있는 해결 방안을 끌어내도록 한다.

- [9마삶-02-03] 마을 내에서 경제적, 사회적, 심리적으로 어려움을 겪는 계층이나 공동체의 지원이 필요한 장소, 시설을 탐색하고 문제를 심도 있게 이해하도록 한다. 표면적인 문제를 넘어 어려운 상황에 놓인 구성원들이 겪는 원인과 구조적 배경을 심층적으로 이해하는 데 중점을 둔다. 포괄적이고 총체적인 접근을 위해 지역 사회와 관련된 자료, 전문가나 공공 기관의 의견을 수렴하여 폭넓은 안목을 기르도록 한다. 마을공동체의 일원으로서 사회적 책임을 이해하고, 실제적인 문제 해결 능력을 키우며 나아가 공동체의 긍정적인 변화를 위한 적극적인 참여와 기여를 경험하도록 한다. 또한, 사회적 연대감과 책임감을 기르며, 공동체 문제 해결에 관한 실질적인 능력을 갖추도록 한다.

- [9마삶-02-04] 마을의 역사와 문화, 자연환경이 어떻게 축제 주제로 활용되었는지를 이해하고, 축제의 목적, 기대효과를 명확히 알고 축제를 구성하는 데 필요한 다양한 요소와 접근 방법을 학습하도록 한다. 여러 측면을 고려하여 마을의 특성과 주민들의 관심, 마을의 가치 있는 자원 등을 반영하여 축제 주제를 도출하고 마을의 정체성을 어떻게 담을 수 있는지를 분석하고 구체적인 기획안을 수립하도록 한다. 축제의 목적, 주요 행사 내용, 프로그램 구성, 장소 선정, 일정, 예산, 인력 배치 등을 고려하여 홍보 전략과 참여 유도 방법

을 설계하며 협력 방안도 반영하도록 한다.

- [9마삶-02-05] 마을의 역사적 유적, 문화적 명소, 자연경관 등을 조사하여 마을에서 제공할 수 있는 다양한 관광자원과 그 가치에 관해 깊이 이해하며, 이 요소들이 관광객들에게 어떤 유의미한 경험을 제공할 수 있는지를 파악하도록 한다. 공정여행의 개념과 원칙을 알고, 여러 대상에게 미치는 긍정적 영향과 상호 존중의 의미를 깨닫도록 한다. 마을의 역사적, 문화적, 자연적 자원을 기반으로 한 여행 상품을 개발하면서 공정여행의 원칙을 실천하며 지역사회와 상생하는 능력을 기르도록 한다. 관광 산업의 경제적, 사회적 영향을 고려한 상품 개발, 실행 과정을 경험함으로써 마을과 환경에 긍정적인 영향을 미치는 관광을 실현하도록 한다.

▶ 성취기준 적용 시 고려사항

- 개인이 수행하는 다양한 역할을 이해하기 위해서는 마을의 구조와 특성을 자세히 파악하고 개인과 마을의 상호작용을 분석하여 자아정체성을 이해하도록 한다. 타인과의 비교보다는 자기만의 고유한 가치와 긍정적 자아를 찾도록 지도한다.

- 마을에서 발생하는 문제의 원인을 분석할 때, 환경적·사회적·경제적 요인을 종합적으로 고려하여 분석하며, 마을 문제를 해결하기 위한 타당하고 창의적인 방안을 모색하고, 실현이 가능한 방안을 설정하고 지속해서 실천하도록 지도한다.

- 어려운 이웃을 돕고 지원하는 것은 존중과 배려를 기반으로 하며, 공동체 의식을 함양하는 데 중점을 둔다. 추상적인 방안이나 실현 가능성이 낮은 방안, 일회적인 방안을 지양하도록 하며 학습자의 수준, 실천 가능성 등을 고려하도록 지도한다.

- 마을의 축제가 가지는 의미를 추론하고, 다양한 축제 사례를 분석하며 축제

의 효용과 가치를 내면화하도록 안내한다. 마을 주민의 공감과 호응, 관심을 받을 수 있는 축제뿐만 아니라 마을의 정체성과 특색이 담기도록 한다.

- 마을의 역사, 문화재, 생태를 암기하기보다는 깊이 있게 이해하고 성찰하여 여행 상품으로 개발하도록 하여 마을을 총체적으로 이해하는 데 중점을 둔다.

마을을 위한 실천과 성장: 우리 마을을 위한 나의 발걸음

[9마삶-03-01] 마을에 분포한 직업과 그 경향을 분석하고, 마을 내 직업의 가치를 이해하여 자신의 진로와 직업을 탐색한다.
[9마삶-03-02] 마을공동체의 창업 현황과 상권 분포, 특성을 분석하여 창업 아이디어를 발굴하고, 창업 전략을 기획한다.
[9마삶-03-03] 마을의 생태 환경을 조사하여 탄소중립의 필요성을 인식하고, 실현이 가능한 목표를 수립하고 실행한다.
[9마삶-03-04] 마을 구성원에게 유용한 정보와 주요 자원, 특성을 반영한 참여형 지도를 제작하여 지역사회에 기여한다.
[9마삶-03-05] 마을의 현재를 탐구하고, 미래를 위한 지속 가능한 실천 방안을 모색한다.

- [9마삶-03-01] 마을의 인구 통계, 경제 구조, 지역 특성 등을 바탕으로 자료를 수집하고 분석하며 마을의 경제 구조와 직업 경향성을 파악하도록 한다. 직업의 변화가 마을의 사회, 경제에 미치는 영향을 이해하고 변화의 원인과 결과를 깊이 있게 탐구하도록 한다. 직업이 경제적 수단에 그치지 않고, 마을 공동체에서 사회적 역할과 가치를 창출하는 주요 요소임을 이해하며 직업이 마을 사회의 다양한 분야에 이바지하는 요인임을 이해하도록 한다. 마을, 직업, 개인이 어떻게 연결되어 있는지를 파악하고 자아정체성을 기반으로 하는 직업 선택의 중요성을 깨닫고 직업이 자아실현과 사회적 기여와 밀접한 관련성을 인식하여 직업 선택이 자기 삶에 미치는 영향을 깊이 있게 살펴볼 수 있도록 지도한다.

- [9마삶-03-02] 마을 경제의 구조와 특수성을 이해하고 여러 가지 자료를 통해 상권 유형과 분포, 주요 업종, 소비 패턴 등을 분석하여 마을의 경제적 특징, 상권의 장단점 등을 조사하도록 한다. 마을 내에서 부족하거나 새롭게 창출할 수 있는 창업 기회를 모색하며 마을의 특성이 반영된 창업 아이디어를 발굴, 수립하도록 한다. 창업을 통해 지역 경제 활성화, 지역 공동체 상생 방안을 고려하고 여러 가지 창업 전략을 기획하며 창의적 사고와 문제 해결 능력을 제고하도록 한다.

- [9마삶-03-03] 마을의 자연환경과 생태 자원을 조사하며 산림, 하천, 생물 다양성을 분석하고 기후 변화와 인간 활동이 생태계에 어떤 영향을 미치는지를 이해하도록 한다. 또한, 마을 생태 환경이 보존, 유지되기 위해 탄소 배출의 감소가 중요한 요소임을 깨닫고, 실현이 가능한 현실적인 목표를 설정하도록 한다. 생태 환경 보존과 기후 변화 대응을 체감하고 마을의 지속 가능한 발전을 위한 주요 과제임을 파악하고, 마을공동체 구성원으로서 책임과 역할을 정립하도록 한다.

- [9마삶-03-04] 마을의 사회적·물리적 자원에 관한 깊이 있는 탐구를 통해 구성원들이 필요로 하는 정보와 자원 등을 파악하고 마을의 인문·자연환경, 상업 자원, 공공시설, 문화유산, 생활 양식 등 다양한 요인을 고려하고 마을의 현상과 특성이 종합적으로 포함하도록 한다. 마을의 고유한 자원과 특성이 중점을 둔 자료 제작에 중점을 두며, 주민들은 제작된 자료를 활용하여 지역 사회를 심도 있게 이해하고 활발하게 소통하고 참여할 수 있으며 학습자들은 공동체에 이바지하는 시민으로 성장하도록 한다.

- [9마삶-03-05] 마을의 인구 구조, 주요 산업, 자원 분포, 생태 환경과 같은 요소를 탐구하여 마을이 직면한 현재 상황과 발전 가능성을 파악하도록 한다. 마을의 지속가능한발전을 위해 마을의 자연 보호, 재생에너지 활용, 지역 경제 활성화와 상생, 주민 복지 향상 등을 고려하여 균형 잡힌 관점으로 방안

을 마련하는 것에 중점을 둔다. 마을의 현재 문제를 해결하고 미래 발전을 도모하는 것이 개인 차원의 노력과 실천보다 구성원들이 소통과 협력을 통한 접근임을 인식하고 종합적이고 장기적인 태도를 보이도록 한다.

▶ 성취기준 적용 시 고려사항

- 직업이 경제적 이익뿐만 아니라 사회적 기여, 개인의 만족과 자아실현 등 다양한 측면에서 직업이 가진 가치를 인식할 수 있도록 한다. 직업을 매체나 자료로 이해하기보다는 실질적인 직업 체험이나 관련 학과 체험을 제공하는 교수 · 학습 과정을 구성한다.

- 무한한 창업 아이디어를 통한 창의성과 마을의 창업 현황과 상권 분포 자료의 분석을 통한 지식정보처리 능력을 높이는 데 중점을 둔다. 마을 내에서 가상의 창업은 마을의 여러 가지 요인을 다양하게 이해하는 종합적인 활동임을 이해하도록 한다.

- 생태 환경의 중요성을 인식하고 마을의 자원과 조건을 충분히 고려하여 현실적이고 달성이 가능한 목표를 설정할 수 있도록 한다. 탄소중립에 관한 개념과 지식이 아닌 실천과 평가가 가능한 교수 · 학습 과정을 포함하도록 한다.

- 유용하고 특성이 담긴 지도를 제작하기 위해서는 일상생활에서 필요로 하는 주요 정보와 자원을 정확히 이해하여 객관적, 사실적 정보를 포함하도록 지도한다. 지도를 제작하는 과정과 지도가 활용되는 과정에서 협력적인 의사소통 능력, 공동체 의식을 함양하도록 한다.

- 마을의 현황, 문제점, 변화, 발전 가능성을 종합하여 균형 잡힌 접근 방식을 채택하고 장기적인 시각을 갖도록 해야 하며, 막연하고 추상적인 미래 예측이 지양되도록 안내한다.

교수·학습 및 평가

교수·학습

교수·학습의 방향

- 마을을 통해 우리의 다양한 삶을 접함으로써 개인과 공동체의 행복과 삶의 성찰하고, 공동체와 환경에 관한 공감과 이해, 참여적 태도를 기를 수 있다.
- 실생활이 관련한 주제를 적극적으로 활용하여 학습자들의 흥미를 높이고 학습의 과정과 결과가 실제 삶에 유용하게 연결될 수 있음을 체감할 수 있도록 한다.
- 하나의 교과로 한정하지 않고 다양한 주제가 포함되어 있기에 창의적 체험활동, 자유학기제 등과 연계하여 교육과정을 운영할 수 있다.
- 마을에 관한 이해를 높이고 마을과 학습자의 관련성을 인식하며 마을공동체 구성원으로서 책임과 역할을 기를 수 있도록 한다.
- 학습자가 주도적으로 탐구하며 학습 활동 중 의사를 조정·협의하는 과정과 결과를 공유·공감하는 과정에서 협력적인 태도를 기를 수 있도록 한다.

교수·학습 방법

▶ 마을에 관한 지식과 이해

- 마을의 유래, 지명변화, 역사를 살펴볼 수 있는 여러 가지 자료를 바탕으로 파악하고, 당시 지역에 살았던 사람들의 삶의 모습과 상황을 면담하기, 상황극을 통해 체험하는 활동을 할 수 있다.
- 마을의 역사와 변천 과정을 살펴볼 수 있는 마을의 주요 장소, 유적지, 문화재에 관한 자료를 찾아 정리·분석하는 과정에서 다양한 자료를 찾을 수 있도록 교사가 자료를 직접 제시하거나 제한을 두지 않도록 유의한다.

- 마을의 문화와 예술은 특정 지역을 근거로 좁은 범위 내에서 나타나기도 하지만 넓은 지역과의 관련성을 두므로 주변의 문화·예술과 지역의 문화·예술의 공통점·차이점을 같이 파악할 수 있도록 지도한다.
- 문화·예술의 특성상 학습자가 그 가치와 의의를 제대로 이해하기 위해서는 체험 수업을 전제로 해야 하며 학습자의 흥미를 끌어올릴 수 있도록 장소나 프로그램은 학습자 간의 충분한 토의·협의를 통해 선정하도록 진행한다.
- 마을의 자연환경과 인문환경은 쉽게 변하지 않는 내용을 조사하는 것이므로 동일한 내용이 개별 학습자 간에 중복될 수 있다. 따라서, 자연환경과 인문환경 자체를 조사하기보다는 그것이 마을의 사람들에게 어떠한 영향을 미쳤으며 영향이 반영된 결과, 영향으로 인해 나타나는 특징 등을 탐구하는 모둠별 사례 연구, 협력학습으로 내용을 집약적으로 정리하도록 한다.
- 마을을 소개하는 주제를 선정하여 마을을 소개하고 홍보하는 활동은 모둠별로 주제, 역할, 방법 등을 정하는 협력학습을 토대로 학습자가 주도하여 진행하도록 지도한다.
- 마을을 소개·홍보하는 자료는 엽서, 사진, 책자, 동영상, 지도 등 다양한 매체로 표현하도록 한다.
- 학습의 주제가 학습자들의 흥미를 높이고 학습 과정과 결과가 실제 삶과 연결되어 효능감을 느낄 수 있도록 토의·토론, 협력학습 등을 진행한다.

▶ 마을을 통한 역할과 참여

- 마을이 가진 문제점을 지역이라는 거시적인 문제에서 시작하지 않도록 하며 실생활에서 느끼는 가벼운 불편함에서부터 개인적 사례를 공유하며 확장하도록 지도한다.
- 교사가 문제를 선행하여 제시하지 않으며 학습자가 느낀 경험을 공유하며 학습자가 문제점을 인식하도록 하여 자기의 삶과 연결할 수 있도록 한다.

- 마을의 문제는 지극히 개인적이거나 극소수에 국한된 내용보다는 합리적으로 함께 해결할 수 있는 문제를 선정하며 학습자가 개인, 모둠별로 직접 자료의 수집, 분석, 평가하도록 안내한다.
- 개인별로 모둠별로 인식하고 공유된 문제의 해결 방안을 도출하는 데 그치지 않고, 정책이나 공공 기관을 통한 제안 방법과 절차도 알려주고 실행하도록 한다.
- 마을의 문제는 해결하는 방안을 다양한 시각에서 접근하고 합리성을 높이기 위해 모둠 간 토의를 진행한다.
- 마을의 축제를 기획해 보기 위해서는 기존의 마을 축제나 행사에 참여해 보는 실습, 체험활동이 전제되어야 하며 축제나 행사를 분석적으로 접근해야 함에 중점을 둔다.
- 마을에 퍼져 있는 축제, 관광자원 요소를 찾아보고 발굴하기 위해서는 탐방 활동이 필요하며 이 과정에서 마을 활동가, 마을 강사와의 연계가 이루어지도록 하며 마을의 전문가, 주민과의 인터뷰도 진행하도록 한다.
- 기존 마을에서 진행하는 축제, 주제 여행을 학습자의 관점에서 창의적으로 재해석하여 다른 요소와의 결합, 추가 등도 가능하며 관광·여행은 모둠별로 다르게 주제를 정하여 활동 내용을 다양하게 하도록 한다.
- 마을의 직업(창업)을 조사하는 것이 마을의 직업을 나열하는 것에서 벗어나 학습자가 관심 있는 진로, 직업 분야를 탐구하면서 가까운 곳에서 직업을 살펴보고 알아갈 수 있도록 진행한다.
- 마을의 직업(창업)을 조사, 탐구하는 활동은 직업 종사자와의 면담, 진로와 직업을 소개하는 누리집, 상권을 분석하는 애플리케이션 등 다양한 방법을 활용하도록 한다.
- 마을의 직업(창업) 체험 학습은 마을과 학습자를 가깝게 연결하는 기제로써 마을 내 직업 체험 또는 관련학과를 체험하도록 지원한다.

▶ 마을을 위한 실천과 성장

- 마을 속 생태 환경을 가시적으로 느끼지 못하는 학습자를 위해 환경 관련 기관, 공공 기관의 누리집 방문, 마을 현장 답사, 지역 환경 시설 탐방 등을 적극 활용하여 깊이 있는 탐구와 폭넓은 이해를 지원한다.

- 생태 환경을 아는 것에 머무르지 않고 실천으로 이어지고 삶과의 관련성을 높이기 위해 생활 속 실천할 수 있는 활동을 포함하며 효능감이 높은 결과를 직접 느낄 수 있는 학습 경험을 제공한다.

- 생태 환경을 실제로 살펴보는 탐방과 현장이 학습자의 흥미를 높이고 학습 과정과 결과가 유용할 수 있도록 충분한 사전 자료 조사와 준비, 이해도를 갖출 수 있도록 지도한다.

- 마을 지도 제작은 집 주변을 살펴보는 주제부터 사회 현상과 현안을 담는 주제까지 활동 참여 주체의 관심, 발달, 이해도 정도에 따라 달라질 수 있으며 다양한 교과를 융합하거나 인성 가치를 포함하는 데 중점을 둔다.

- 마을 지도 제작을 위한 주제 설정부터 계획 수립, 실행 방안, 제작 등 전 과정이 학습자가 주도적으로 협동 중심으로 진행하도록 한다.

- 지속 가능한 사회와 학습자의 삶 관련성을 높일 수 있도록 여러 사례를 제시하고 사례 제시에 있어 환경 정의, 형평성을 고려한 원칙이 지켜지고 있는지를 확인하도록 한다.

- 마을의 인구 구조, 산업 구조 및 생태 변화 등에 관한 현재 상황과 변화 과정을 나타내는 통계 자료, 그래프 등 가시적 자료를 적극적으로 활용한다.

- 마을의 생태 환경에 대한 개인별 실행 과제를 탐구하고 토의·토론을 통해 공동 목표의 성격을 가진 실행 과제를 설정, 실천하도록 한다.

- 마을과 지역에서 추진하고 있는 미래 산업을 확인할 수 있는 공공·행정기관의 누리집, 뉴스 기사 등을 검색하여 자료를 조사·정리, 분석하도록 하며 마을의 미래 성장 가능성과 잠재성을 탐구하도록 한다.

평가

평가의 방향

- 단순한 사실적 지식의 습득, 암기 정도를 측정하는 평가를 지양하고 마을에 관한 이해를 토대로 자기 주도적으로 자료를 탐구·분석하고 문제를 융합적이고 창의적으로 해결하는 능력을 함양할 수 있도록 평가 도구와 형식을 개발한다.
- 팀 프로젝트 및 토의·토론 과정에 진지하고 적극적으로 참여하며 다양한 관점을 경청하며 비판적 사고를 바탕으로 자기 의견을 설득력 있게 제시했는지를 평가한다.
- 학습자의 인지적 능력 이외에 공감 능력, 의사소통 능력, 협력적 태도, 공동체 의식 등 사회 참여 능력을 평가한다.
- 조사, 보고서, 논술, 발표, 관찰, 자기 평가, 동료 평가 등의 방법을 활용한 수시 평가를 적절히 실시하며, 학습자 스스로가 자기 삶이 연관된 마을의 문제를 인식하고 개선할 수 있도록 평가 방법을 활용하고 피드백한다.
- 외부 전문가나 마을 강사 등 학교 밖 교수자와 함께 진행하는 활동 시에는 학습자로서 지켜야 할 예절, 자세, 태도 등을 사전에 교육함으로써 마을공동체 구성원으로서의 성장을 지원한다.
- 평가계획과 관련된 방법, 기준, 내용 등을 학기 초에 미리 안내해 학습자가 학습 과정에 주도적으로 참여하여 학습하는 것을 자기 삶에 내면화하는 역량을 기르도록 한다.
- 양적 평가보다는 프로젝트 과제 수행 과정과 포트폴리오, 활동 보고서, 관찰 등 질적 평가를 적극적으로 활용하여 학습자를 종합적으로 평가한다.
- 평가 과제 선정 시에 학습자의 관심과 흥미도, 관련성을 고려한 과제를 선정하여 삶과의 연계성을 높인다.

- 교사 주도의 평가 외에도 자기 평가, 동료 평가 등 학습자가 자기 주도적으로 자신의 학습 상태를 점검, 개선할 수 있도록 평가를 계획하고 운용한다.
- 평가 결과를 학습자의 학습 능력과 교수·학습 방법의 적절성을 진단하고 지속적인 교육과정 개선을 위한 자료로 활용한다.
- 평가 과정과 결과 피드백을 적절하게 제공하여 학습자의 성장을 돕는다.

평가 방법

- 마을의 유래, 역사, 변천 과정 등이 포함된 자료를 적절하게 활용하여 마을의 특성이 잘 드러나는 보고서를 활용해 평가한다.
- 다양한 데이터 및 시사 자료를 활용하여 지역의 특성, 당면 과제와 지역의 변화 과정이 담긴 요약자료를 제작, 평가한다.
- 마을의 문화·예술이 담긴 행사, 미술관, 박물관, 명소 등을 방문하고 마을 속 문화·예술의 가치와 특성, 자기 경험이 잘 드러나도록 작성한 글을 교사가 평가한다.
- 마을의 자연환경과 자연 현상 등이 주민들에게 미치는 영향과 결과의 자료를 활용하여 표현, 발표하는 능력을 교사 평가, 동료 평가로 실시한다.
- 마을 소개 자료와 홍보물은 내용과 표현 영역을 나누어 평가하며 내용 영역은 정확성, 적절성, 신뢰성 등을 교사가 평가하며 표현 영역은 모둠별로 상호 평가한다.
- 마을 문제를 탐색하고 해결 방안을 제시하는 과정에서 다양한 시각을 존중하고 비판적으로 수용하며 추상적 관념이 아닌 구체적인 실행 과제를 중점으로 파악한다.
- 마을 문제를 해결하기 위한 활동 계획서, 활동지, 보고서뿐만 아니라 활동 참여 노력, 적극성, 협력·배려 등 과정과 정의적 영역도 같이 평가한다.
- 마을의 자원과 가치를 활용하여 학습자 관점에서 마을 축제와 주제 여행을

기획하고 발표하는 활동은 개인적 특성과 가치관의 영향으로 내용과 방법이 다양하게 나타날 수 있으므로 객관적인 평가 요소를 개발·적용, 평가한다.

- 마을의 직업(창업) 현황과 산업 구조 등을 조사하여 발표하는 평가는 각종 자료와 정보의 획득, 조직, 활용, 표현, 발표 능력에 초점을 두어 교사 평가와 동료 평가를 같이 시행한다. 조사, 탐구하면서 학습자 자신의 진로와 직업에 관한 탐색, 내면화하며 자기 평가와 진로 계획서를 작성, 평가하도록 한다.

- 마을의 생태 환경과 관련된 기관, 시설을 찾아보고 생태 환경 위협, 파괴 현상과 문제를 해결해 나가는 과정에서 자료 조사, 사례 수집, 선정, 해결 방안 제시 등이 담긴 포트폴리오, 보고서 등을 활용해 평가한다.

- 마을 생태에 관한 전문적 내용이 학습자의 이해 능력 및 분석 능력 미흡으로 참여도가 낮아지지 않도록 사전에 이해자료를 통해 학습자 전체가 참여, 활동하며 평가할 수 있도록 한다.

- 마을 지도를 제작하는 과정에서 지역의 인구와 주택, 교통, 시장, 편의시설, 사회 현황 등과 같은 다양한 요소에 대하여 탐구학습, 팀 프로젝트를 실시, 과정 중심으로 평가한다. 또, 마을 지도 주제의 적절성, 내용의 정확성 등 인지적 요소와 마을 지도 제작 목표 실천과 지도에 담긴 배려·나눔, 협력 등 정의적 요소도 평가한다.

- 마을과 지역의 미래에 관한 기사, 기관 홍보물, 전문가 견해 등을 조사, 탐구하여 마을의 발전 방향을 탐색하는 과정에서 자료를 분석, 종합, 평가하는 능력과 마을의 미래와 가능성을 추론해 보는 통찰력을 종합적으로 평가한다.

- 지속 가능한 마을을 위한 실행 과제 및 대안을 토의, 토론을 통해 설정하며 상대방의 의견을 경청하며 주도적, 협력적으로 참여하는 태도를 관찰하여 평가한다.

3부

마을의 삶과 앎
성취수준

마을의 삶과 앎 성취수준

'마을의 삶과 앎'이라는 학교자율시간 과목을 운영하기 위한 마을과 삶의 교육과정에 따른
성취수준을 2022 개정 교육과정의 틀을 준수하여 제시하였다.

◆ 성취기준의 이해와 활용 ◆

주요 용어 및 일반적 특성

성취기준은 각 교과목에서 학습자가 학습을 통해 성취하기를 기대하는 지식·이
해, 과정·기능, 가치·태도 등의 다양한 능력과 특성을 진술한 것이며, 성취수준
은 학습자가 각 교과목 성취기준(들)에 도달한 정도를 나타내며, 도달 정도는 몇 개
의 수준으로 구분하고, 각 수준에 속한 학습자가 무엇을 알고 할 수 있는지를 기
술한 것이다. 성취기준별 성취수준은 성취기준 단위 성취수준으로, 학교급·교과
목·성취기준의 특성에 따라 3~5수준으로 구분하여 진술하며, 영역별 성취수준
은 영역 단위 성취수준으로, 영역 내 성취기준들을 포괄하는 전반적인 특성을 학교
급·교과목의 특성에 따라 3수준, 5수준으로 구분하여 진술한다.

중학교 교과목(체육·음악·미술 교과 제외)의 경우 성취수준을 5수준으로 제시되
며 체육·음악·미술 교과는 성취수준을 3수준으로 제시하며, 5수준 구분 성취수
준의 일반적 특성은 다음과 같다.

성취수준	일반적 특성	성취율
A	• 교과목의 교수·학습을 통해 기대하는 지식·이해, 과정·기능, 가치·태도에 도달한 능력 정도가 매우 우수한 수준 – 개념에 대한 이해가 깊고, 지식 전이 수준이 매우 높음 – 배운 지식을 다양하고 복잡한 맥락에 적용하고, 연계된 기능의 수행 정도가 매우 능숙함 – 기대하는 가치와 태도의 내면화가 가능하고, 실천과 적용 범위가 매우 넓음	90% 이상
B	• 교과목의 교수·학습을 통해 기대하는 지식·이해, 과정·기능, 가치·태도에 도달한 능력 정도가 우수한 수준 – 개념에 대한 이해와 지식 전이 수준이 높은 편임 – 배운 지식을 다양한 맥락에 적용하고, 연계된 기능의 수행 정도가 능숙한 편임 – 기대하는 가치와 태도를 조직화하고, 실천과 적용 범위가 넓은 편임	80% 이상 90% 미만
C	• 교과목의 교수·학습을 통해 기대하는 지식·이해, 과정·기능, 가치·태도에 도달한 능력 정도가 보통 수준 – 개념에 대한 이해와 지식 전이 수준이 보통임 – 배운 지식을 일부 맥락에 적용하고, 연계된 기능의 수행 정도가 중간 수준임 – 기대하는 가치와 태도를 일부 조직화하고, 실천과 적용 범위가 보통임	70% 이상 80% 미만
D	• 교과목의 교수·학습을 통해 기대하는 지식·이해, 과정·기능, 가치·태도에 도달한 능력 정도가 다소 제한된 수준 – 위계가 낮은 수준의 개념을 이해하고, 지식 습득이 다소 제한적임 – 배운 지식을 일부 제한된 맥락에 적용하고, 연계된 기능의 기본적인 부분을 수행할 수 있음 – 기대하는 가치와 태도의 의미를 알고, 실천과 적용 범위가 다소 제한적임	60% 이상 70% 미만
E	• 교과목의 교수·학습을 통해 기대하는 지식·이해, 과정·기능, 가치·태도에 도달한 능력 정도가 제한된 수준 – 위계가 낮은 수준의 개념을 일부 이해하고, 지식 습득이 제한적임 – 연계된 기능의 일부를 수행할 수 있음 – 기대하는 가치와 태도의 일부 의미를 알고, 실천과 적용 범위가 좁음	40% 이상 60% 미만

5수준 구분 성취수준의 일반적 특성
(출처: 2022 개정교육과정에 따른 성취수준)

범주	성취수준	일반적 특성
지식·이해	A	• 개념에 대한 이해가 깊고, 지식 전이 수준이 매우 높음
	B	• 개념에 대한 이해와 지식 전이 수준이 높은 편임
	C	• 개념에 대한 이해와 지식 전이 수준이 보통임
	D	• 위계가 낮은 수준의 개념을 이해하고, 지식 습득이 다소 제한적임
	E	• 위계가 낮은 수준의 개념을 일부 이해하고, 지식 습득이 제한적임
과정·기능	A	• 배운 지식을 다양하고 복잡한 맥락에 적용하고, 연계된 기능의 수행 정도가 매우 능숙함
	B	• 배운 지식을 다양한 맥락에 적용하고, 연계된 기능의 수행 정도가 능숙한 편임
	C	• 배운 지식을 일부 맥락에 적용하고, 연계된 기능의 수행 정도가 중간 수준임
	D	• 배운 지식을 일부 제한된 맥락에 적용하고, 연계된 기능의 기본적인 부분을 수행할 수 있음
	E	• 연계된 기능의 일부를 수행할 수 있음
가치·태도	A	• 기대하는 가치와 태도의 내면화가 가능하고, 실천과 적용 범위가 매우 넓음
	B	• 기대하는 가치와 태도를 조직화하고, 실천과 적용 범위가 넓은 편임
	C	• 기대하는 가치와 태도를 일부 조직화하고, 실천과 적용 범위가 보통임
	D	• 기대하는 가치와 태도의 의미를 알고, 실천과 적용 범위가 다소 제한적임
	E	• 기대하는 가치와 태도의 일부 의미를 알고, 실천과 적용 범위가 좁음

내용 체계 범주에 따른 5수준 구분 성취수준의 일반적 특성
(출처: 2022 개정교육과정에 따른 성취수준)

중학교 체육·음악·미술 교과가 해당하는 3수준 구분 성취수준의 일반적 특성은 다음과 같다.

성취수준	일반적 특성	성취율

A	• 교과목의 교수·학습을 통해 기대하는 지식·이해, 과정·기능, 가치·태도에 도달한 능력 정도가 우수한 수준
	  – 개념에 대한 이해가 깊고, 지식 전이 수준이 높음
	  – 배운 지식을 다양한 맥락에 적용하고, 연계된 기능의 수행 정도가 능숙함
	  – 기대하는 가치와 태도를 조직화하고 실천과 적용 범위가 넓음
		80% 이상

B	• 교과목의 교수·학습을 통해 기대하는 지식·이해, 과정·기능, 가치·태도에 도달한 능력 정도가 보통 수준
	  – 개념에 대한 이해와 지식 전이 수준이 보통이거나 지식 습득이 다소 제한적임
	  – 배운 지식을 일부 맥락에 적용하고, 연계된 기능의 수행 정도가 중간 수준이거나 연계된 기능의 기본적인 부분을 수행할 수 있음
	  – 기대하는 가치와 태도를 일부 조직화하고 실천과 적용 범위가 보통이거나 다소 제한적임
		60% 이상
		80% 미만

C	• 교과목의 교수·학습을 통해 기대하는 지식·이해, 과정·기능, 가치·태도에 도달한 능력 정도가 제한된 수준
	  – 위계가 낮은 수준의 개념을 일부 이해하고, 지식 습득이 제한적임
	  – 연계된 기능의 일부를 수행할 수 있음
	  – 기대하는 가치와 태도의 일부 의미를 알고, 실천과 적용 범위가 좁음
		40% 이상
		60% 미만

3수준 구분 성취수준의 일반적 특성
(출처: 2022 개정교육과정에 따른 성취수준)

범주	성취수준	일반적 특성
지식·이해	A	• 개념에 대한 이해가 깊고, 지식 전이 수준이 높음
	B	• 개념에 대한 이해와 지식 전이 수준이 보통이거나 지식 습득이 다소 제한적임
	C	• 위계가 낮은 수준의 개념을 일부 이해하고, 지식 습득이 제한적임
과정·기능	A	• 배운 지식을 다양한 맥락에 적용하고, 연계된 기능의 수행 정도가 능숙함
	B	• 배운 지식을 일부 맥락에 적용하고, 연계된 기능의 수행 정도가 중간 수준이거나 연계된 기능의 기본적인 부분을 수행할 수 있음
	C	• 연계된 기능의 일부를 수행할 수 있음
가치·태도	A	• 기대하는 가치와 태도를 조직화하고, 실천과 적용 범위가 넓음
	B	• 기대하는 가치와 태도를 일부 조직화하고 실천과 적용 범위가 보통이거나 다소 제한적임
	C	• 기대하는 가치와 태도의 일부 의미를 알고, 실천과 적용 범위가 좁음

내용 체계 범주에 따른 3수준 구분 성취수준의 일반적 특성
(출처: 2022 개정교육과정에 따른 성취수준)

성취 기준별 성취수준 개발

교과 교육과정의 내용 체계와 성취기준(들)을 분석하여 지식·이해, 과정·기능, 가치·태도의 위계나 수준을 고려하여 성취기준별로 성취수준을 작성하며, 중학교의 경우 A, B, C, D, E로 개발하되, 성취기준의 능력(내용 요소) 복합성 정도에 따라 3~5수준으로 개발하고, 중학교 체육, 음악, 미술은 A, B, C로 개발한다.

개발 절차는 영역의 내용 체계와 성취기준(들)의 지식·이해, 과정·기능, 가치·태도의 내용 요소 추출 및 위계 분석하고, 대상 성취기준이 포함하고 있는 지식·이해, 과정·기능, 가치·태도의 내용 요소 수준 및 위계를 분석한다. 교과목의 영역 특성에 따라 내용 체계에 제시된 '가치·태도' 범주의 내용 요소가 성취기준에서 명시적으로 드러나지 않더라도, 교육과정 취지를 살려 영역 내 성취기준들에서 '가치·태도' 범주를 반영할 필요가 있다. 대상 성취기준이 포함하고 있는 내용 요소

들의 복합성 등을 고려하여 3~5수준의 진술문을 개발하는데, 지식·이해, 과정·
기능, 가치·태도의 각 범주는 그 특성을 고려하여 수준을 구분하고 이를 복합적으
로 구성하여 수준을 진술한다. 특히 가치·태도 범주의 경우 3수준 이하로 구성할
수 있다.

영역별 성취수준 개발

교과 교육과정의 내용 체계와 성취기준(들)을 분석하여 지식·이해, 과정·기능,
가치·태도의 위계나 수준을 고려하여 영역별로 성취수준 작성하며, 중학교의 경
우 A, B, C, D, E로 개발하나, 체육, 음악, 미술은 A, B, C로 개발한다.

교과 교육과정의 특성을 반영하여 개발 단위를 결정한다. 교과 교육과정이 '영
역'을 중심으로 내용 요소를 제시하므로 이를 단위로 삼지만, 사회, 과학 등의 경우
'단원'을 중심으로 성취기준이 제시하였으므로 이를 단위로 하여 개발할 수 있음.
다음은 영역의 내용 체계와 성취기준(들)의 지식·이해, 과정·기능, 가치·태도의
내용 요소 추출 및 위계를 분석한다. 영역별로 지식·이해, 과정·기능, 가치·태
도의 범주를 중심으로 영역별 성취수준 진술문을 작성한다. 구체적으로 앞서 개발
한 영역 내 성취기준별 성취수준들을 각 수준(A~C/A~E)과 연계, 종합하며, 영역
내 성취기준별 성취수준들을 각 수준(A~C/A~E)에 따라 연계하고, 각 범주를 중심
으로 이를 포괄할 수 있는 전형적인 능력을 진술한다.

성취수준의 활용

성취기준은 수업 및 평가의 근거 역할을 하지만 성취기준 자체는 도달 정도에 대
한 정보가 부족하여 추가로 성취수준에 대한 정보가 필요하다. 교사는 성취수준에
대해 일관된 이해를 하고 수업과 평가를 계획하고 운영해야 하는데 성취기준별 성

취수준이나 영역별 성취수준은 이러한 이해와 개념화에 도움을 줄 수 있다.

성취기준별 성취수준은 각 성취기준에 도달한 정도를 해당 교과목 평정 단계에 따라 구체화하여 제시한 것으로 성취기준별로 도달할 수행 목표를 예측하거나 가늠할 수 있다. 영역별 성취수준은 해당 교과목의 영역별로 도달할 목표를 범주(지식·이해, 과정·기능, 가치·태도)에 따라 제시한 것으로서 교과목 전체 수준에서 범주별로 도달할 수행 목표를 예측하거나 가늠할 수 있다.

성취기준별 성취수준은 각 성취기준에 도달한 정도를 해당 교과목 평정 단계에 따라 구체화하여 제시한 것으로 성취기준별로 도달할 수행 목표를 예측하거나 가늠할 수 있고, 영역별 성취수준은 해당 교과목의 영역별로 도달할 목표를 범주(지식·이해, 과정·기능, 가치·태도)에 따라 제시한 것으로 교과목 전체 수준에서 범주별로 도달할 수행 목표를 예측하거나 가늠할 수 있다. 이러한 성취수준은 수업 설계와 평가 문항 제작에서 도달 정보나 목표를 개념화할 때도 근거가 된다. 교사 간 유사한 수준에 대한 개념을 가질 수 있도록 도움을 준다. 이때 수준 구분에 대한 유연성은 열어두되, 수준에 대한 교사 간 해석의 폭을 최대한 좁혀 교육과정 범위 내에서 수업과 평가가 실행되도록 하기 위함이다.

성취기준별·영역별 성취수준은 학기 단위 성취수준을 개발할 때 근거로 활용된다. 학기 단위 성취수준은 한 학기의 교수·학습이 끝났을 때 해당 학기에서 다루는 교과목의 성취기준들에 도달한 정도를 나타낸 것으로, 한 학기 내 성취기준들을 포괄하는 전반적인 특성을 5수준(A~E) 또는 학교급, 교과에 따라 3수준(A~C)으로 구분하여 진술한 것이다.

성취기준별·영역별 성취수준은 학습자 수준을 고려한 수업 설계에 활용될 수 있다. 구체적으로 우선, 학습자 맞춤형 수업 설계에 활용될 수 있다. 2022 개정 교육과정은 학습자 개별화 맞춤형 수업을 강조하고 있다. 이러한 취지에 따라 학습자 맞춤형 수업을 설계하기 위해서 학습자 수준에 맞는 진단과 학습 지원이 필요하다. 기초학력 보장 지도에 활용될 수 있다. 교육부의 공교육 경쟁력 제고 방안에

의하면, 책임교육학년제(초3, 중1) 도입 및 맞춤형 학업성취도 자율평가 대상 확대에 따라 학력 진단이 강화되고 모든 학년에서 성취수준에 기반한 개별화 학습이 지원된다.

성취기준을 분석하여 성취기준에 도달하기 위한 과정에서 필요한 능력을 평가 요소의 형태로 구체화하고, 평가 요소를 가장 적합하게 평가할 수 있는 평가 방법을 선정한다. 평가 요소는 성취기준을 분석하여 해당 성취기준에의 도달 정도를 판단하기 위해서 어떠한 내용을 평가해야 하는지를 기준으로 작성한다. 평가 요소는 평가의 목표와 특성을 고려하여 교육과정 성취기준에서 도출하며, 학습자의 수행 정도를 판단할 수 있도록 지식, 기능, 태도와 같은 구체적인 내용으로 기술한다. 성취수준은 수행평가(또는 서·논술형 문항) 도구 제작 및 채점 기준 설정의 근거로 활용된다. 채점 기준을 설정할 때 모든 성취수준(A~E)을 평가할 수 있도록 수행평가 과제(또는 서·논술형 문항) 및 채점 기준을 개발한다. 모든 성취수준의 학습자가 수행할 수 있는 과제로 문항을 구성할 필요가 있다. 성취기준별/영역별 성취수준과 이를 활용하여 개발된 학기 단위 성취수준을 토대로 학습자의 성취수준을 산출한다. 분할 점수 설정과 평가 시행이 완료되면 지필평가와 수행평가 점수를 합산하여 성취율에 따라 학습자의 성취도를 산출한다. 즉, 개별 학습자에 대해 A~E 또는 A~C의 성취수준을 산출하게 되는 것이다.

◆ 마을의 삶과 앎 성취수준 ◆

성취기준별 성취수준

마을에 관한 지식과 이해: 우리 마을로 떠나는 내 앎의 여행

성취기준		성취기준별 성취수준
[9마삶-01-01] 마을의 지명 유래와 변천 과정을 탐구하여, 마을의 역사적·사회적 특성을 분석하고 설명한다.	A	마을 지명의 유래를 심층적으로 분석하고, 다양한 역사적·사회적 맥락에서 마을 변천 과정이 마을의 정체성과 사회적 특성 형성에 어떻게 결정적인 역할을 했는지 설명할 수 있으며, 지명 변화가 마을공동체에 미친 영향을 평가할 수 있다.
	B	마을 지명의 유래를 역사적·사회적 맥락 속에서 분석할 수 있으며, 배경과 그 변화가 마을의 정체성과 사회적 특성에 미친 영향을 체계적으로 설명할 수 있다.
	C	마을 지명의 유래를 역사적·사회적 맥락에서 구체적으로 분석하고, 마을의 변천 과정의 배경에 있는 다양한 정치·경제·문화적 요인을 파악할 수 있다.
	D	마을 지명의 유래와 변천 과정에서 일어난 주요한 역사적·사회적 사건을 연결하여 파악할 수 있다.
	E	마을 지명의 유래를 간단히 설명할 수 있으며, 마을이 변천된 과정을 나열할 수 있다.
[9마삶-01-02] 마을의 문화와 예술을 탐구하고, 그 속에 담긴 전통과 가치를 분석하여, 문화적 특성을 이해하고 설명한다.	A	마을의 문화와 예술 속에 담긴 전통과 가치를 여러모로 분석하여 그 문화적 특성이 마을의 정체성뿐만 아니라 더 넓은 사회적·문화·맥락에서 어떻게 상호작용하고 특성을 가졌는지를 평가할 수 있다.
	B	마을의 문화와 예술 속에 담긴 전통과 가치가 마을의 정체성과 사회적 특성을 어떻게 형성하였으며 마을 문화와 예술을 어떠한 영향을 미치고 있는지 계승되고 있는지를 파악할 수 있다.
	C	마을의 문화와 예술이 형성된 역사적 배경과 그 속에 담긴 전통과 가치를 분석할 수 있으며, 요소들이 마을의 문화적 특성을 어떻게 형성하고 있는지 말할 수 있다.
	D	마을의 문화와 예술 속에 담긴 전통과 가치를 구체적으로 탐구하고, 이를 바탕으로 문화적 특성에 관해 설명할 수 있다.
	E	마을에서 전해 내려오는 문화와 예술에 대한 표면적 개념을 이해하고, 내용을 설명할 수 있다.

성취기준		성취기준별 성취수준
[9마삶-01-03] 마을의 인문환경과 자연환경이 주민들의 생활 양식과 삶에 미치는 영향을 분석하고, 상호작용의 중요성을 탐구한다.	A	마을의 인문환경과 자연환경의 상호작용을 입체적으로 분석하고 인문·자연환경의 상호작용이 마을 주민의 삶과 생활 양식의 변화와 발전에 미친 영향을 구체적으로 설명할 수 있으며, 다양한 사례를 제시할 수 있다.
	B	마을의 인문환경과 자연환경의 상호작용을 사회·문화적 맥락 속에서 면밀하게 분석할 수 있으며, 이 상호작용이 주민 생활 양식과 삶의 변화와 발전에 어떠한 영향을 미쳤는지 설명할 수 있다.
	C	마을의 인문환경과 자연환경이 상호작용하는 구체적인 사례를 탐구하고, 주민의 생활 방식과 삶의 질에 어떤 영향을 미치는지 설명할 수 있다.
	D	마을의 인문환경과 자연환경의 개념을 이해하고, 상호작용을 설명할 수 있으며, 상호작용이 주민의 생활에 미치는 영향을 파악할 수 있다.
	E	마을의 인문환경과 자연환경의 개념을 이해하고, 주민 생활에 어떻게 영향을 미치는지 설명할 수 있다.
[9마삶-01-04] 마을의 정체성, 가치관, 개성이 반영된 공간을 조사하고, 사회문화적 맥락과 연계하여 탐구한다.	A	마을의 정체성, 가치관, 개성이 반영된 공간을 다양한 사회·문화적 요인과 연계하여 평가하고, 공간이 마을공동체의 가치관과 정체성 형성에 미치는 영향을 분석하고 공간의 가치를 높이는 활용 방안을 제안할 수 있다.
	B	마을의 정체성, 가치관, 개성이 반영된 공간을 사회·문화적 맥락에서 분석하며, 마을공동체의 가치관, 정체성 형성과의 관련성을 구체적으로 제시할 수 있다.
	C	마을이 정체성, 가치관, 개성이 반영된 공간과 특징에 관해 구체적으로 조사하고, 공간과 마을의 역사적 배경·문화적 특성의 연관성을 파악할 수 있다.
	D	마을의 정체성, 가치관, 개성이 반영된 공간과 특징이 어떻게 형성되었는지를 조사하고, 관련성을 파악할 수 있다.
	E	마을의 정체성, 가치관, 개성이 반영된 공간과 특징을 파악할 수 있다.
[9마삶-01-05] 마을의 대표적인 유·무형의 자원을 탐색하고, 가치를 분석하여 이를 홍보할 수 있는 전략을 수립하고 소개한다.	A	마을의 유·무형 자원을 사회·문화적 맥락에서 탐구하고, 자원의 중요성과 활용 방안, 가치를 고려하여 마을 자원을 알리기 위한 종합적이고 창의적인 홍보 전략을 수립하고 마을의 가치를 널리 알릴 방안을 제시할 수 있다.

성취기준		성취기준별 성취수준
[9마삶-01-05] 마을의 대표적인 유·무형의 자원을 탐색하고, 가치를 분석하여 이를 홍보할 수 있는 전략을 수립하고 소개한다.	B	마을의 유·무형 자원을 사회·문화적 맥락에서 분석하고, 자원이 마을이 정체성과 가치를 대표하고 있는 파악할 수 있으며, 자원의 특성과 활용 가치를 고려하여 홍보 전략을 제시할 수 있다.
	C	마을의 대표적인 유·무형 자원을 자세하게 탐색하고, 자원에 담긴 마을의 가치와 특성을 분석하며 마을 자원을 알리기 위한 전략을 수립할 수 있다.
	D	마을의 유·무형 자원을 선택하여 자원이 가진 마을의 가치와 특성을 설명할 수 있다.
	E	마을의 대표적인 가치와 특성을 가진 유·무형의 자원을 탐색하고 나열할 수 있다.

마을을 통한 역할과 참여: 우리 마을에서 피어나는 나의 자리

성취기준		성취기준별 성취수준
[9마삶-02-01] 마을공동체에서 개인과 공동체의 상호작용을 이해하고, 이에 기반한 사회적 역할과 자아정체성을 탐구한다.	A	마을공동체에서 개인과 공동체 간의 상호작용을 심층적으로 분석하고 공동체 내에서 자아정체성을 발전하기 위한 구체적인 방안을 제시하고, 공동체의 구조, 가치와 자아정체성의 형성 관계를 설명할 수 있다.
	B	마을공동체에서 개인과 공동체의 상호작용을 다양한 측면에서 분석하고, 개인과 공동체와의 상호작용이 자아정체성을 어떻게 발전시키며 사회적 역할과 자아정체성 간의 복합적인 관계를 설명할 수 있다.
	C	마을공동체에서 개인의 사회적 역할이 자아정체성 형성에 미치는 영향을 탐구하고, 개인과 공동체의 상호작용과 개인의 자아정체성이 공동체의 가치와 연계되어 형성됨을 설명할 수 있다.
	D	마을공동체에서 개인과 마을의 상호작용을 이해하고, 개인이 맡는 사회적 역할이 마을공동체에 미치는 영향을 파악할 수 있다.
	E	마을공동체에서 개인과 마을의 상호작용을 이해하고, 개인이 마을에서 수행하는 역할을 파악할 수 있다.

성취기준		성취기준별 성취수준
[9마삶-02-02] 마을에서 발생하는 다양한 문제의 원인을 분석하고, 창의적이며 실현이 가능한 해결 방안을 제안한다.	A	마을에서 발생하는 다양한 문제의 주요 원인을 여러모로 분석하고 문제가 발생하는 사회·경제·환경적 요인과 상호작용 방식을 설명할 수 있으며 문제 해결을 위한 창의적이고 실현이 가능한 방안을 체계적으로 제시하며 방안의 실행 가능성을 평가하고 구체적인 실행 전략을 제안할 수 있다.
	B	마을 문제의 원인을 깊이 있게 분석하고 문제의 다양한 원인의 상호작용을 분석하고 문제 해결을 위한 자원과 방법을 활용하여 해결 방안의 장단점을 분석하여 창의적이고 실현이 가능한 방안을 제안할 수 있다.
	C	마을에서 발생하는 다양한 문제의 원인을 다각적으로 분석하고 문제의 배경에 있는 요인들을 설명하고, 문제 해결을 위한 자원과 방법을 활용하여 해결 방안을 제시할 수 있다.
	D	마을에서 발생하는 문제의 원인을 구체적으로 파악하고, 문제를 일으키는 요인에 대해 분석하며 문제를 해결하는 방안을 제시할 수 있다.
	E	마을에서 발생하는 다양한 문제를 파악하고 문제를 일으키는 요소를 나열할 수 있다.
[9마삶-02-03] 마을에서 지원이 필요한 장소나 구성원의 현안을 파악하고, 구체적인 해결 방안을 제시하여 실천한다.	A	마을에서 지원이 필요한 장소나 구성원의 현안을 체계적으로 분석하고 다양한 자원이나 네트워크를 활용하여 구체적이고 실현이 가능한 해결 방안을 구체적으로 제시하고 제시한 해결 방안을 실제로 실천에 옮기며 평가할 수 있다.
	B	마을에서 지원이 필요한 장소나 구성원의 문제를 깊이 있게 분석하고 문제의 원인을 구조적으로 이해하며, 구체적이고 실현이 가능한 방안을 제시하며 해결 방안을 실행할 수 있는 구체적인 방법을 실천에 옮길 수 있다.
	C	마을의 지원이 필요한 장소나 구성원의 문제를 구체적으로 분석하고 문제 해결을 위한 구체적이고 실현이 가능한 해결 방안과 실천 계획을 제안할 수 있다.
	D	마을에서 지원이 필요한 장소나 구성원의 현안을 파악하고 문제의 원인을 파악할 수 있다.
	E	마을에서 지원이 필요한 장소나 구성원을 파악하고 대상의 상황을 인식할 수 있다.

성취기준		성취기준별 성취수준
[9마삶-02-04] 마을의 축제를 탐색하고, 다양한 자원을 활용해 여러 관점에서 적절한 테마를 선정하여 축제를 기획한다.	A	마을 축제의 기획을 위해 다양한 자원과 관점을 통합하여 창의적이고 실현이 가능한 테마를 선정하고 축제 기획과 실행의 전 과정을 체계적으로 기획하며 축제의 목표와 기대효과를 고려하여 축제를 성공적으로 이끌 수 있는 구체적인 실행 계획을 제안할 수 있다.
	B	마을의 축제를 기획하기 위해 다양한 자원을 종합적으로 분석하고, 축제의 테마를 여러 관점에서 선정하며 마을의 전통·가치·이슈들을 반영하여 축제의 테마를 기획하고 구체적인 실행 계획을 제안할 수 있다.
	C	마을 축제에 활용할 수 있는 다양한 자원을 더욱 구체적으로 탐색하고 여러 관점에서 축제의 적절한 테마를 분석, 선정하고 마을의 역사·문화·자연환경 등의 요소를 고려하여 축제를 계획할 수 있다.
	D	마을의 축제를 부분적으로 탐색하고, 축제에 사용할 수 있는 자원을 파악할 수 있다.
	E	마을에서 열리는 축제를 제한적으로 탐색하고, 축제의 기본적인 목적과 활동들을 파악할 수 있다.
[9마삶-02-05] 마을의 문화, 생태, 역사 등을 주제로 한 여행을 조사하고, 공정여행 상품을 개발한다.	A	마을의 문화·생태·역사 자원을 종합적으로 탐구하고 이를 토대로 자원의 효용과 가치를 고려하여 환경적·사회적 영향이 반영된 창의적이고 공정여행의 원칙과 가치를 담은 공정여행 상품을 개발하여 제시할 수 있다.
	B	마을의 문화·생태·역사 자원을 다양하게 탐구하고, 이를 토대로 자원을 적절하게 활용하여 환경적·사회적 영향을 고려한 공정여행 상품을 체계적으로 기획하여 제안할 수 있다.
	C	마을의 문화·생태·역사 자원을 분석하고, 이를 토대로 자원을 활용하여 공정여행의 특성이 반영된 공정여행 상품을 기획할 수 있다.
	D	마을의 문화·생태·역사 등을 주제로 한 여행 프로그램을 조사하고, 주제별 여행 자원을 구체적으로 탐색할 수 있다.
	E	마을의 문화·생태·역사 등을 주제로 한 여행을 조사하고, 여행에 관한 정보를 나열할 수 있다.

마을을 위한 실천과 성장: 우리 마을을 위한 나의 발걸음

[9마삶-03-01] 마을에 분포한 직업과 그 경향을 분석하고, 마을 내 직업의 가치를 이해하여 자신의 진로와 직업을 탐색한다.	A	마을 내 직업의 경향과 직업들이 가진 가치를 종합적으로 분석하고, 마을과 지역 사회 발전에 미치는 영향을 평가하며 마을 직업의 가치와 중요성을 심층적으로 이해하고, 적극적으로 활용하여 적성과 관심 분야에 맞는 진로와 직업을 탐색하고 실현이 가능한 목표가 포함된 계획을 수립할 수 있다.
	B	마을 내 직업의 경향을 체계적으로 분석하고, 직업들이 마을공동체와 경제에 미치는 영향을 파악하며 마을 직업의 가치와 중요성을 이해하고, 자기의 적성과 관심 분야를 적극적으로 활용하여 진로와 직업을 탐색할 수 있다.
	C	마을에 분포한 직업의 경향을 구체적으로 분석하고 마을 내 직업들의 경제적·사회적 가치를 이해하고, 마을의 직업이 가진 가치와 특성을 깊이 있게 파악하며 자신의 진로와 직업을 탐색할 수 있다.
	D	마을에 분포한 직업을 분석하여 주요 직업군과 직업들의 경향을 파악할 수 있다.
	E	마을에 분포한 직업을 조사하고, 직업의 기본적인 역할과 기능을 나열할 수 있다.
[9마삶-03-02] 마을공동체의 창업 현황과 상권 분포, 특성을 분석하여 창업 아이디어를 발굴하고, 창업 전략을 기획한다.	A	마을공동체의 창업 현황과 상권 분포를 종합적으로 분석하고 창업의 기회와 위험 요소를 명확히 파악하여 창업 아이디어를 구체화하여 실행 계획과 자원 활용 전략을 포함하여 창업 성공 가능성을 높이기 위한 전략과 구체적인 계획을 제안할 수 있다.
	B	마을 창업 현황과 상권 분포를 정교하게 분석하고 이를 토대로 상권이 특성과 소비자 요구를 반영한 창업 아이디어를 구체화하여 창업 성공 가능성을 높이기 위한 전략과 계획을 설명할 수 있다.
	C	마을공동체의 창업 현황과 상권 분포를 여러 방향으로 분석하고 특성에 맞는 창업 아이디어를 구체적으로 발굴하여 창업 전략과 계획을 설명할 수 있다.
	D	마을의 창업 현황과 상권 분포를 구체적으로 분석하여 상권이 가진 특성과 경제적 중요성을 이해할 수 있다.
	E	마을공동체 내에서 이루어지는 창업의 현황을 조사하고, 상권의 기본적인 분포를 파악할 수 있다.

[9마삶-03-03] 마을의 생태 환경을 조사하여 탄소중립의 필요성을 인식하고, 실현이 가능한 목표를 수립하고 실행한다.	A	마을의 생태 환경을 심층적으로 분석하여 탄소중립 목표를 실현하기 위한 장기적이고 지속 가능한 목표를 수립하고 구체적으로 실행할 수 있는 체계적인 계획을 세우고 실천에 옮기며 결과를 검토·평가할 수 있다.
	B	마을의 생태 환경을 종합적으로 분석하여 탄소중립 목표를 실현하기 위한 구체적인 계획을 수립하고 목표 달성을 위한 주체별 구체적인 실행 계획을 세우고 실천에 옮길 수 있다.
	C	마을의 생태 환경을 구체적으로 조사하여 탄소중립을 실현하기 위한 현실적인 목표를 수립하고 구체적인 실행 계획을 세우고 실천에 옮길 수 있다.
	D	마을의 생태 환경을 분석하여 생태계와 인간 활동 간의 연관성을 이해하고 탄소중립의 필요성을 인식할 수 있다.
	E	마을의 생태 환경을 조사하고, 환경의 특징을 파악할 수 있다.
[9마삶-03-04] 마을 구성원에게 유용한 정보와 주요 자원, 특성을 반영한 참여형 지도를 제작하여 지역사회에 기여한다.	A	마을 구성원들에게 유용한 정보와 주요 자원을 반영한 참여형 지도를 완성하고 지역사회에 배포하여 활용할 수 있는 창의적이고 효과적인 지도 활용 방안을 제안할 수 있다.
	B	마을 구성원들의 요구와 주요 자원, 특성을 종합적으로 반영한 참여형 지도를 제작하여 지역사회에 기여할 수 있는 지도 활용 방안을 설명할 수 있다.
	C	마을 구성원들에게 유용한 정보와 자원을 분석하여 이를 종합적으로 반영한 참여형 지도를 제작하여 시각화하여 표현할 수 있다.
	D	마을 구성원들에게 유용한 정보와 주요 자원, 특성을 자세하게 조사하고, 이를 참여형 지도에 반영할 수 있다.
	E	마을 구성원들에게 유용한 정보와 주요 자원, 특성을 조사하고 참여형 지도를 제작하는 계획을 이해할 수 있다.
[9마삶-03-05] 마을의 현재를 탐구하고, 미래를 위한 지속 가능한 실천 방안을 모색한다.	A	마을이 현재 상태를 종합적으로 탐구하고, 미래를 위한 지속이 가능한 실천 방안을 창의적으로 모색하고 자원 활용과 협력 방안을 고려하여 실행할 수 있는 구체적인 전략을 체계적으로 수립하여 실천에 옮기며 평가할 수 있다.
	B	마을의 현재 상황을 심도 있게 탐구하여 지속이 가능한 발전을 위한 구체적인 실천 방안을 체계적으로 계획하고 실천에 옮길 수 있다.
	C	마을의 현재 상태를 여러모로 분석하고, 미래를 위한 실현이 가능한 실천 방안을 구체적으로 모색할 수 있다.

[9마삶-03-05] 마을의 현재를 탐구하고, 미래를 위한 지속가능한 실천 방안을 모색한다.	D	마을의 현재 상태를 분석하여 경제·사회·환경적 문제를 구체적으로 설명할 수 있다.
	E	마을의 현재 상태를 탐구하고, 주요 문제점이나 특징을 설명할 수 있다.

영역별 성취수준

마을에 관한 지식과 이해: 우리 마을로 떠나는 내 앎의 여행

마을에 관한 지식과 이해: 우리 마을로 떠나는 내 앎의 여행		지식·이해	마을 공간의 역사적·사회적 의미와 지명 유래, 변천 과정에서의 사회·역사적 배경, 마을의 정체성 형성과 변화 과정, 그리고 마을의 문화·예술이 지역사회 발전에 미친 영향을 살피고, 자연환경과 인문환경이 공동체 형성에 미친 관계를 이해하며, 마을의 자랑거리와 명소의 중요성 및 가치를 파악하고 이를 효과적으로 알리는 방법을 알 수 있다.
	A	기능·과정	마을 지명의 유래를 심층적으로 분석하고, 다양한 역사적·사회적 맥락에서 마을의 변천 과정이 어떻게 마을의 정체성과 사회적 특성 형성에 결정적인 역할을 했는지 설명하며, 지명 변화가 공동체에 미친 영향을 평가할 수 있다. 마을의 문화와 예술에 담긴 전통과 가치를 다각적으로 분석하여, 이러한 문화적 특성이 마을 정체성뿐만 아니라 더 넓은 사회적·문화적 맥락에서 어떻게 상호작용하며 독특한 특성을 형성하는지를 평가할 수 있다. 마을의 인문환경과 자연환경의 상호작용을 입체적으로 분석하여, 그 상호작용이 주민의 삶과 생활 양식의 변화와 발전에 미친 영향을 구체적으로 설명하고 다양한 사례를 제시할 수 있다. 마을의 정체성, 가치관, 개성이 반영된 공간을 사회·문화적 요인과 연계하여 평가하고, 그 공간이 공동체의 가치관과 정체성 형성에 미치는 영향을 분석하며, 공간의 가치를 높이는 활용 방안을 제안할 수 있다. 마을의 유·무형 자원을 사회·문화적 맥락에서 탐구하고, 자원의 중요성과 활용 방안을 고려하여 마을 자원을 알리기 위한 종합적이고 창의적인 홍보 전략을 수립하며, 마을의 가치를 널리 알릴 방안을 제시할 수 있다.

마을에 관한 지식과 이해: 우리 마을로 떠나는 내 앎의 여행	A	가치·태도	마을에 대한 애정과 관심을 바탕으로 마을과 공간, 관련 활동에 적극적으로 참여하며, 마을의 문화·예술 활동을 이해하고 존중하는 자세를 갖추고, 미래 사회에 대한 책임감을 바탕으로 마을 발전에 기여하며 공동체에 긍정적인 영향을 실천하는 주도적인 태도를 지닐 수 있다.
마을에 관한 지식과 이해: 우리 마을로 떠나는 내 앎의 여행	B	지식·이해	마을 공간의 역사적 변화와 지명의 유래 및 변천 과정에서의 사회적·역사적 배경을 이해하고, 마을과 문화·예술의 상호작용과 그 영향을 살피며, 자연환경과 인문환경의 상호작용과 결과를 구체적으로 분석하여, 마을의 자랑거리인 명소가 지닌 경제적·문화적 중요성을 알 수 있다.
		기능·과정	마을 지명의 유래를 역사적·사회적 맥락에서 분석하고, 그 배경과 변화가 마을의 정체성과 사회적 특성에 미친 영향을 체계적으로 설명할 수 있다. 마을의 문화와 예술 속에 담긴 전통과 가치를 통해 정체성과 사회적 특성이 어떻게 형성되었으며, 이 문화와 예술이 마을에 어떤 영향을 미치며 계승되고 있는지를 파악할 수 있다. 마을의 인문환경과 자연환경의 상호작용을 사회·문화적 맥락에서 면밀히 분석하고, 상호작용이 주민의 생활 양식과 삶의 변화 및 발전에 미친 영향을 설명할 수 있다. 마을의 정체성, 가치관, 개성이 반영된 공간과 특징을 구체적으로 조사하고, 그 공간이 마을의 역사적 배경 및 문화적 특성과 어떻게 연관되는지를 파악할 수 있다. 마을의 유·무형 자원을 사회·문화적 맥락에서 분석하여, 자원이 마을의 정체성과 가치를 대표하는 방식과 자원의 특성 및 활용 가치를 고려한 홍보 전략을 제시할 수 있다.
		가치·태도	마을과 그 공간, 관련 활동에 적극적인 관심을 보이며, 마을의 문화·예술 활동에 능동적으로 참여하고, 미래 사회에 대한 깊은 관심을 바탕으로 마을을 주도적으로 알리고 발전에 기여하려는 태도를 지닐 수 있다.
	C	지식·이해	마을 공간의 구조와 기능, 지명의 유래와 변천 과정의 역사적 배경, 마을과 문화·예술이 정체성 형성에 미친 관계, 자연환경과 인문환경의 구체적인 영향과 상호작용, 마을의 자랑거리와 명소가 지닌 특징과 중요성을 알 수 있다.

마을에 관한 지식과 이해: 우리 마을로 떠나는 내 앎의 여행	C	기능·과정	마을 지명의 유래를 역사적·사회적 맥락에서 구체적으로 분석하고, 마을의 변천 과정에 영향을 미친 정치·경제·문화적 요인을 파악할 수 있다. 마을의 문화와 예술이 형성된 역사적 배경과 그 속에 담긴 전통과 가치를 분석하여, 요소들이 마을의 문화적 특성을 어떻게 형성하고 있는지 설명할 수 있다. 마을의 인문환경과 자연환경의 상호작용을 구체적인 사례로 탐구하고, 그것이 주민의 생활 방식과 삶의 질에 미친 영향을 설명할 수 있다. 마을의 정체성, 가치관, 개성이 반영된 공간과 특징을 구체적으로 조사하고, 그 공간이 마을의 역사적 배경 및 문화적 특성과 어떻게 연관되는지를 파악할 수 있다. 마을의 대표적인 유·무형 자원을 깊이 있게 탐구하여 자원에 담긴 마을의 가치와 특성을 분석하고, 이를 알리기 위한 전략을 수립할 수 있다.
		가치·태도	마을과 공간, 관련 활동에 깊은 관심을 가지고, 마을의 문화·예술 활동에 적극적으로 참여하려는 의지를 보이며, 미래 사회의 변화에 관한 관심을 바탕으로 마을을 적극적으로 알리려는 태도를 지닐 수 있다.
	D	지식·이해	마을 공간의 역할과 구성 요소를 바탕으로 지명의 유래와 변천 과정을 이해하고, 마을에서 이루어지는 문화와 예술, 인문환경과 자연환경의 영향과 상호작용, 마을의 자랑거리와 명소에 대해 알 수 있다.
		기능·과정	마을 지명의 유래와 변천 과정에서 발생한 주요한 역사적·사회적 사건을 연결하여 파악할 수 있으며, 마을의 문화와 예술에 담긴 전통과 가치를 구체적으로 탐구하여 그 문화적 특성을 설명할 수 있다. 마을의 인문환경과 자연환경의 개념을 이해하고 그 상호작용을 설명하며, 상호작용이 주민의 생활에 미치는 영향을 파악할 수 있다. 마을의 정체성, 가치관, 개성이 반영된 공간과 특징이 어떻게 형성되었는지 조사하고 그 관련성을 분석할 수 있으며, 마을의 유·무형 자원을 선택하여 그 자원이 지닌 가치와 특성을 설명할 수 있다.
		가치·태도	마을과 그 공간, 관련 활동에 관심을 가지며, 마을의 문화·예술 활동에 참여하려는 의지를 보이고, 마을을 알리려는 태도를 지닐 수 있다.

마을에 관한 지식과 이해: 우리 마을로 떠나는 내 앎의 여행	E	지식·이해	마을과 그 공간, 지명의 유래와 변천 과정, 마을의 문화와 예술, 자연환경과 인문환경, 그리고 마을의 자랑거리와 명소에 대해 알 수 있다.
		기능·과정	마을 지명의 유래를 간단히 설명하고, 마을의 변천 과정을 나열할 수 있다. 마을에서 전해 내려오는 문화와 예술의 표면적 개념을 이해하여 그 내용을 설명할 수 있으며, 인문환경과 자연환경의 개념을 파악하고 그것이 주민 생활에 미치는 영향을 설명할 수 있다. 마을의 정체성, 가치관, 개성이 반영된 공간과 특징을 이해하고, 마을의 대표적인 가치와 특성을 가진 유·무형 자원을 탐색하고 나열할 수 있다.
		가치·태도	마을과 공간, 마을 관련 활동에 호기심을 가지고 마을의 문화와 예술에 관심을 지닐 수 있다.

마을을 통한 역할과 참여: 우리 마을에서 피어나는 나의 자리

마을을 통한 역할과 참여: 우리 마을에서 피어나는 나의 자리	A	지식·이해	사회적 역할과 자아정체성 상호작용의 관계와 다양한 사례, 공동체 내 문제의 근본 원인과 합리적인 실천 방안, 마을 구성원과 마을의 상생, 그리고 마을의 문화유산과 축제가 지역 경제와 공동체의 정체성 및 역사에 미치는 영향을 이해할 수 있으며, 마을의 전통과 역사 속에서 관광자원에 내재한 가치를 발굴·활용하며, 지속 가능성을 고려한 공정여행의 실현 가능성을 알 수 있다.
		기능·과정	마을공동체에서 개인과 공동체 간의 상호작용을 심층적으로 분석하고, 공동체 내에서 자아정체성을 발전시키기 위한 구체적인 방안을 제시하며, 공동체의 구조, 가치, 자아정체성 형성의 관계를 설명할 수 있다. 또한, 마을에서 발생하는 다양한 문제의 주요 원인을 다각도로 분석하고, 문제 발생의 사회·경제·환경적 요인과 그 상호작용 방식을 설명하며, 문제 해결을 위한 창의적이고 실현이 가능한 방안을 체계적으로 제시하고, 그 실행 가능성을 평가하며 구체적인 실행 전략을 제안할 수 있다. 더불어, 마을에서 지원이 필요한 장소나 구성원의 현안을 체계적으로 분석하고, 다양한 자원과 네트워크를 활용하여 실현이 가능한 해결 방안을 구체적으로 제시하며, 제안된 방안을 실제로 실천하고 평가할 수 있다. 마을 축제를 기획하기 위해 다양한 자원과 관점을 통합하여 창의적이고 실현이 가능한 테마를 선정하고, 축제 기획과 실행의 전 과정을 체계적으로 계획하여, 축제의 목표

마을을 통한 역할과 참여: 우리 마을에서 피어나는 나의 자리	A	기능·과정	와 기대효과를 고려한 구체적인 실행 계획을 제안함으로써 축제를 성공적으로 이끌 수 있다. 마지막으로, 마을의 문화·생태·역사 자원을 종합적으로 탐구하여 그 자원의 효용과 가치를 고려하고, 환경적·사회적 영향을 반영한 창의적이고 공정여행의 원칙과 가치를 담은 공정여행 상품을 개발하여 제시할 수 있다.
		가치·태도	자기 이해와 자아정체성을 명확히 자각하고, 자신의 사회적 역할을 주도적으로 수행하며, 문제 해결에 창의적이고 적극적으로 참여하는 태도를 보이고, 타인의 상황에 깊이 공감하며 주의를 기울이는 동시에, 책임감 있는 존재로서 일관되게 실천하는 태도를 가질 수 있다.
마을을 통한 역할과 참여: 우리 마을에서 피어나는 나의 자리	B	지식·이해	사회적 역할과 자아정체성의 관계, 공동체에서 발생하는 근본적인 원인과 문제 해결 방안, 마을 구성원들의 공존과 상호작용, 마을의 문화유산과 축제가 가진 가치와 발전 방향, 마을 관광자원에 내재한 가치를 발굴하고, 지속 가능성을 고려한 공정여행 방안을 알 수 있다.
		기능·과정	마을공동체에서 개인과 공동체 간의 상호작용을 다양한 측면에서 분석하고, 이러한 상호작용이 자아정체성을 어떻게 발전시키며 사회적 역할과 자아정체성 간의 복합적인 관계를 설명할 수 있다. 또한, 마을 문제의 원인을 심층적으로 분석하고, 다양한 원인 간 상호작용을 파악하여 문제 해결을 위한 자원과 방법을 활용하고, 해결 방안의 장단점을 분석해 창의적이고 실현이 가능한 방안을 제안할 수 있다. 마을에서 지원이 필요한 장소나 구성원의 문제를 구조적으로 이해하고, 문제의 원인을 깊이 있게 분석한 후 실현이 가능한 해결 방안을 제시하며, 이를 실제로 실행할 수 있는 구체적인 방법을 실천에 옮길 수 있다. 마을 축제를 기획하기 위해 다양한 자원을 종합적으로 분석하고, 마을의 전통, 가치, 이슈들을 반영하여 다각적인 관점에서 축제 테마를 선정하고 구체적인 실행 계획을 제안할 수 있다. 마을의 문화·생태·역사 자원을 폭넓게 탐구하고, 이를 바탕으로 자원을 적절히 활용하여 환경적·사회적 영향을 고려한 공정여행 상품을 체계적으로 기획하고 제안할 수 있다.
		가치·태도	자신의 정체성과 사회적 역할을 자각하고, 마을의 문제에 능동적으로 참여하며, 주도적으로 문제 해결을 위해 행동하고자 하는 태도를 가지며, 타인의 처지에 대한 깊은 이해를 바탕으로 배려와 공감을 실천하고, 책임감 있는 존재로서 소임을 수행은 태도를 지닐 수 있다.

		지식·이해	사회적 역할이 자아정체성 형성과 공동체 내 상호작용의 영향, 공동체 문제의 원인과 해결 방법, 마을 구성원 간의 협력과 공존이 중요성, 마을의 문화유산과 축제의 중요성과 가치, 관광자원을 활용한 공정여행의 의미를 알 수 있다.
마을을 통한 역할과 참여: 우리 마을에서 피어나는 나의 자리	C	기능·과정	마을공동체에서 개인의 사회적 역할이 자아정체성 형성에 미치는 영향을 탐구하고, 개인과 공동체 간의 상호작용이 어떻게 개인의 자아정체성이 공동체의 가치와 연계되어 형성되는지를 설명할 수 있다. 마을에서 발생하는 다양한 문제의 원인을 다각도로 분석하고, 그 배경에 있는 요인들을 설명하며, 문제 해결을 위한 자원과 방법을 활용하여 실현이 가능한 해결 방안을 제시할 수 있다. 마을의 지원이 필요한 장소나 구성원의 문제를 구체적으로 분석하고, 이를 해결하기 위한 실현 가능한 해결 방안과 실천 계획을 제안할 수 있다. 마을 축제에 활용할 수 있는 다양한 자원을 구체적으로 탐색하고, 여러 관점에서 적절한 축제 테마를 분석·선정하며, 마을의 역사, 문화, 자연환경 등의 요소를 고려해 축제를 계획할 수 있다. 마을의 문화·생태·역사 자원을 분석하고, 이를 토대로 공정여행의 특성이 반영된 공정여행 상품을 기획할 수 있다.
		가치·태도	자기 이해와 정체성, 사회적 역할에 관심을 가지고 문제 해결에 적극적으로 참여하려는 태도를 보이며, 타인의 상황에 더 깊은 주의를 기울이고, 책임감을 인식하여 이를 구체적으로 실천하려는 태도를 지닐 수 있다.
마을을 통한 역할과 참여: 우리 마을에서 피어나는 나의 자리	D	지식·이해	사회적 역할이 자아정체성 형성에 미치는 영향, 공동체 내에서 발생하는 문제의 예, 마을과 구성원의 공존, 마을의 주요 문화유산과 축제의 중요성, 마을 관광자원의 특징과 공정여행의 의미를 알 수 있다.
		기능·과정	마을공동체에서 개인과 마을 간의 상호작용을 이해하고, 개인이 맡는 사회적 역할이 공동체에 미치는 영향을 파악할 수 있다. 마을에서 발생하는 문제의 원인을 구체적으로 분석하고, 이를 유발하는 요인들을 파악하여 문제 해결 방안을 제시할 수 있다. 마을에서 지원이 필요한 장소나 구성원의 현안을 파악하고, 그 문제의 원인을 분석할 수 있다. 마을 축제를 부분적으로 탐색하고 축제에 활용할 수 있는 자원을 파악할 수 있으며, 마을의 문화, 생태, 역사 등을 주제로 한 여행 프로그램을 조사하고, 각 주제에 맞는 여행 자원을 구체적으로 탐색할 수 있다.
		가치·태도	자기 이해와 정체성, 사회적 역할에 관심을 가지며, 타인의 처지에 공감하고 책임감을 인식하여 이를 실천하려는 태도를 가질 수 있다.

마을을 통한 역할과 참여: 우리 마을에서 피어 나는 나의 자리	E	지식·이해	사회적 역할과 자아정체성, 공동체와 마을 구성원의 상호작용, 마을의 문화유산과 축제, 마을의 관광자원과 공정여행을 알 수 있다.
		기능·과정	마을공동체에서 개인과 마을 간의 상호작용을 이해하고, 개인이 마을에서 수행하는 역할을 파악할 수 있다. 마을에서 발생하는 다양한 문제를 분석하고, 문제를 일으키는 요소들을 나열할 수 있으며, 마을에서 지원이 필요한 장소나 구성원을 파악하고, 그들의 상황을 인식할 수 있으며, 마을에서 열리는 축제를 제한적으로 탐색하여 축제의 기본적인 목적과 활동들을 이해할 수 있다. 마을의 문화·생태·역사를 주제로 한 여행을 조사하고, 관련 정보를 나열할 수 있다.
		가치·태도	자신의 정체성과 사회적 역할에 관심을 가지고, 타인의 상황에 주의를 기울이는 태도를 가질 수 있다.

마을을 위한 실천과 성장: 우리 마을을 위한 나의 발걸음

| 마을을 위한 실천과 성장: 우리 마을을 위한 나의 발걸음 | A | 지식·이해 | 진로와 직업의 중요성과 가치, 진로와 직업이 개인과 지역 사회에 미치는 장기적인 영향, 마을 직업 체험을 통한 진로 탐색과 계획, 마을 직업이 사회·문화적으로 미치는 영향, 지속 가능한 마을을 위한 실현 가능한 해결책, 마을의 경제활동과 창업 기회 및 도전과 실행, 미래 마을에서 발생할 수 있는 변화의 원인과 그로 인한 미래 마을의 모습, 더 나은 마을을 만들기 위한 방안을 알 수 있다. |
| | | 기능·과정 | 마을 내 직업의 경향과 그 가치에 대해 종합적으로 분석하고, 이러한 직업들이 마을과 지역사회 발전에 미치는 영향을 평가하며, 직업의 중요성과 가치를 심층적으로 이해할 수 있다. 이를 바탕으로, 적성과 관심 분야에 맞는 진로와 직업을 탐색하고, 실현이 가능한 목표가 포함된 계획을 수립할 수 있다. 마을공동체의 창업 현황과 상권 분포를 분석하여 창업의 기회와 위험 요소를 명확히 파악하고, 구체적인 실행 계획과 자원 활용 전략을 포함한 창업 아이디어를 구체화하여 성공 가능성을 높일 수 있는 전략을 제안할 수 있다. 마을의 생태 환경을 심층적으로 분석하여 탄소중립 목표를 실현하기 위한 장기적이고 지속 가능한 목표를 설정하고, 이를 구체적으로 실행할 체계적인 계획을 수립하여 실천하며 그 결과를 검토·평가할 수 있다. 마을 구성원들에게 유용한 정보와 주요 자원을 반영한 참여형 지도를 완성하고, 이를 지역 사회에 배포하여 활용할 수 있는 창의적이고 효과적인 |

마을을 위한 실천과 성장: 우리 마을을 위한 나의 발걸음	A	기능·과정	지도 활용 방안을 제안할 수 있다. 마을의 현재 상태를 종합적으로 탐구하고, 미래를 위한 지속 가능한 실천 방안을 창의적으로 모색하여 자원 활용과 협력 방안을 고려한 구체적인 전략을 수립하고 실행하며, 그 결과를 평가할 수 있다.
		가치·태도	자신의 진로를 자기 주도적으로 지속해서 실천하고, 창의적인 발상과 도전 정신을 바탕으로 목표를 설정하고 추진하며, 사회적 구성원에 대한 공감과 배려를 생활 속에서 자연스럽게 실천하고, 지속 가능하고 생태 지향적인 삶을 위한 계획을 수립하고, 책임감을 가지고 일관된 실천과 평가를 통해 공동체에 기여하는 태도를 지닐 수 있다.
마을을 위한 실천과 성장: 우리 마을을 위한 나의 발걸음	B	지식·이해	진로와 직업의 중요성과 가치, 사회적·경제적 맥락에서의 진로와 직업, 마을 직업 체험을 통한 진로 탐색, 마을 직업이 지역 사회와 경제에 미치는 영향, 지속 가능한 마을을 만들기 위한 구체적인 방안, 마을의 경제활동과 창업 및 도전 기회, 미래 마을에서 발생할 수 있는 변화의 원인과 그로 인한 미래 마을의 모습을 알 수 있다.
		기능·과정	마을 내 직업의 경향을 체계적으로 분석하고, 이러한 직업들이 마을공동체와 경제에 미치는 영향을 파악하며, 직업의 가치와 중요성을 이해하고 자기 적성과 관심 분야를 활용해 진로와 직업을 탐색할 수 있다. 마을의 창업 현황과 상권 분포를 정교하게 분석하여 상권의 특성과 소비자 요구를 반영한 창업 아이디어를 구체화하고, 창업 성공 가능성을 높이기 위한 전략과 계획을 설명할 수 있다. 마을의 생태 환경을 종합적으로 분석하여 탄소중립 목표를 실현하기 위한 구체적인 계획을 수립하고, 목표 달성을 위한 주체별 실행 계획을 마련해 실천할 수 있다. 마을 구성원들의 요구와 주요 자원, 특성을 종합적으로 반영한 참여형 지도를 제작하여 지역사회에 기여할 수 있는 활용 방안을 설명할 수 있으며, 마을의 현재 상황을 심도 있게 탐구해 지속 가능한 발전을 위한 구체적인 실천 방안을 체계적으로 계획하고 실행할 수 있다.
		가치·태도	자신의 진로를 자기 주도적으로 계획하고 적극적으로 실천하려는 자세를 보이며, 창의적인 아이디어와 도전 정신을 발휘해 새로운 시도를 실행하고, 사회적 구성원에 대한 깊은 공감과 배려를 일관되게 실천하며, 지속 가능한 미래를 위한 구체적인 계획을 세우고 생태 지향적인 삶을 일상에서 실천하려는 태도를 지닐 수 있다.

마을을 위한 실천과 성장: 우리 마을을 위한 나의 발걸음	C	지식·이해	진로와 직업의 중요성과 가치, 마을 직업 체험과 진로 선택, 마을 직업의 경제적·사회적 역할, 지속 가능한 마을을 위한 경제적·환경적 요인, 마을의 경제활동과 창업 현황 및 도전 기회, 미래 마을에서 발생할 수 있는 변화의 원인을 알 수 있다.
		기능·과정	마을에 분포한 직업의 경향을 구체적으로 분석하고, 마을 내 직업들이 지닌 경제적·사회적 가치를 이해하며, 직업의 가치와 특성을 깊이 있게 파악하여 자신의 진로와 직업을 탐색할 수 있다. 마을공동체의 창업 현황과 상권 분포를 다각도로 분석하여, 그 특성에 맞는 창업 아이디어를 구체적으로 발굴하고 창업 전략과 계획을 설명할 수 있다. 마을의 생태 환경을 구체적으로 조사하여 탄소중립을 실현하기 위한 현실적인 목표를 설정하고, 이를 위한 구체적인 실행 계획을 세워 실천할 수 있다. 마을 구성원들에게 유용한 정보와 자원을 분석해 이를 종합적으로 반영한 참여형 지도를 제작하고 시각화하여 표현할 수 있다. 마을의 현재 상태를 다각도로 분석하고, 미래를 위한 실현 가능한 실천 방안을 구체적으로 모색할 수 있다.
		가치·태도	진로에 대해 자기 주도적으로 실천하려는 태도를 보이며, 창의적인 발상과 도전 정신을 발휘해 새로운 시도를 하고, 사회적 구성원에 대해 깊이 공감하며 배려하는 행동을 실천하고, 지속 가능한 미래를 위해 책임감 있게 행동하려는 가치관을 지닐 수 있다.
마을을 위한 실천과 성장: 우리 마을을 위한 나의 발걸음	D	지식·이해	진로와 직업의 중요성과 가치, 마을 직업 체험을 통한 배움, 마을의 주요 직업들, 지속 가능한 마을을 위한 조건, 마을의 경제활동과 창업 현황, 미래 마을의 변화 가능성을 알 수 있다.
		기능·과정	마을에 분포한 직업을 분석하여 주요 직업군과 그 경향을 파악할 수 있다. 마을의 창업 현황과 상권 분포를 구체적으로 분석하여 상권의 특성과 경제적 중요성을 이해할 수 있다. 마을의 생태 환경을 분석함으로써 생태계와 인간 활동 간의 연관성을 파악하고, 탄소중립의 필요성을 인식할 수 있다. 마을 구성원들에게 유용한 정보와 주요 자원, 특성을 상세히 조사하여 이를 참여형 지도에 반영할 수 있다. 마을의 현재 상태를 분석하여 문제를 구체적으로 설명할 수 있다.
		가치·태도	자신의 진로를 스스로 계획하고 탐색하려는 의지를 보이며, 창의적인 발상과 도전 정신을 가지고, 사회적 구성원에 대한 배려와 공감하는 태도를 지니며, 지속 가능한 미래에 대한 책임감을 느끼는 태도를 지닐 수 있다.

마을을 위한 실천과 성장: 우리 마을을 위한 나의 발걸음	E	지식·이해	진로와 직업의 중요성, 마을에 존재하는 다양한 직업의 종류, 지속 가능한 마을의 개념, 마을의 경제활동과 창업, 그리고 미래의 마을에 대해 알 수 있다.
		기능·과정	마을에 분포한 직업을 조사하여 직업의 기본적인 역할과 기능을 나열할 수 있다. 마을공동체 내에서 이루어지는 창업 현황을 조사하고 상권의 기본적인 분포를 파악할 수 있다. 마을의 생태 환경을 조사하여 그 특징을 이해할 수 있으며, 마을 구성원들에게 유용한 정보와 주요 자원, 특성을 조사해 이를 반영한 참여형 지도 제작 계획을 이해할 수 있다. 마을의 현재 상태를 탐구하여 주요 문제점이나 특징을 설명할 수 있다.
		가치·태도	자신의 진로를 스스로 탐색하려는 태도를 보이고, 창의적인 발상과 도전 정신에 긍정적인 태도를 가지며, 지속 가능한 미래와 생태 지향적 삶에 대해 호기심을 지닐 수 있다.

4부

마을의 삶과 앎
교과서

마을의 삶과 앎 교과서 설계 개요

학교자율시간 과목 '마을의 삶과 앎' 교과서에 관한 개괄적인 설계 개요를 작성하였다.

'마을의 삶과 앎'이라는 과목을 학교자율시간에 적용, 운영하기 위해서는 교수·학습 자료가 필요하다. 학교자율시간을 개설, 운영하며 과목에 알맞은 교수·학습 자료를 개발하고 활용하는 것은 학교자율시간을 짜임새 있게 운영하는 토대가된다. 학교자율시간은 학교와 지역, 여건 등 다양한 요인에 의해서 구성, 운영되며 학교마다의 특색 있는 운영 방향, 교과·교사별 배당 시수, 교육공동체 구성원의 요구에 따라 달라질 수 있다.

'마을의 삶과 앎'은 학교마다 가변적이고 유동적인 학교자율시간의 특징을 고려하여 시기별 편성 방식, 방법별 편성 방식은 각 학교마다의 상황에 적절히 활용할수 있으며, 내용별 편성 방식에는 교과 통합형, 과제 연구형에 적합하고, 강조 유형별 편성 방식에는 지역 연계 강조에 활용할 수 있다.

교과서의 내용은 지역사회와 연결성 인식, 역사·문화적 정체성과 전통의 계승, 마을의 이해와 가치 탐구, 생태적 환경과 지속가능한발전 지향, 문제 탐색과 해결책 제안을 통한 문제 해결, 참여와 실천 중심의 사회 참여, 사회적·문화적 맥락에서의 자기 이해 등을 포괄적으로 담고 있다. 마을에 관해서 아는 데 그치지 않고, 마을을 통해서 자기 자신을 이해·탐색하고, 자기의 역할을 인식하고 참여하며 마을을 위해 실천하고 함께 성장하는 존재로 성장할 수 있는 내용에 중점을 두었다.

교과서의 체계는 교육과정의 내용 영역과 성취기준을 토대로 구성하였다. '마을의 삶과 앎'의 성취기준을 바탕으로 연계, 활용할 수 있는 다른 교과의 성취기준을 같이 제시하였다. 단원마다 두 개 이상의 교과와 연계할 수 있는 학습 활동을 다루고 있다.

교과서의 체계는 교육과정의 내용 체계를 기본으로 마을에 관한 지식과 이해(우리 마을로 떠나는 내 앎의 여행), 마을을 통한 역할과 참여(우리 마을에서 피어나는 나의 자리), 마을을 위한 실천과 성장(우리 마을을 위한 나의 발걸음)이라는 3개의 대단원을 구성하였다. 대단원의 하위에는 각 5개의 성취기준을 학습할 수 있는 단원을 구성하였다. 마을이 하나의 독립성이 강한 학문이나 교과 영역이 아니므로, 다양한 교과, 주제와의 연계·융합을 통해 학습해야 하기에 여러 교과의 내용과 방법을 포함하였다.

교과서에서 주요 구성 및 학습 흐름은 '생각의 씨앗-배움의 뿌리-탐구의 싹-상상의 가지-창의의 열매'로 하였다. 생각의 씨앗은 학습에 관한 흥미와 관심, 동기를 유발하고 집중적으로 다루고자 하는 학습 내용과 학습자의 생각을 연결하게 한다. 배움의 뿌리는 학습자가 알고 이해해야 하는 지식과 정보를 제공하여 학습 활동의 발판이 되도록 하였다. 탐구의 싹은 배움의 뿌리에서 배운 내용을 활용하여 마을과 학습자의 상황에서 학습 과제를 탐구해 보도록 하였다. 상상의 가지는 조사하고, 탐구한 내용을 개별, 협동하여 다른 관점과 생각으로 같이 살펴보고 나누어 보며 깊이 있게 사고해 보도록 하였다. 창의의 열매는 관점을 넓히고, 내면화하며 자신이 배운 내용을 종합·평가하도록 하였다.

다섯 단계로 구성한 학습 흐름의 뒤에 '지혜의 수확'이라는 별도로 평가와 관련한 내용을 제시하였다. 학교자율시간의 개설 과목 성격상 상위 교과의 평가 단계를 따르므로 선택 과목의 하위 교과로 개설되면 이수 또는 미이수로 평가되므로 별도의 평가 방식을 마련할 필요성이 적어지지만, 5단계 또는 3단계의 평가 방식이 될 경우를 고려하여 평가와 관련한 내용을 포함하였다. 제시된 평가를 반드시 실시해야 하는 것은 아니며, 적절하게 활용할 수 있는 평가를 제시하여 융통성 있게 참고·활용하도록 했다. '지혜의 수확' 다음에 단원을 마무리하면서 학습자가 더 알아보고 싶은 내용을 작성해 보는 '미래의 씨앗'도 덧붙였다.

각 단원의 앞에는 대단원 개관, 성취기준, 학습 목표, 학습 요소, 핵심 역량 등을 제시하여 학습 목적·취지와 학습 방향을 이해하도록 제시했다.

마을의 삶과 앎 교과서 체계 및 구성

학교자율시간 과목 '마을의 삶과 앎'의 교과서 체계 및 구성에 관해 설명하였다.

교과서 내용 체계

교과서의 내용 체계는 성취기준에 준수하며 교과서 단원을 중심으로 구성하였다. 내용 체계는 성취기준을 구체화·세분화한 단원을 나열하기보다는 단원 구성을 위한 핵심 질문을 중심으로 구성·제시하였다.

단원	핵심 질문	단원명
1	우리 마을은 어떤 곳일까?	우리 마을 탐구생활
2	우리 마을에는 어떤 문화와 예술이 있을까?	우리 마을 속 예술·문화 이야기
3	우리 마을과 환경은 어떤 영향을 주고받을까?	자연과 인문이 빚어낸 우리 마을
4	우리 마을의 대표적인 명소는 어디일까?	우리 마을의 명소, 보물을 담은 공간
5	우리 마을을 어떻게 알릴까?	우리 마을, 세상의 선물
6	우리 마을에서 나는 누구일까?	우리 마을 속 나만의 빛
7	우리 마을의 문제는 어떻게 해결할까?	함께 만드는 우리 마을의 내일
8	우리 마을의 수호천사는 누구일까?	우리 마을의 영웅을 찾아서
9	우리 마을의 축제를 어떻게 만들어 볼까?	우리 마을 축제, 상상과 현실을 잇다
10	우리 마을의 어떤 공정여행을 만들어 볼까?	우리 마을 공정여행, 감동의 여정
11	우리 마을에는 어떤 직업이 있을까?	우리 마을의 직업 팔레트
12	우리 마을에 어떤 가게를 만들어 볼까?	우리 마을 창업 레시피
13	우리 마을의 탄소 배출을 어떻게 줄일까?	우리 마을 친환경 대작전
14	우리 마을 구성원을 위한 어떤 지도를 만들어 볼까?	우리 마을의 보물 지도
15	우리 마을은 미래에 어떻게 변할까?	미래의 우리 마을, 모두의 가능성

핵심 질문과 단원명

교과서 대단원 구성

핵심 질문을 토대로 조직된 15개의 소단원은 3개의 대단원을 중심으로 체계화할 수 있다.

대단원명	소단원 명
1. 우리 마을로 떠나는 내 앞의 여행	(1) 우리 마을 탐구생활
	(2) 우리 마을 속 예술·문화 이야기
	(3) 자연과 인문이 빚어낸 우리 마을
	(4) 우리 마을의 명소, 보물을 담은 공간
	(5) 우리 마을, 세상의 선물
2. 우리 마을에서 피어나는 나의 자리	(1) 우리 마을 속 나만의 빛
	(2) 함께 만드는 우리 마을의 내일
	(3) 우리 마을의 영웅을 찾아서
	(4) 우리 마을 축제, 상상과 현실을 잇다
	(5) 우리 마을 공정여행, 감동의 여정
3. 우리 마을을 위한 나의 발걸음	(1) 우리 마을의 직업 팔레트
	(2) 우리 마을 창업 레시피
	(3) 우리 마을 친환경 대작전
	(4) 우리 마을의 보물 지도
	(5) 미래의 우리 마을, 모두의 가능성

대단원명과 소단원 명

교과서 구성 및 학습 흐름

앞서 언급한 바와 같이 교과서의 주요 구성과 학습 흐름은 7개의 학습 과정 및 단계를 중심으로 이루어졌다. 이 7개의 학습 과정과 단계는 학습의 시작부터 마무리까지를 포괄하며, 각 과정이 유기적으로 연결되어 사고의 폭을 넓힐 수 있도록 체계적으로 조직하였다. 학습자는 이 7개의 과정을 통해 학습을 실천할 뿐만 아니라 전체적인 학습 과정을 통합적으로 이해할 수 있도록 명확히 명명(命名)하였다. 학습자는 자신의 학습 단계와 이해 정도를 스스로 확인할 수 있다.

학습 과정을 전체적으로 아우르는 개념을 하나의 씨앗에서 시작해 열매를 맺고, 수확과 미래의 씨앗으로 이어지는 흐름으로 설정하였다. 이를 '생각 열기', '학습하기', '탐구활동' 등의 방식으로 제시할 수도 있지만, 학습자가 더욱 친근하게 받아들일 수 있도록 구성하였으며, 교사가 수업 설계를 전체적으로 파악할 수 있도록 하였다.

학습 과정의 명칭과 내용은 다음과 같다.

1	생각의 씨앗: 학습 내용을 확인하고, 관련 주제에 관한 생각을 불러일으키는 단계
2	배움의 뿌리: 학습 내용을 깊이 있게 이해하고 지식과 정보를 학습하는 단계
3	탐구의 싹: 학습 내용을 토대로 주도적으로 학습 내용을 적용, 탐구하는 단계
4	상상의 가지: 학습 내용을 새로운 시각과 자신만의 관점으로 해석, 확장하는 단계
5	창의의 열매: 창의 융합적 사고를 통해 사고를 확장하고 내면화하는 단계
6	지혜의 수확: 학습한 내용을 종합적으로 평가하고 성찰하는 단계
7	미래의 씨앗: 더 깊이 있는 학습과 탐구를 위해 관련 내용을 탐색해보는 단계

학습 과정의 명칭과 내용

마을의 삶과 앎 교과서 훑어보기

학교자율시간 과목 '마을의 삶과 앎'의 단원 차례와 단원의 주요 짜임에 관해 안내하였다.

'마을의 삶과 앎' 교과서는 학교자율시간에 마을과 연계한 과목 운영 시에 활용할 수 있게 제작하였다. 교과서를 제대로 활용하기 위해서는 단원별 구성을 이해해야 전체적인 학습 내용과 체계를 이해하고 활용할 수 있으므로 자세하게 단원별 구성을 제시하였다.

대단원 개관

대단원 개관에서는 대단원 학습의 배경과 필요성, 대단원의 주요 구성 내용, 대단원을 통해 향상하고자 하는 역량에 관해서 안내하였다. 5개로 구성된 소단원을 아우르고 전체적인 학습 내용을 조망할 수 있으며 학습의 주요 방향을 이해할 수 있다.

소단원 개관

소단원 개관에서는 관련된 배경지식 속에 포함된 주요 내용을 안내하고, 이를 바탕으로 대단원에서 세분된 학습 주요 내용을 제시하고, 소단원 구성과 주요 역량을 강조하였다.

성취기준

'마을의 삶과 앎' 교육과정의 성취기준으로서 해당 단원을 구성하는데 주요한 요인인 성취기준을 제시하여 명확하게 학습 목표를 이해하는 데 조력하며 수업 설계 시에 다양한 교과와의 연계·융합을 고려할 수 있다.

관련 교과 성취기준

'마을의 삶과 앎' 성취기준 이외에 관련 교과의 성취기준을 제시하였다. 교과서에 제시된 수업 활동 이외에 활동의 확장, 다양성을 확보하고 교육과정 재구성 용이성 및 수업 설계 시 활용도를 높이고자 하였다.

학습목표

학습목표에서는 수업의 방향을 제시하고 학습자의 도달 목표를 설명하고 있다. 학습을 통해서 얻을 수 있는 결과에 대해서 설정하고 있다. 소단원 전체를 아우르는 학습목표이기에 교과서를 활용, 재구성할 시에는 세부적인 학습목표를 설정하여 활용하는 것을 제안하였다.

핵심 질문

학습목표에 관한 이해를 돕고자 핵심 질문을 안내하였다. 여러 교과와의 융합, 연계가 이루어지는 수업에서 궁극적으로 이 단원을 통해 학습하고 달성하고자 하는 질문을 확인할 수 있도록 하여 학습목표를 단순하게 떠올릴 수 있도록 하였다.

주요 활동

배우고 익힐 학습 내용을 미리 인식하게 하여 학습자의 관심과 흥미를 불러올 수 있도록 주요 활동을 제시하였다.

학습 전개

　학습의 전개에서는 '생각의 씨앗–배움의 뿌리–탐구의 싹–상상의 가지–창의의 열매'를 중점적으로 학습하며, 평가를 담고 있는 '지혜의 수확', 단원을 마무리하면서 앞으로 학습의 지속성을 유지하고, 주도성을 가진 미래 학습 계획 수립에 관해 생각해 볼 수 있는 '미래의 씨앗'으로 이어지도록 했다.

　'마을의 삶과 앎' 교과서 구성을 정리하면 다음과 같다.

✎ 대단원 개관

✎ 소단원 개관

✎ 성취기준

✎ 관련 교과 성취기준

✎ 학습목표

✎ 주요 활동

✎ 학습 전개
  - 생각의 씨앗: 생각 열기, 학습자 배경지식 활성화하기
  - 배움의 뿌리: 주요 학습 내용 제시하기
  - 탐구의 싹: 학습 활동 확장하기
  - 상상의 가지: 창의적·협력적 관점으로 탐구하기
  - 창의 열매: 지적 안목의 확장, 내면화하기
  - 지혜의 수확: 단원을 정리, 마무리하는 평가하기
  - 미래의 씨앗: 학습 지속성 유지· 주도성을 가진 미래 학습 계획 수립하기

'마을의 삶과 앎' 교과서 구성

마을의 삶과 앎 교과서 톺아보기

'마을의 삶과 앎' 교과서 내용을 자세히 살펴보면서, 교과서 활동 및 내용의 기획 의도와 교과서에서 제시하는 구체적인 활동 내용을 제시하였다.

◆ 1. 우리 마을로 떠나는 내 앎의 여행 ◆

이 대단원에서는 '마을의 삶과 앎' 교육과정에서 '마을에 관한 지식과 이해' 영역을 구체화하여 제시하였으며, 마을에 관련된 지식과 이해를 주된 내용으로 학습자가 탐구할 수 있도록 구성하였다.

대단원 개관

이 단원에서는 마을이 물리적 공간을 넘어, 그 역사와 문화가 거주하는 구성원의 정체성과 사고에 긴밀하게 연결되어 있음을 이해하는 것을 목표로 한다. 마을의 출발점인 지명에는 다양한 요인과 사건, 역사적 배경이 담겨 있으며, 이를 살펴보는 것은, 학습자가 자신이 속한 공간에 대한 인식을 확장하는 데 중요한 역할을 한다. 마을 지명뿐 아니라 마을의 형성과 발전 과정, 그 이유를 아는 것은 마을의 역사적 · 문화적 뿌리를 직간접적으로 파악하는 길이다.

마을의 지형적 특성, 교통, 역사적 사건들이 마을에 어떤 영향을 미쳤는지 종합적으로 이해하는 것이 필요하다. 마을 구성원이 공존의 가치를 바탕으로 형성하고 유지해 온 문화적 · 예술적 관습과 전통은 공동체의 유대감과 정체성을 형성하는 데 중요한 역할을 한다. 마을의 자연환경은 주민의 생활에 영향을 미치며, 주민들은 이러한 자연환경에 적응하고 극복하는 과정에서 고유한 생활 방식을 만들어 왔다. 자연환경과 인문환경은 마을의 전통과 가치관을 형성하는 데 중요한 요소이므로, 이를 이해하는 것은 마을 속 자신의 삶을 면밀히 살펴보는 데 도움이 된다.

마을의 명소와 자랑거리는 피상적인 이해로는 발견할 수 없으며, 대상을 심층적으로 이해할 때 비로소 자신만의 기준을 세우고 이를 소개하고 알릴 수 있다. 기존에 알려진 사실을 수용하고 전달하는 것을 넘어, 주도적으로 대상을 탐구하고 창의적으로 표현하는 학습 과정이 중요하다.

위의 내용을 종합하면, 마을에 관한 지식과 이해 단원에서는 '우리 마을은 어떤 곳일까?', '우리 마을에는 어떤 문화와 예술이 있을까?', '우리 마을과 환경은 어떤 영향을 주고받을까?', '우리 마을의 대표적인 명소는 어디일까?', '우리 마을을 어떻게 알릴까?'라는 핵심 질문을 중심으로 정리할 수 있다. 이 질문을 중심으로 다음과 같이 세부 단원을 구성하였으며 각각 학습 요소와 핵심 역량은 다음과 같다.

소단원 명	학습 요소(핵심 역량)
(1) 우리 마을 탐구생활	마을과 마을의 공간, 마을 지명 유래와 변천 과정 (지식정보처리 역량, 창의적 사고 역량)
(2) 우리 마을 속 예술·문화 이야기	마을의 문화와 예술 (심미적 감성 역량, 창의적 사고 역량)
(3) 자연과 인문이 빚어낸 우리 마을	마을의 자연환경과 인문환경 (공동체 역량, 창의적 사고 역량)
(4) 우리 마을의 명소, 보물을 담은 공간	마을의 명소 (창의적 사고 역량, 협력적 소통 역량)
(5) 우리 마을, 세상의 선물	마을의 자랑거리 (지식정보처리 역량, 창의적 사고 역량)

🌳 1-(1). 우리 마을 탐구생활 🌳

소단원 개관

　마을은 공동체 구성원이 함께 생활하며 더불어 살아가는 공간으로, 삶의 터전으로서 중요한 의미를 지닌다. 비록 마을이 하나의 물리적 공간으로 인식될 수 있지만, 오랜 세월에 걸쳐 구성원들이 함께 쌓은 지식과 경험이 함축된 집단 지성과 역사의 공간이기도 하다. 이러한 공간을 이해하고 탐구하는 것은 자기 자신을 알아가는 과정일 뿐만 아니라 공동체 구성원으로서 그 공동체를 더 깊고 넓게 바라볼 수 있는 관점을 형성하는 데 도움을 준다.

　이 단원에서는 학습자가 마을이라는 공간을 인식하고 이해하며, 마을이 삶의 터전으로서 지닌 의미를 탐구하는 것을 목표로 한다. 마을이 시간의 흐름 속에서 어떤 뜻을 담은 지명을 가지게 되었는지 알아보고, 그 유래를 탐색함으로써 마을의 시작과 특성을 파악할 수 있도록 한다. 마을의 과거와 변화된 모습을 조사하여 마을의 역사적, 사회적, 문화적 맥락을 이해하며, 마을에서 일어나는 주요 특징들을 살펴보는 과정을 통해 마을에 대한 깊은 이해를 도모하고자 한다.

　이 단원은 마을이라는 공간에 관한 생각과 감정을 시작으로 지명의 유래와 역사, 변천 과정을 탐구하며, 지명 관련한 전설과 민담을 통해 학습자가 마을에 대한 인식을 확장하고 마을의 역사를 한눈에 살펴볼 수 있도록 구성되었다.

　이 단원은 학습자가 마을을 주도적으로 탐구하고, 관련 정보를 수집하고 처리하는 능력을 길러 마을을 자신만의 관점에서 창의적으로 표현할 수 있는 능력을 향상하는 데 목표를 두고 있다.

소단원 개요

학습목표		• 마을 지명의 유래와 변천 과정을 이해하고, 그 과정에서 일어난 주요 역사적·사회적 사건을 설명할 수 있다. • 마을의 지명과 변천 과정을 분석하고, 마을의 정체성과 사회적 특성을 도출할 수 있다. • 마을의 역사와 사회적 변화에 관해 관심을 가지고 존중하며, 이를 통해 공동체의 정체성과 가치를 소중히 여기는 태도를 기른다.
학습 요소		마을과 마을의 공간, 마을 지명 유래와 변천 과정
학습 핵심 역량		지식정보처리 역량, 창의적 사고 역량
성취기준 및 관련 교과	성취기준	[9마삶-01-01] 마을의 지명 유래와 변천 과정을 탐구하여, 마을의 역사적·사회적 특성을 분석하고 설명한다.
	관련 교과	국어, 사회, 역사, 미술
학습 내용	생각의 씨앗	마을 자유 연상, 마을 공간 자유 연상, 마을 속 집과 학교, 마을의 위치
	배움의 뿌리	마을의 지명 유래, 마을의 변천 과정, 마을의 역사
	탐구의 싹	마을의 지명 유래 탐구, 마을의 전설·신화·민담 탐구,
	상상의 가지	마을 범위에 관한 생각, 타이포셔너리로 표현한 마을, 마을에 꼭 필요한 요소
	창의의 열매	마을 역사신문 만들기
	지혜의 수확	나만의 마을 이야기
	미래의 씨앗	마을 공간의 확장적 이해, 마을 구성 요소의 심화적 이해

생각의 씨앗

'생각의 씨앗' 부분은 앞으로 배울 학습 내용을 확인하고, 관련 주제에 관한 생각을 불러일으키는 단계이다. 학습자들이 자신이 알고 있는 지식과 경험을 학습 내용과 연결하여 학습 내용에 관한 관심·동기, 사고를 확장하도록 한다.

마을 관련한 자기의 생각과 감정, 자유 연상과 공간 인식을 통해 평소에 그냥 지나치거나 관심이 적었던 마을을 상기할 수 있도록 활동을 통해 학습자가 마을을 인식할 수 있도록 한다. 일상적인 공간인 마을에 관한 감정과 공간을 인지해 보는 활동은 학습자에게 부담을 주지 않는 범위 내에서 가볍게 수업 내용을 확인하고, 참여할 수 있도록 도움을 준다.

'생각의 씨앗'에서 구성, 적용해 볼 수 있는 활동의 예는 다음과 같다.

✎ 마을에 관한 자신이 알고 있는 내용이나 생각, 감정을 자유롭게 써봅시다.

우리 마을
(대전)

마을 자유 연상

활동 안내 및 수행 시에는 학습자가 생각이나 감정, 경험 등을 자유롭게 떠올리고 작성할 수 있도록 제약을 최대한 주지 않아야 한다. 다양한 경험과 감정, 생각을 자유롭게 끌어낼 수 있도록 돕는다. 처음에는 마을에 대한 생각과 감정을 떠올려 보았다면, 다음에는 마을의 공간을 구체적으로 인식하는 과정도 필요하다. 마을이라는 공간을 막연히 떠올리기보다는 여러 요소를 연결하고 관계를 맺어가며 구체적으로 살펴보는 것이 바람직하다.

다음에 주어진 공간 연상 활동은 예시이며, 학습자가 관심을 가지거나 평소 자주 찾는 곳을 중심으로 연상하도록 안내할 수 있다. 이 과정에서 마을의 공간을 분류하면서 그 공간에 담긴 경험과 정서도 자연스럽게 떠올릴 수 있다.

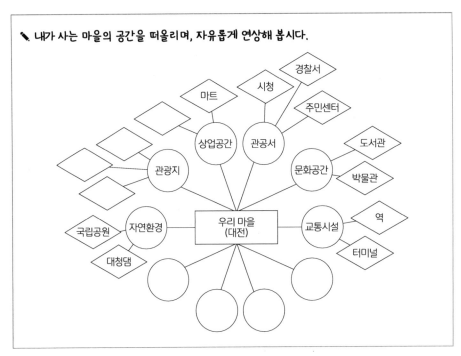

마을 공간 자유연상

마을을 단어로 떠올려 보았다면, 이제 실제로 그 공간을 인식해 보는 과정도 필요하다. 중요한 것은 정확한 장소의 위치나 거리를 아는 것이 아니라 마을의 특정 대상을 기준으로 방향과 거리, 주변 환경에 대한 인식을 살펴보는 것이다. 명확한 거리 감각과 방향 인식이 마을을 이해하는 데 도움이 될 수 있지만, 이 단원의 핵심은 아니며, 마을이라는 삶의 공간을 이해하는 과정의 일부일 뿐이다. 정확한 답을 찾는 것도 중요하지만, 마을을 친숙한 대상이자 삶의 공간으로 인식하는 것이 더욱 중요하다는 점을 학습자가 이해하도록 해야 한다.

이러한 활동들과 함께 학습자에게 마을 공간을 보다 선명하고 구체적으로 이해하도록 교과서 내에 포함할 수 있는 활동은 다음과 같다.

✎ 지도에 표시된 학교를 중심으로, 집과 주요 건물·도로 등을 표시해 봅시다.

▶ 휴대전화 애플리케이션을 활용하여 집과 학교의 거리, 도보 이동 시간을 작성해 보세요.

- 집과 학교의 거리:　　　　Km

- 도보 이동 시간:

- 자신이 이용하는 등굣길을 지도에 선(−)으로 그려 보세요.

마을 속 집과 학교

✎ 자신이 살고 있는 마을 또는 집의 위치를 백지도에 표시해 보세요.

▶ 아래의 내용에 따라 지도에 표시, 작성해 보세요.

• 자신이 살고 있는 곳의 위치를 지도에 표시해 보세요.

• ⬜ 안에 행정 구역을 알맞게 적어 보세요.

• 자신이 알고 있는 강(하천), 호수, 산, 주요 관광지, 건물 등의 위치를 지도에 표시해 보세요.

마을 속 집과 학교

'생각의 씨앗' 활동은 마치 카메라 앵글을 줌인에서 줌아웃하듯, 자신으로부터 시작해 마을 전체를 탐색하면서 마을 공간을 살펴보는 과정이다. 마을을 머릿속에 전체적으로 그려 보는 것은 마을을 알아가는 첫걸음이다.

🌱 배움의 뿌리

마을에 관한 지식과 정보를 학습하고 이해하면서, 마을을 깊이 있게 탐구하기 위한 지식적 토대와 배경을 마련하는 단계이다. 학습자들이 마을이 관련된 지식을 습득하면 이후 활동과의 연계성이 높아지므로, 이 과정을 통해 학습 내용을 충분히 이해하는 것이 중요하다.

'배움의 뿌리'에서 무엇보다 중요한 것은 이 부분에서 전문적인 학습 내용을 제시하게 되면 학교자율시간 수업에서 교사와 학습자가 학습에 너무 큰 부담을 가질 수 있기에 주요한 내용을 간추려서 제시하여 탐구할 수 있도록 해야 한다.

✎ **대전의 유래**

우리가 살고 있는 대전은 본래 우리말로 한밭이다. 한밭이란 넓은 들판을 의미하는 순우리말로 이를 한자로 변환하면 대전이 된다. 대전이란 지명이 문헌에 처음 나타난 것은 「신증동국여지승람(1530)」이다. 공주의 산천을 설명하는 가운데 '대전천은 유성 동쪽 25리 지점에 있다.'라는 설명이 나오며, 이 기록으로 보아 대전이란 지명은 600년 전 조선 초기에도 있었다고 추측된다.

⋮

✎ **유등천의 유래**

대전천과 갑천 사이에서 흐르고 중구와 서구를 구분 짓는 경계인 유등천 주변에는 버드나무가 즐비해 버드내라고 불렸다. 조선시대에는 유포천, 유천이라고 불렸다. '유포천(柳浦川)은 유성현 동쪽 20리에 있는데 전라도 진산현 경계에서 발원한다'라고 「신증동국여지승람(1530)」에서 기록이 처음 등장한다. 「동국여지지(1656)」에서도 유포라는 이름이 등장하고, 현재의 유등천은 「군현 지도(1872)」에서 처음 확인됐다.

⋮

'배움의 뿌리' 부분 내용

학교마다 학교자율시간의 운영 방식, 시기, 형태 등이 다르므로, 심화한 내용을 다루고 싶다면 심화 내용을 제시할 수도 있으며, 이처럼 마을에 관한 핵심적인 내용을 중심으로만 구성할 수도 있다. 유래뿐만 아니라 마을의 변천 과정을 역사적 흐름과 연결하여 이해할 수 있도록 내용을 제시할 수 있다.

✎ 대전의 역사

대전은 한적하고 넓은 벌판에서 주로 농사를 지어 왔던 곳으로 백여 년 전까지만 해도 넓은 밭이란 뜻을 지닌 '한밭'으로 불렸다. 1905년 경부선 철도가 놓이면서 교통의 요지가 되어 빠른 속도로 인구가 늘어나고, 산업이 발전하기 시작했다. 인구가 늘어나고 도시가 성장하여 1989년에 보통시에서 직할시로, 1995년에는 행정 구역 명칭의 변경에 따라 광역시가 되었다.

⋮

✎ 대전의 변천 과정

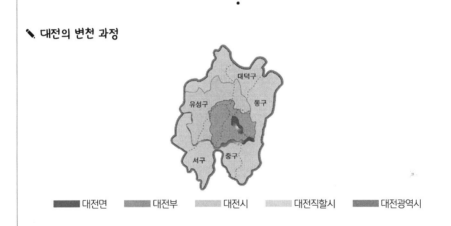

지금의 대전 지역은 역사상 여러 번에 걸친 행정 구역 개편으로 현재에 이르렀다. 백제 때에는 우술군, 노사지현, 소비포현, 진현현, 신라 때에는 비풍군, 진현현, 고려 시대엔 회덕현, 유성현, 진잠현, 덕진현, 조선시대엔 회덕현과 진잠현은 그대로 존속되었으나, 유성현과 덕진현은 공주목에 편입되었다. 1914년 조선총독부가 행정 구역을 개편하였는데 회덕군, 진잠군과 공주군의 일부를 합쳐서 대전군이 새롭게 설치되었다. 대전군 아래에는 대전면이 있었는데 지금의 인동, 원동, 중동, 정동, 삼성동이 바로 그 곳에 해당된다. 이 때 설치된 대전군 대전면 지역이 지금 대전광역시의 모체가 되었다.

⋮

'배움의 뿌리' 부분 내용

'배움의 뿌리'에서는 학습자들이 마을에 대해 알아야 할 정보와 지식을 제공하여 앞으로의 활동에 필요한 전반적인 내용을 습득하고 마을을 이해하는 기초를 쌓는 과정이다. 이 과정에서 중요한 점은, 마을에 관한 지식과 정보를 학습자가 쉽게 이해할 수 있도록 자세히 설명하고, 스스로 학습하는 데 어려움이 없도록 내용을 제시하는 것이다.

🌱 탐구의 싹

학습자가 자신이 사는 마을의 유래, 전설, 설화, 민담 등을 조사하고 탐구하는 활동은 정보 수집 이상의 의미를 지닌다. 이는 마을이라는 공간을 역사적, 문화적, 사회적 맥락에서 깊이 있게 이해하고, 그 속에서 살아가는 자신의 위치와 정체성을 더욱 풍부하게 인식할 수 있는 중요한 학습 과정이다. 마을의 유래를 탐구하는 과정에서, 학습자들은 마을이 어떻게 형성되었고, 어떤 역사적 사건과 사회적 변화가 마을에 영향을 미쳤는지를 알게 된다. 이러한 정보는 단편적으로 과거의 사건을 아는 것이 아니라 현재의 마을 모습이 어떻게 형성되었는지에 대한 깊은 이해로 이어질 수 있다. 마을의 지명 유래를 파악하는 것은 마을을 이해하는 가장 기초적인 단계이다.

✎ 자신이 살고 있는 마을 지명의 유래를 찾아 정리해 봅시다.

갈전동	대화동	덕암동	목상동	문평동
미호동	법동	부수동	비래동	삼정동
상서동	석봉동	송촌동	신대동	신일동
신탄진동	연축동	와동	용호동	읍내동
이현동	장동	중리동	평촌동	황호동
가양동	가오동	구도동	낭월동	내탑동
대동	대별동	대성동	마산동	비룡동
사성동	삼괴동	삼성동	삼정동	상소동
성남동	세천동	소제동	소호동	신산동

신안동	신촌동	신하동	신흥동	오동
용계동	용운동	용전동	원동	이사동
인동	자양동	장척동	정동	주산동
주촌동	중동	직동	천동	추동
판암동	하소동	효동	효평동	구완동
금동	대사동	대흥동	목달동	목동
무수동	문찬동	부사동	사정동	산성동
석교동	선화동	안영동	어남동	오류동
옥계동	용두동	유천동	은행동	정생동
중촌동	침산동	태평동	호동	가수원동
가장동	갈마동	관저동	괴곡동	괴정동
내동	도마동	도안동	둔산동	만년동
매노동	변동	복수동	봉곡동	산직동
오동	용문동	용촌동	우명동	원정동
월평동	장안동	정림동	탄방동	평촌동
흑석동	가정동	갑동	계산동	관평동
교촌동	교촌동	구룡동	구성동	구암동
궁동	금고동	금탄동	노은동	대동
대정동	덕명동	도룡동	둔곡동	문지동
반석동	방동	방현동	복용동	봉명동
봉산동	상대동	성북동	세동	송강동
송정동	수남동	신동	신봉동	신성동
안산동	어은동	외삼동	용계동	용산동
원내동	원신흥동	원촌동	자운동	장대동
장동	전민동	죽동	지족동	추목동
탑립동	하기동	학하동	화암동	
대덕구	동구	중구	서구	유성구

✎ 위에 나열된 행정동 중에서 자신이 살고 있는 동( )에 원(○)을 치고, 마을의 유래를 찾아 봅시다.

▶ 내가 사는 마을(행정동)	구 동
▶ 내가 사는 마을(행정동)의 유래	

▶ 내가 사는 마을(행정동)의 유래를 대표할 수 있
   는 대상(장소, 사물, 사람 등)을 키워드로 적어
   보기

✎ 짝의 마을 유래 및 지명 조사 결과를 함께 나누며, 내용을 정리해 봅시다.

마을 지명 유래 탐구

   마을의 유래와 전설, 설화, 민담은 오랜 시간 동안 마을 주민들이 함께 만들어
온 집단적 기억과 정체성을 반영한다. 이러한 이야기들은 단순히 과거의 기록이 아
니라 세대를 거쳐 구전되거나 기록된 문화적 자산으로, 마을이 가진 고유의 특성과
정체성을 보여주는 중요한 요소들이다. 이를 탐구함으로써 학습자들은 자신이 속
한 마을의 정체성을 이해하게 되고, 더 나아가 자신이 속한 지역사회를 더욱 깊이
있게 인식할 수 있다. 마을의 전설, 설화, 민담을 조사하는 활동은 지식을 전달받
는 과정이 아니라 학습자가 능동적으로 탐구하고 문제를 해결하는 과정이다. 학습
자들은 다양한 자료를 찾아내고, 이를 분석하며 마을의 역사와 이야기에 대한 자
신의 해석을 더 하게 한다.

✏️ **아래의 이야기를 읽고, 우리 마을 지명이 관련된 이야기를 찾아 봅시다.**

옛날 백제 말엽이었다. 이곳 유성 땅에는 홀어머니를 모시고 사는 젊은이가 한사람 살고 있었다. 젊은이는 비록 가난한 집에서 태어났지만, 모든 행실이 바르고 효성이 지극해서 마을 사람들로부터 칭찬이 자자했다. 그는 결혼할 나이가 되었지만 늙은 홀어머니를 좀 더 편안하게 모시기 위하여 결혼도 하지 않았다. 그것은 결혼을 하면 식구가 늘어서 먹고살기가 더 힘들 것 같았기 때문이었다. 그럴 즈음에 백제는 신라를 쳐들어가 신라의 땅을 빼앗아 영토를 넓혀 나갔다. 영토가 넓어지면 넓어질수록 군사가 더욱 필요했다. 그래서 백제는 더 많은 군사를 양성하기 위하여 나라 안에 있는 젊은이는 모두 군대로 끌어들였다. 홀어머니를 모시고 사는 젊은이도 마침내는 군대에 나가게 되었다. 늙은 어머니는 울고 불며 7대 독자를 전쟁터에 보낼 수 없다고 몸부림쳤지만 나라에서 하는 일을 거역할 수는 없었다. 그의 아들은 마침내 군대에 끌려갔다. 그의 어머니는 이럴 줄 알았으면 빨리 장가라도 보낼 것을 잘못했다고 안타까워했다. 그도 그럴 것이 7대 독자를 전쟁터에 내보냈다가 죽기라도 하면 그야말로 그 집은 대가 끊어지기 때문이다. 젊은이의 어머니는 며칠간 밥도 먹지 않고 안타까워했지만 어쩔 도리가 없었다. 다만 어떻게 해서라도 전쟁터에서 살아오기를 기다릴 수밖에 없었다. 어머니는 아침마다 일찍 일어나 장독대에 정화수를 떠놓고 자기 아들이 살아서 돌아오게 해달라고 빌었다. 이처럼 하느님께 빌기를 1년이 지났다. 하루라도 빠지면 아들이 죽을 것만 같아서 그는 비 오는 날이나 눈 오는 날이나 하루도 빼놓지 않고 모든 정성을 다하여 빌었다. 그러던 어느 날 마을 사람들로부터 탄현성이 무너지고 백제가 망했다는 소문을 들었다. 그러나 그는 믿어지지 않았다. 자기가 마을 앞으로 낯선 군대가 말을 타고 달리는 모습을 본 뒤에야 그는 백제가 망했다는 것을 실감했다. 젊은이의 어머니는 이렇게 생각하면서도 아들이 살아서 돌아오기를 기다렸다. 그런 어느 겨울날이었다. 눈보라가 휘몰아치는 사립문 앞에서 해가 기울도록 서있던 젊은이의 어머니는 두 눈이 등잔만 해졌다. 그처럼 기다리던 아들이 들길을 건너 이쪽으로 걸어오고 있지 않은가. 젊은이의 어머니는 얼른 달려가서 아들을 부둥켜안았다. 그러나 아들은 몸을 제대로 가누지 못했다. 그는 신라군의 포로가 되어 달아나려다가 붙잡혀 죽도록 얻어맞고 다시 도망쳐 왔다는 것이었다. 희미한 등잔불 아래서도 멍든 자국이 시퍼렇게 보였다. 그러나 그는 아들이 살아서 돌아온 것만 해도 고마웠다. 그는 아들의 상처에 찜질을 하면서 아들이 빨리 낫게 해달라고 빌었다. 그러면서 그는 밤새도록 아들의 멍든 자국을 어루만지면서 몇 번이고 몇 번이고 반복해서 아들이 빨리 낫게 해달라고 빌었다. 이튿날 아침이었다. 밤사이 흰 눈이 소복하게 쌓였다. 산도, 들도 모두 하얀 세상이 되었다. 젊은이의 어머니는 들판을 내다보며 한숨을 지었다. 그때 어디선가 화살에 날개를 다친 학 한 마리가 고통스럽게 소리를 지르면서 하늘을 맴돌고 있었다. 젊은이의 어머니는 학이 몹시 아프겠다고 생각하면서 학이 맴도는 모습을 바라보고 있었다. 학은 목을 길게 빼고 애처롭게 울면서 벌판을 다시 한 번 맴돌았다. 그러자 들판에 있는 눈이 맷방석만 하게 갑자기 녹으며 웅덩이가 생겼다. 학은 며칠간 웅덩이에 앉았다 떴다 하면서 뜨거운 물에 상처를 입은 날개를 적셨다. 그러자 학은 신기하게도 날개의 상처가 치료되어 기쁜 듯이 소리를 지르면서 서남쪽으로 훨훨 날아갔다. 이것을 본 젊은이의 어머니는 아들을 웅덩이 속에 들어가게 하여 치료를 받게 하였다. 아들은 곧 나았다. 사람들은 하느님이 젊은이를 살리려고 그곳에 학이 날아오게 하였다고 했다. 그리고 그곳을 학이 울은 곳이라고 해서 명학소라 부르고 학이 날아가 앉은 곳을 학하리라고 불렀다. 오늘날 봉명리는 바로 명학소에서 유래된 것이라고 한다.

- 유성문화원, 「유성의 구전설화(유성온천)」

옛날 노부모를 모시고 있는 착한 나무꾼 한 사람이 살고 있었다. 그는 효성이 지극하여 그 소문이 이웃 마을까지 퍼져 있었다. 그런데 이 나무꾼에게는 술만 먹고 주정을 일삼는 형이 하나 있어 부모와 동생을 몹시 괴롭혔다. 어느 날 나무꾼은 나무를 한짐해 가지고 내려오는 길에 조그마한 옹달샘 옆에서 쉬게 되었다. 그때 샘 옆에서 물고기 한 마리가 따가운 햇볕을 받으며 죽어가고 있는 것을 발견했다. 나무꾼은 재빨리 물고기를 샘물 속에 넣어 주었다. 물고기는 고맙다는 인사를 하는 듯 까불까불 거리면서 사라졌다. 조금 후에 눈을 돌려보니 물고기가 놓여 있던 곳에 하나의 주머니가 놓여 있었다. 주머니를 집어 보니 그곳에 '은혜를 갚는 주머니'라고 적혀 있었다. 신기해서 나무꾼은 집에 돌아와 주머니에 동전 하나를 넣었더니, 순식간에 주머니에 동전이 마구 쏟아지는 것이었다. 그리하여 나무꾼은 큰 부자가 되었다. 이러한 사실을 안 형이 그 보물 주머니를 빼앗을 욕심으로 동생에게 주머니를 한 번만 보여달라고 했다. 착한 동생이 주머니를 형에게 보여주자 형은 주머니를 가지고 도망치려고 했다. 동생이 알아차리고 형을 쫓아 주머니를 도로 찾으려 옥신각신하는 가운데 주머니가 땅에 떨어지고 말았다. 화가 난 형이 주머니를 발로 짓밟는 통에 그 주머니 안에 흙이 들어갔다. 그러자 주머니에 흙이 걷잡을 수 없이 계속 쏟아져 나와 쌓이고 쌓이게 되었다. 이렇게 쌓인 흙이 드디어 큰 산을 이루니, 그 산 속에 보물 주머니가 묻혀 있다 하여 보물산이라 하였고, 그 후 보문산으로 고쳐 부르게 되었다 한다."

- 대전시사편찬위원회, 「대전시사(보문산)」

✎ 위 이야기처럼 우리 마을이 관련된 이야기(전설, 민담 등)를 찾아서 읽고, 내용을 요약, 그림으로 표현해 봅시다.

▶ 이야기의 제목	
▶ 이야기의 배경이 된 곳	

▶ 이야기와 관련된 장소, 공간, 인물 등	
▶ 이야기의 요약 및 소개	
▶ 주제 및 교훈	
▶ 그림으로 표현해 보기	

마을의 전설, 신화, 민담 탐구

　마을에 관한 이해와 탐구를 바탕으로 학습자들이 자신이 속한 마을의 경계와 범위를 스스로 탐구하고 정의해 보도록 유도하는 과정이 필요하다. 마을을 행정적, 물리적 공간으로만 인식하는 것이 아닌 학습자가 자기 경험과 감정을 바탕으로 마을의 의미와 범위를 확장해 보도록 하는 데 있다. 마을에 대한 새로운 시각을 형성하고, 마을을 이해하는 데 있어 개인적 · 사회적 경험이 중요한 역할을 한다는 것을 인식하게 할 수 있다.

　자신의 마을이 어디까지인지 스스로 정의해 보는 과정에서 학습자들은 자신이 속한 공간에 대한 새로운 정체성과 소속감을 형성하며, 자신이 생활하는 공간을 다시 돌아보고 주어진 마을의 의미가 아니라 스스로 마을의 의미를 만들어 정립할 수 있다.

✎ 자신이 생각하는 마을의 의미와 범위를 설정해 봅시다.

▶ 내가 생각하는 마을이란?	
▶ 내가 생각하는 마을은 어디까지이고, 그렇게 생각한 이유는?	
▶ 내가 생각하는 마을의 경계를 우리집 기준으로 그림으로 표현해 보세요.	

마을의 범위에 관한 생각

이 활동과 함께 학습자들이 참여할 수 있는 또 다른 활동으로는 마을을 시각적 언어로 표현하여 자신의 사고와 관점을 구체화하는 과정이 포함된 활동이 있다. 마을을 글로 설명하는 것이 아니라 글자의 형태, 크기, 배치 등을 통해 마을에 대한 감정과 생각을 표현하면서 마을에 대한 깊이 있는 이해와 함께 마을과 자신을 연결하는 다양한 감정과 경험을 시각적으로 표현할 수 있는 기회를 얻을 수 있다.

✎ 자신이 살고 있는 마을의 지명 유래에서 나타난 특징을 바탕으로 마을 이름을 타이포셔너리(문자도)로 표현해 봅시다.

예 'Run'이라는 글자를 문자도로 표현

타이포셔너리로 표현한 마을

마을 지명과 유래, 범주에 관한 학습자 주도적인 활동과 함께 학습자들이 마을의 필수 요소를 고민하고 스스로 선정해 보는 과정을 제공할 수 있다. 이를 통해, 마을의 기능과 구성 요소를 이해하는 데 목적이 있다. 학습자가 마을을 단편적인 물리적 공간으로 보는 것에서 나아가 그 안에서 사람들과의 상호작용, 공동체의 필요, 그리고 사회적, 경제적, 문화적 요소를 포괄적으로 고려할 수 있다.

건물, 장소라는 물리적 요소에 접근하는 학습자가 있을 수도 있지만 공동체의 정서적인 부분에 접근하는 학습자가 있을 수도 있다. 다양한 요소가 공존하고 함께해야 하는 요소들을 함께 협의하고 논의하는 과정에서 마을을 더욱 깊이 있게 이해할 수 있는 경험을 제공한다.

마을의 구성 요소와 필수적 요소를 고민하고, 이를 바탕으로 우선순위를 설정하는 과정을 통해 마을을 보다 깊이 이해하도록 도우며, 이 활동을 통해 학습자는 비판적 사고와 문제 해결 능력을 기르고, 협력과 소통하는 능력을 키우며, 창의적인 사고를 통해 마을의 발전과 미래를 고민하고, 마을을 구성하는 다양한 요소들에 대한 새로운 시각을 형성할 수 있다.

✎ **자신이 살고 있는 마을에서 꼭 필요한 7가지를 선정해 봅시다.**

▶ 내가 생각하는 마을에서 꼭 필요한 7가지와 이유	
1	
2	
3	
4	
5	
6	
7	

✎ 자신이 선정한 7가지를 바탕으로, 모둠원(3~4명)과 함께 협의하여 모둠에서 생각하는 마을에서 꼭 필요한 7가지를 선정해 봅시다.

▶ 모둠에서 생각하는 마을에서 꼭 필요한 7가지와 이유	
1	
2	
3	
4	
5	
6	
7	

✎ 모둠별로 선정한 마을에서 꼭 필요한 7가지를 발표하고, 가장 인상적으로 발표한 모둠을 선정해 봅시다.

마을에 꼭 필요한 요소

'상상의 가지' 단계에서 앞서 제시한 활동 이외에 실천해 볼 수 있는 활동으로는 마을의 이름이나 명소를 주제로 한 'N행 시 짓기'와 '함께 만드는 마을의 전설' 등이 있다. 마을의 이름이나 명소로 N행 시를 짓는 활동은 마을의 특성을 깊이 이해해야 그 특징을 시 속에 함축적으로 표현할 수 있다. '함께 만드는 마을의 전설'은 마을의 지명과 유래에 얽힌 전설을 현대적인 시각과 학습자의 관점에서 재구성하는 활동으로 학습자의 상상력을 키우는 데 도움을 줄 수 있다.

'생각의 씨앗, 배움의 뿌리, 탐구의 싹, 상상의 가지' 단계를 통해 학습자들이 마을을 바라보는 관점을 확장할 수 있도록 하였다. 이러한 학습 활동을 종합하고, 학습자들이 자신이 탐구하고 이해한 마을에 대한 정보와 자료를 종합적으로 파악하고 적용하는 활동은 '창의의 열매' 단계에서 이루어지도록 할 수 있다. 소단원을 매듭지으면서 학습자 자신이 속한 마을의 역사적 흐름을 되돌아보고, 이를 신문 형식으로 정리하며 마을을 총체적으로 이해하는 기회를 제공하는 데 중점을 둔다. 마을의 과거와 현재를 연결하는 이 활동을 통해 학습자들은 마을이 어떻게 발전해 왔으며, 그 과정에서 어떤 사건들이 있었는지를 탐구하며 마을의 가치와 정체성을 더욱 고민할 수 있다. 과거의 사실을 나열하는 것이 아니라 학습자가 마을의 역사를 자신만의 관점에서 재구성하여 표현하는 과정을 중요하게 여길 수 있다. 마을의 지명, 변천 과정, 역사적 사건, 인물 등을 조사하는 과정에서 학습자는 마을을 구성하는 다양한 요소들을 발견하고, 마을이 가진 독특한 역사적 의미를 탐구할 수 있도록 한다.

이 학습활동에서 중요한 것은 마을을 파악하는 것 뿐만 아니라 모둠별로 서로 다른 대상을 선정하여 다양한 요소를 탐구하고 이를 공유하며 함께 알아가는 데 있다. 동일한 주제를 부여하고 각기 다른 방식으로 접근하여 정보를 도출할 수 있지만 이러한 방식에는 제약이 따를 수 있다. 모둠별로 탐구 대상을 다양하게 선정하고 그 대상을 신문 형식으로 소개하며 공유하도록 안내하는 것이 효과적이다.

✎ 모둠원이 함께 우리 마을을 소개하는 동네 신문 1면(포스터)을 제작해 봅시다.

〈발행 날짜〉

〈신문 제목〉
우리 마을을 잘 나타낼 수 있도록 지어 보세요.

〈발행 날짜〉

〈사진〉
우리 마을을 잘 나타내는 풍경이나 장소 등을 담아 보세요.

〈마을 기사〉
마을 이름의 유래, 유명인, 관광지, 맛집 등 동네와 관련된 정보를 사진으로 담아 보세요.

〈사설·논평〉
마을과 관련된 문제나 마을에 관한 자기 생각을 써보세요.

〈마을 기사〉
마을 이름의 유래, 유명인, 관광지, 맛집 등 동네와 관련된 정보를 사진으로 담아 보세요.

마을 역사신문 만들기

🫱 지혜의 수확

　전체적인 학습 단계를 점검하고 학습자의 이해도를 파악하기 위해서는 평가가 필요하다. 이 과목의 취지를 살리기 위해 중요한 것은 마을에 대한 지식을 얼마나 정확히 아는 것이 아닌 마을을 조사하고 탐구하는 과정에서 마을을 얼마나 깊이 이해하며, 그 과정에서 의미와 가치를 발견해 가는 경험에 있다. 의미와 가치를 찾고, 그것을 내면화하여 표현해 봄으로써 자신만의 관점과 시각을 가질 수 있다.

　'지혜의 수확' 단계에서는 소단원에서 실시할 수 있는 과정 중심 평가를 제시하며 여러 교과 및 활동을 융합적으로 실시할 수 있는 학교자율시간의 특성을 고려하여 해당 과목의 성취기준과 평가 기준들을 제시하고자 한다.

　마을에서의 삶과 경험을 떠올리며, 각자의 다양한 경험과 감정을 글로 표현하고 이를 함께 읽어보는 활동을 제안할 수 있다. 마을에서 겪은 공통된 경험과 서로 다른 감정을 공유하며 함께 느껴볼 수 있으며, 이러한 과정을 통해 마을이 지닌 장소로서의 의미를 함께 생각해 보는 기회를 가질 수 있다.

학년군	중 1~3학년군	교과	국어	영역(내용)	쓰기
평가 명	나의 마을 이야기 (마을에서의 삶과 경험을 담은 수필 쓰기)				
관련 성취기준	[9국03-05] 자신의 삶과 경험을 바탕으로 하여 독자에게 감동이나 즐거움을 주는 글을 쓴다.				
핵심 역량	자기 성찰·계발 역량, 비판적·창의적 사고역량				
평가 목적	자기 삶과 경험을 바탕으로 마을에 관한 기억이나 사건을 떠올리고, 그 속에서 느꼈던 감정을 솔직하게 글(수필)로 표현함				
평가 설명	자기의 삶과 마을에 관련한 기억이나 경험을 중심으로 감정을 진솔하게 표현하는 글을 작성하고, 주제는 마을에서의 일상 경험, 특정 사건, 장소, 사람들과의 관계 등에서 선택할 수 있으며, 이를 통해 느낀 감정을 구체적이고 솔직하게 표현하는 것이 핵심임				

평가 과정	① 주제 선정 및 계획하기	
	② 경험 성찰 및 내용 생성·조직하기	
	③ 글쓰기(초고 쓰기)	
	④ 고쳐쓰기(모둠원의 의견 반영하기)	
	⑤ 완성 하기 및 제출	
평가 요소	정서 표현의 진솔함	• 자신의 감정을 진솔하게 표현했는가? • 감정 표현이 구체적이고 솔직한가?
	경험과 내용의 구체성	• 마을에 관련된 경험이 구체적으로 서술되었는가? • 경험을 통해 느낀 감정이 잘 드러났는가?
	글의 구성과 논리성	• 글이 논리적이고 일관되게 구성되었는가? • 서론, 본론, 결론의 구조가 명확하고 경험과 감정이 자연스럽게 연결되었는가?
	문장의 명확성과 표현력	• 문장이 명확하고 감정을 잘 전달할 수 있도록 표현되었는가? • 표현이 매끄럽고 독자가 쉽게 이해할 수 있도록 구성되었는가?
	성찰과 공감 능력	• 경험을 통해 자신을 성찰하고 마을과의 관계를 잘 드러냈는가? • 독자가 공감할 수 있도록 경험을 전달했는가?
	분량	• 분량(*평가자가 제시)을 적절히 표현하였는가?
평가 피드백	상	감정이 매우 진솔하고 구체적으로 표현되었으며, 경험이 명확하고 서사적으로 잘 구성되었고, 글의 흐름이 매끄럽고 감정 전달력이 뛰어나 독자에게 깊은 공감을 불러일으키며 성찰을 통해 마을과의 관계를 깊이 있게 드러내며, 독자와의 소통이 잘 이루어짐
	중	감정 표현이 솔직하고 구체적이며, 경험이 잘 서술되었으며, 글의 구성은 적절하고 일관성을 유지하며, 감정 전달력도 충분하고, 성찰이 잘 이루어졌고, 독자가 쉽게 공감할 수 있는 글로 작성함
	하	감정 표현이 기본적으로 이루어졌으나, 구체성이 부족하거나 경험 서술이 더 명확해질 필요가 있으며, 글의 구성은 다소 어색한 부분이 있으나 기본적인 흐름은 유지되며, 성찰이 이루어졌으나, 공감을 끌어내기 위해 좀 더 노력이 요구됨

🌾 미래의 씨앗

마을의 지명과 역사적 변천 과정을 통해 마을을 이해했다면 물리적 공간을 확장해 마을의 다양한 장소를 탐구해 보는 것도 좋으며, 교사는 마을이 공간이 아닌 장소로서 가진 의미를 탐색하도록 안내해야 한다.

🌳 1-(2). 우리 마을 속 예술·문화 이야기 🌳

소단원 개관

  마을의 문화와 예술은 공동체 의식과 정체성이 집약된 결과물이다. 이는 오랜 역사와 시간 속에서 다양한 요인이 어우러져 만들어진 산물이며, 동시에 미래의 문화적 다양성과 풍요로움을 더하는 토대가 된다. 마을 구성원으로서 문화와 예술을 단순히 수용하는 데 그치지 않고, 비판적으로 감상하며 재창조하고 독창적인 마을 문화를 생산하는 것은 마을의 발전에 기여하는 중요한 역할이다. 복잡하고 다양한 문화와 예술을 특정 기간에 살펴보는 데는 한계가 있으므로 수업을 넘어 실제로 문화와 예술이 구현되고 상호작용하는 현장을 경험하는 것이 시야를 넓히는 데 큰 도움이 될 수 있다.

  이 단원에서는 마을이 사람들의 생활 공간일 뿐만 아니라 전통과 현대적 감각이 공존하는 문화적 터전임을 이해하도록 한다. 문화와 예술은 마을공동체 구성원의 삶의 방식과 정체성을 반영하며, 이를 탐구함으로써 마을의 개성과 본질을 파악할 수 있게 한다. 마을의 과거와 현재가 만들어내고 재구성한 문화와 예술을 감상하고 체험하면서, 이를 과거의 유물로 보지 않고, 현재와 미래에도 지속해서 성장할 수 있는 자산으로 인식할 수 있도록 돕는다. 학습자가 속한 마을의 문화·예술적 자원을 어떻게 발전시키고 널리 알릴 수 있을지 창의적으로 사고함으로써 마을의 주체적인 구성원으로 성장할 수 있도록 하는 것을 목표로 한다.

  이 단원은 마을의 문화·예술을 체험하고, 관람·탐방하는 활동을 통해 마을의 문화·예술과 건축물에 어떤 것이 있는지 학습하는 과정으로 구성하였으며, 실제로 문화재와 예술 행사를 체험하고 관람하는 기회를 제공하며, 마을의 대표적인 문화적 자산을 창의적인 아이디어로 접근해 봄으로써 문화·예술적 자원의 가치를 깨닫도록 구성하였다.

이 단원은 학습자가 마을의 문화와 예술을 통해 심미적 감수성을 기르고, 대상을 새롭게 바라보며 아이디어를 생성하고 적용하는 창의적 능력을 키우는 데 중점을 두며, 자신의 수준과 흥미를 고려한 계획을 수립하는 능력도 함께 발전시킬 수 있도록 하고자 한다.

소단원 개요

학습목표		• 마을의 전통문화와 예술 속에 담긴 역사적 배경과 가치를 파악하여, 마을의 문화적 특성을 설명할 수 있다. • 마을의 문화와 예술을 조사하고 그 속에 담긴 전통을 분석하여, 문화적 요소들을 표현할 수 있다. • 마을의 문화와 예술을 존중하고, 전통과 가치를 소중히 여기는 태도를 기른다.
학습 요소		마을의 문화와 예술
학습 핵심 역량		심미적 감성 역량, 창의적 사고 역량
성취기준 및 관련 교과	**성취기준**	[9마삶-01-02] 마을의 문화와 예술을 탐구하고, 그 속에 담긴 전통과 가치를 분석하여, 문화적 특성을 이해하고 설명한다.
	관련 교과	국어, 사회, 역사, 미술, 음악, 기술·가정
학습 내용	**생각의 씨앗**	마을에서 겪은 문화·예술 체험 경험 떠올리기, 마을 예술 공간 맞히기, 단어 뭉치 속 마을 문화재 찾기
	배움의 뿌리	마을의 인물
	탐구의 싹	문화유산 탐방, 예술 문화 체험, 근현대 건축물 체험
	상상의 가지	마을 언어 탐구 및 마을 사전 만들기, 마을의 스포츠 문화, 마을의 대표 음식

학습내용	창의의 열매	지역 대표 빵 디자인하기
	지혜의 수확	우리 마을의 상징
	미래의 씨앗	마을 맞춤형 문화·예술 이해

생각의 씨앗

마을의 문화 · 예술을 살펴보는 활동을 본격적으로 알아보기에 앞서 학습자의 생각을 열고, 학습 동기를 유발하고 생각을 여는 '생각의 씨앗' 단계에서는 학습자가 과거에 마을 문화 · 예술을 체험한 경험을 떠올리게 하는 것도 긍정적이다. 마을의 문화 · 예술 체험을 관람, 탐방한 경험을 떠올려 보는 것은 학습자가 과거에 체험한 마을의 문화와 예술에 관한 경험을 되돌아보며, 그 속에 담긴 의미와 가치를 재인식하도록 할 수 있다. 과거에 경험한 마을의 문화와 예술 체험을 떠올리며, 그 체험이 어떤 영향을 미쳤는지를 재고찰하며, 마을의 예술 작품, 전시, 공연 등을 떠올리면서 학습자는 자신이 느꼈던 감정과 생각을 다시금 깊이 되새기고, 문화적 감수성을 불러올 수 있다.

학습자가 체험을 회상하는 데 그치지 않고, 그 속에 담긴 문화적 · 역사적 의미를 탐구하기 위한 토대를 마련하는 활동이다.

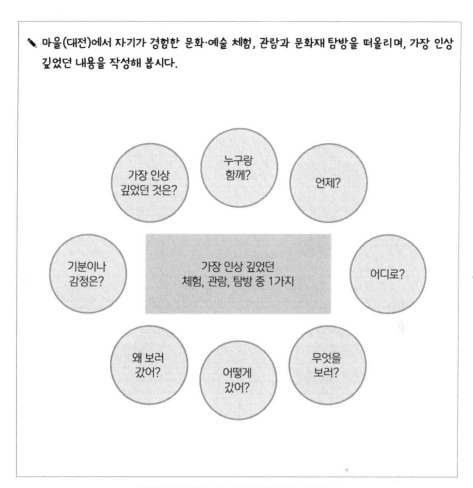

✎ 마을(대전)에서 자기가 경험한 문화·예술 체험, 관람과 문화재 탐방을 떠올리며, 가장 인상 깊었던 내용을 작성해 봅시다.

가장 인상 깊었던 것은?

누구랑 함께?

언제?

기분이나 감정은?

가장 인상 깊었던 체험, 관람, 탐방 중 1가지

어디로?

왜 보러 갔어?

어떻게 갔어?

무엇을 보러?

마을에서 겪은 문화·예술 체험 경험 떠올리기

학습자들이 마을의 문화·예술 경험을 떠올리는 활동과 함께 사진을 통해 각 공간의 특징을 관찰하고 이를 결합하는 활동을 제시할 수 있다. 마을의 문화적 자산에 관한 관심을 증대시키고, 그 공간이 지닌 상징성과 의미에 대한 학습자의 흥미를 자연스럽게 유도할 수 있다. 학습자들은 마을의 문화·예술을 떠올리는 동시에 마을 내 문화·예술 공간에 대한 시각적 인식도 함께 높일 수 있다.

✎ 마을의 문화·예술 공간입니다. 공간 명과 공간 사진을 올바르게 이어 봅시다.

·   · 대전무형문화재전수회관

·   · 대전전통나래관

·   · 대전시립연정국악원

·   · 대전문학관

⋮

출처: 대전문화재단

마을 예술 공간 맞히기

앞선 활동이 사진을 통해 마을의 예술 공간을 시각적으로 어느 정도 알고 있는
지 파악하는 것이었다면 단어 뭉치 활동을 통해서는 마을의 문화유산에 얼마나 친
숙한지 확인할 수 있다. 학습자들이 마을의 문화 · 예술 주제에 더욱 가깝게 다가갈
수 있다.

학습자는 다양한 단어 뭉치 속에서 문화재와 관련된 단어를 발견하고, 이를 문
화재와 연결함으로써 배경지식을 활성화할 수 있다. 문화유산에 대한 설명을 통해

대상을 유추하고, 그 특징을 쉽게 포착할 수 있게 된다.

✎ 아래 단어 뭉치에는 대전의 문화재가 숨어 있습니다. 설명을 읽고, 작성해 봅시다.

참	감	타	신	초	추	튜	채	파	당
타	코	동	신	채	호	생	가	지	가
약	계	간	동	춘	당	카	약	후	지
족	코	춘	타	코	하	타	후	참	파
튜	하	호	크	호	회	정	타	간	타
남	참	족	보	성	교	덕	생	보	신
간	차	후	문	지	약	채	향	교	여
정	타	성	산	육	추	후	초	교	산
사	카	강	성	가	사	초	파	감	감
타	교	향	당	동	계	족	산	성	회

▶ (   )

대전 대덕구 장동에 있는, 둘레는 1,200m 정도의 백제시대 석축산성이다. 1991년 10월 25일 대한민국의 사적 제355호 대덕계족산성으로 지정되었다가, 2011년 11월 28일 명칭이 변경되었다.

▶ (   )

향교는 지방민의 교육과 교화를 위해 나라에서 세운 국립 교육기관이며, 이 향교는 대전 대덕구 읍내동에 있는 조선시대의 건축물이다. 1989년 3월 18일 대전 문화재자료 제5호로 지정되었다.

▶ (   )

조선 효종 때 대사헌, 이조판서, 병조판서를 지낸 송준길(1606~1672) 선생의 별당(別堂)이다. 대전 송촌동 동춘당 공원 내에 있는 조선시대의 건축물이다. 1963년 1월 21일 대한민국의 보물제209호로 지정되었다.

⋮

단어 뭉치 속 마을 문화재 찾기

배움의 뿌리

  마을의 문화재와 예술에 대해 이해하고, 마을의 예술적 가치와 건축물의 역사적 의미를 탐구하는 것은 마을공동체 구성원의 문화를 이해하는 초석이 된다. 학습자는 문화재와 예술이 교과서 속에 존재하는 유물이 아닌 지역의 역사와 문화를 반영하는 중요한 자산임을 인식하면서 마을의 문화·예술, 건축이 지닌 역사적 배경과 그 의미를 스스로 탐구하는 것은 중요한 가치를 가진다.

  마을의 문화·예술, 건축물을 이해한다는 것은 마을의 정체성을 새롭게 인식할 수 있는 계기를 마련해 주는 것이며, 자신이 속한 마을의 역사와 문화를 더 깊이 이해하고 더 넓은 시각에서 대상을 바라볼 수 있도록 지원한다.

  앞서 언급한 것처럼 깊이 있는 내용을 학습자에게 안내하는 것은 스스로 탐구하는 능력 향상에 방해될 수 있으므로 참고의 토대가 되거나 꼭 알아야 하는 내용을 요약 제시하는 것이 필요하다.

✎ 동춘당

계족산을 등지고 대덕구 송촌동에 있는 동춘당은 국가 보물 제209호로, 조선 현종 때 이조판서를 지낸 송준길이 관직에서 물러나 지내던 곳이다. 동춘당이라는 별당 이름은 송준길 선생의 호를 따서 지은 것으로 '봄과 같아라.'라는 뜻이 담겨 있으며, 현판 글씨는 숙종 4년(1678)에 우암 송시열이 친필로 쓴 것이다. 조선시대 별당 건축의 한 유형으로, 구조는 비교적 간소하고 규모도 그리 크지 않으나 조선시대 별당의 한 표본으로 볼 수 있다는 데 의의가 크다. 정면 3칸, 측면 2칸 규모에 지붕은 홑처마 팔작지붕으로 검소하게 지어졌으며 주변의 경관과 잘 어울리는 자연친화적인 모습을 보여주고 있다.

✎ 쌍청당

대전 대덕구 중리동은 대대로 은진송씨들이 모여 살던 곳이다. 쌍청당은 조선 초에 부사정 벼슬을 지낸 쌍청당 송유(1389~1446)가 자신의 호를 이름으로 삼아 지은 별당이다. 송유는 태종이 즉위하면서 새어머니 신덕왕후 강 씨를 태조 묘에 모시지 않자 벼슬을 버리고 고향으로 내려와 있다가 세종 14년(1432)에 쌍청당을 지었다. 쌍청당은 대전 지역에 건립된 최초의 별당이며 민가임에도 불구하고 특이하게 단청이 되어 있다. 당시 단청 원료는 중국에서 수입해 썼기 때문에 대단히 비쌌다. 이러한 사치를 보다 못한 세종은 민가에 단청하는 것을 금지했고, 이후 『경국대전』에서 법으로 금지하였다. 쌍청당은 이 법이 정해지기 전에 세웠던 건물이므로 이 법에서 제외되었을 것으로 생각된다.

⋮

'배움의 뿌리' 부분 내용

🌱 탐구의 싹

'탐구의 싹' 단계에서는 학습자가 마을의 문화와 예술을 다양하게 탐구하고 체험할 수 있는 활동이 포함된다. 이때 중요한 점은 교사가 체험하고 관람할 수 있는 마을의 문화와 예술을 폭넓게 제시하되, 일정한 기준을 정해주지 않으면 학습자가 기존의 체험이나 관람을 그대로 조사하고 답습하는 경향이 나타날 수 있다.

그러므로, 색다른 시각과 새로운 접근을 할 수 있는 기회를 제공하며, 지역의 고유한 특징에 초점을 맞춰 체험할 수 있도록 안내해야 한다. 예를 들어, 대전에는 소극장과 연극 관람 공간이 잘 조성되어 있고, 독립영화를 상영하는 인디영화관도 있다. 또한, 근현대 건축물이 보존되어 있어 이에 대한 접근성도 좋다. 그래서, 예술 체험으로는 연극 또는 인디 영화 관람, 문화재 체험으로는 근현대 건축물을 제안하여 지역의 특성을 다각적으로 살펴볼 수 있도록 하는 것도 고려할 만하다.

이러한 활동은 학습자는 마을의 문화를 관람하는 것 이외에 지역의 역사와 예술적 맥락을 이해하고, 이를 자신의 시각으로 재해석하는 기회를 가질 수 있다. 체험 후에는 자신이 경험한 내용을 다른 학습자들과 공유하거나 이를 바탕으로 학습자들이 체험한 연극이나 영화의 주제를 바탕으로 마을의 이야기를 새롭게 창작하거나 근현대 건축물의 보존 가치를 논의하는 프로젝트 등 새로운 아이디어를 제안하는 활동도 추진할 수 있다.

✎ 마을의 문화유산 탐방 계획서와 보고서를 모둠원과 함께 작성해 봅시다.

▶ 탐방 계획서

탐방 목적	
탐방자	
조사 내용	
조사 방법	
준비물	
주의할 점	

▶ 탐방 보고서

탐방 장소(대상)	
탐방 목적	
탐방자	
활동 내용	
느낀 점	
활동사진	

문화유산 탐방 계획서 및 보고서

✎ 마을 문화유산 탐방 결과를 작성하고, 공유해 봅시다.

▶ 해시태그(#)와 다섯 글자로 표현해 보기	▶ 활동 인증사진, 관람권 등

문화유산 탐방 활동 결과

✎ 마을의 예술·문화 체험 계획서와 보고서를 모둠원과 함께 작성해 봅시다.

대전예술의전당, 대전시립미술관, 런던스테이지, 아신극장, 평송청소년문화센터, 작은극장 다함, 이수아트홀, 인터플레이, 크라라하우스, 대전상상아트홀, 이음아트홀, 아트브릿지, 둔산아트홀, 우송대학교서캠퍼스예술회관, 대전음악창작소, 상상아트홀, 엘클래식, 아이빅아트센터, 보문산 숲속공연장, 디캔센터, 마이클래식 뮤직 스튜디오, 쏘울브릿지, 소극장 보다, 아트그라운드 플래닛, 대전가톨릭문화센터 아트홀, 충남대 정심화홀, 씨네인디유

▶ 체험 계획서

관람 일자	
공연명	
주요 내용	
공연 소요 시간	
준비물	

▶ 체험 보고서

관람 일자	
공연명	
주요 내용	
공연 소요 시간	
티켓 또는 활동사진	

예술·문화 체험 계획서 및 보고서

✎ 마을의 근현대 건축물 체험 계획서와 보고서를 모둠원과 함께 작성해 봅시다.

①	대전창작센터	②	옛 대전여중 강당	③	옛 충청남도 관사촌
④	대흥동성당	⑤	옛 산업은행	⑥	옛 조흥은행
⑦	옛 대전부청사	⑧	옛 충청남도청	⑨	옛 동양척식주식회사

▶ 체험 계획서		▶ 체험 보고서	
탐방 장소(주소)		탐방 장소(주소)	
탐방 날짜		탐방 날짜	
거리 및 이동 수단		실제 소요 시간	
예상 소요 시간		건물 안내물 적기	
준비물		느낀점	
건물 역사		건물 사진, 스케치	

근현대 건축물 체험 계획서 및 보고서

🌱 상상의 가지

문화유산과 예술 공연·작품을 관람하거나 체험하는 것은 문화·예술을 직관적으로 이해하는 데 도움이 된다. 문화·예술은 예술 공연이나 작품뿐만 아니라 언어문화와 스포츠 문화도 포함하며, 특정 마을에서 고유하게 형성되고 강하게 나타나는 문화와 특징이 뚜렷한 대상들이 두드러지기도 한다.

'상상의 가지' 단계에서는 앞서 학습한 내용을 확장하여 지역 특유의 언어문화, 스포츠 문화, 식생활 문화를 탐구할 수 있다. 문화·예술의 범위가 넓으므로, 교과서에 제시된 내용 외에도 다양한 요소들과 연계하여 탐구할 수 있다. 전문적인 수준에서 지역 방언을 탐구하는 것은 아니지만, 마을과 더 나아가 지역의 언어문화를 살펴보는 활동을 제안할 수 있다. 언어를 심층적으로 조사하거나 분석하기보다는 해당 지역의 전반적인 언어문화를 이해하는 방식으로 접근하는 것이다. 언어문화는 탐구의 깊이에 따라 같은 충청도 방언이라 할지라도 지형, 행정, 역사 등의 요소에 의해 달라질 수 있다. 모든 요소를 세밀하게 분석하기보다는 지역이 지닌 전반적인 특성과 그 지역만의 고유한 단어와 특색 있는 언어문화를 탐구하는 것이 지역을 이해하는 흥미의 시작점이 될 수 있다.

✎ 다음 마을이 속한 지역의 방언에 관한 문제를 풀어 봅시다.

충청도 방언 능력 평가

▶ 충청도 방언에서 '여 둔눠'의 올바른 뜻으로 알맞은 것은?

① 여기 둬 ② 여기 들어와 ③ 여기 놓아 ④ 여기 누워 ⑤ 여기 앉아

▶ 충청도 방언에서 "~잖여"의 의미는 무엇인가요?

① 강조 ② 의문 ③ 명령 ④ 부정 ⑤ 감탄

▶ '뭐여~ 제대로 좀 셔봐~ " 문장에서 밑줄 친 단어의 기본형으로 옳은 것은?

① 세다 ② 쓰다 ③ 쉬다 ④ 쌓다 ⑤ 싸다

⋮

✎ 모둠별로 우리 지역의 방언사전을 만들어 봅시다.

▶ 모둠별로 우리 지역 방언 중에서 우리 지역을 가장 잘 표현하고 대표하는 단어나 표현을 찾아 1개를 선정하여 아래 사전을 만들어 보세요.

단어 및 표현: _____

품사 및 해설: _____

선정 이유: _____

⋮

마을 언어 탐구 및 마을 단어 사전 만들기

언어뿐만 아니라 학습자들이 관심이 많은 스포츠 분야도 마을 문화를 형성하는 요인이다. 오랫동안 지역에 연고를 두고 성장한 스포츠팀이 있을 수 있으며, 올림픽이나 월드컵 같은 국제 대회에서 메달을 획득한 유명 선수가 그 지역 출신일 가능성도 있다. 프로축구, 프로야구, 프로배구 등은 특별시나 광역시 같은 대규모 행

정 구역을 중심으로 운영되지만, 배드민턴이나 탁구 같은 생활체육은 일상에서 쉽게 접할 수 있다. 스포츠 문화를 탐구할 때 제한을 두기보다는 학습자가 관심 있는 종목과 마을을 자유롭게 연결할 수 있도록 유도하는 것이 좋다.

✎ **자신이 좋아하는 스포츠팀이나 운동에 관해서 함께 알아 봅시다.**

▶ 자신이 좋아하는 <u>스포츠팀의 로고 또는 운동</u>을 그림으로 표현해 보세요.

▶ 자신이 좋아하는 스포츠팀 또는 운동의 역사, 현황 등을 소개해 보세요.

_____

_____

_____

▶ 좋아하게 된 계기나 가장 인상 깊었던 경기, 관람 경험을 적어 보세요.

_____

_____

_____

✎ 자신이 마을의 스포츠팀을 창단한다고 가정하고, 짝과 이야기해 봅시다.

	팀명:
	소개 글

▶ 마을의 특징이나 대표성을 담은 스포츠팀의 슬로건을 작성해 보세요.

_____

_____

_____

_____

마을의 스포츠 문화

지역을 대표하는 문화 중 하나는 식문화이다. 한국의 대표 음식인 김치조차도 지역별로, 사람들의 기호에 따라 다양한 형태로 변했다. 마을의 식생활 문화를 이해하는 방법의 하나는 그 지역의 대표 음식이나 향토 음식을 알아보는 것이다. 최근에는 SNS의 발달로 인해 맛집, 개인 맞춤형 식당, 가성비 좋은 식당 등을 더 쉽게 접할 수 있게 되었다. 마을의 대표 음식을 탐구하고, 학습자가 일상에서 경험한 음식 중에서 지역을 대표할 수 있는 음식을 선정해 그 조리법을 개발하는 활동을 통해 마을의 음식을 친숙하게 이해할 수 있다.

✎ **지역을 대표하는 음식을 살펴보고, 다음의 활동을 해 봅시다.**

▶ 지역을 대표하는 음식 중에서 자신이 좋아하는 음식을 선정하고, 이유를 써보세요.

대전양반삼계탕

대전양반삼계탕은 인근의 특산물인 금산 인삼, 연산 닭을 이용한 조리법이 일찍부터 발달하여 다른 지역 삼계탕과 차별되는 보양식으로 발전, 1993년부터 대전의 향토 음식으로 지정, 관리해 오고 있다. 담백하고 개운한 맛으로 소화가 잘되고 어린이와 노약자에게도 좋다.

대전양반돌솥밥

멥쌀과 잡곡(조, 콩, 수수), 은행, 당근 등을 넣고 지은 밥과 인근지역의 신선한 채소와 다른 지역 20여 종의 나물 반찬과 함께 먹는 대전의 돌솥밥은 20여 년 전부터 옛날 가마솥 밥을 능가하는 밥맛으로 명성을 얻어왔고 다른 지역 돌솥밥과 차별화되는 대전의 음식으로 자리를 잡게 되었다.

출처: 대전관광홈페이지

⋮

✎ **자신이 생각하는 지역의 대표 음식을 선정하고, 모둠원과 함께 이야기해 봅시다.**

▶ 자신이 생각하는 지역의 대표 음식과 그 이유를 써보세요.

• 내가 생각하는 지역의 대표 음식

_____

_____

• 이유

_____

_____

▶ 모둠원이 각자 생각하는 지역의 대표 음식과 그 이유를 나누어 보고 작성해 보세요.

모둠원 명:	모둠원 명:	모둠원 명:
음식:	음식:	음식:
이유:	이유:	이유:

마을의 대표 음식 개발하기

✎ 모둠별로 지역을 대표하는 음식을 선정하고, 조리법을 개발하여 소개해 봅시다.

우리 마을의 대표 음식! 우리만의 비법으로 만들기	
음식명	
음식 조리 방법 참고 자료	
재료	
조리 순서 요약	
주의할 점	
활동사진 또는 요리 사진	
음식 소개 글	

✎ 모둠별로 제작한 음식 조리법과 음식에 관한 소개를 읽고, 평가해 봅시다.

▶ 자신의 모둠을 제외하고, 모둠원끼리 협의하여 가장 훌륭한 조리법을 선정해 주세요.

모둠 명: 음식명: 평점: ☆☆☆☆☆ 순위:	모둠 명: 음식명: 평점: ☆☆☆☆☆ 순위:	모둠 명: 음식명: 평점: ☆☆☆☆☆ 순위:
모둠 명: 음식명: 평점: ☆☆☆☆☆ 순위:	모둠 명: 음식명: 평점: ☆☆☆☆☆ 순위:	모둠 명: 음식명: 평점: ☆☆☆☆☆ 순위:

가장 훌륭한 음식과 레시피	모둠 명: 음식명: 평점: ☆☆☆☆☆ 순위:	선정 이유

마을의 대표 음식 살펴보기

동일한 문화권 내에서도 지리적 환경, 기후, 역사적·문화적 배경, 경제적 요인 등에 따라 문화적 차이가 나타난다. 예를 들어, 한반도라는 동일한 국토 내에서도 비슷한 의식주 양식을 공유하고 있지만, 눈이 많이 내리는 울릉도에서는 우데기, 제주도에서는 돌담이 눈에 띄는 차이로 나타난다. 이렇게 비슷하면서도 다른 문화는 각 지역이 지닌 독특한 개성이자 특색일 뿐만 아니라 그 지역의 사람들이 공유하는 공동체적 가치와 정체성으로 자리 잡는다. 그러므로, 마을 깊숙이 자리를 잡은 그들만의 문화를 이해하는 것은 마을 구성원으로서 정체성을 확인하고 공동체적 가치를 공유하는 것이다.

학습자가 마을을 대표하는 문화, 장소 또는 브랜드를 경험하고 그 가치를 확장하는 과정은 마을을 깊이 이해하는 중요한 열쇠가 될 수 있다. 이 단계에서는 지역 주민들이 잘 알고 있으며, 그 지역의 역사와 특색을 담고 있는 대상을 창의적으로 탐구하고 접근하는 활동을 진행할 수 있다.

✎ 지역에서 유명하고 특색이 두드러지는 대상에 관한 글을 읽고, 활동해 봅시다.

성심당은 1956년 대전에서 설립된 빵집으로, 현재는 대전의 대표적인 상징 중 하나로 자리 잡고 있습니다. 성심당의 설립자 임길순 씨는 원래 천주교 신자로서, 6·25 전쟁 이후 전쟁고 아들을 돕기 위해 무료로 빵을 나눠주면서 빵집을 시작하게 되었습니다. 당시 한국에는 밀가루가 귀했기 때문에, 미군이 제공한 밀가루는 빵을 만드는 데 큰 도움을 주었습니다. 성심당이라는 이름 역시 "성심"에서 유래했는데, 이는 가톨릭의 '성스러운 마음'을 뜻하는 용어로, 설립자의 신앙과 나눔의 정신이 반영된 것입니다. 당시 성심당은 대전역 근처에 자리 잡고 있어 대전을 찾는 많은 이들에게 사랑받기 시작했으며, 특히 전통적인 비결을 유지하면서도 새로운 경향에 맞춘 제품을 출시하여 꾸준히 성장해 왔습니다. 대표적인 제품으로는 튀김소보로와 부추빵이 있으며, 이 두 가지 메뉴는 성심당을 전국적으로 유명하게 만든 상품들입니다. 성심당은 60년이 넘는 시간 동안 지역사회와 함께 성장하며, 대전 시민들에게 큰 사랑을 받고 있습니다.

▶ 지역의 명소인 '성심당'은 '한국전쟁', '미군 부대', '대전역', '이웃사랑' 등 다양한 요소가 들어 있는 장소이며, 역사가 깊은 유명한 빵집의 빵 디자이너가 되어 마을의 특징과 대표성이 드러나도록 빵을 디자인해 보세요.

빵 이름: 포함된 마을의 특징과 대표성: 디자인에서 강조한 사항:	빵 디자인:

지역 대표 빵 디자인 하기

🖐 지혜의 수확

마을의 문화와 예술을 전반적으로 살펴보는 것은 문화와 마을을 일방적으로 수용하는 것을 의미하지 않는다. 마을의 오래된 역사와 전통, 공동체적 가치와 정체성을 이해하는 과정이며, 마을이 지닌 특성을 깊이 있게 파악하는 여정이다. 마을의 다양한 특색과 가치를 표면적으로 이해하는 데 그치지 않고, 이를 비판적으로 해석하고 창의적으로 표현하는 것이야말로 학습자가 마을을 진정으로 알아가는 방법이다.

이 과정에서는 소단원을 마무리하며 실시할 수 있는 과정 중심 평가를 제시하며 여러 교과 및 활동을 융합적으로 실시할 수 있는 학교자율시간의 특성을 고려하여 해당 과목의 성취기준과 평가 기준들을 제시하고자 한다.

구체적인 활동은 학습자가 마을의 특성과 전통을 반영한 상징적 건축물을 구상하는 과정을 통해서 마을의 역사적·문화적 가치를 재발견하고, 이를 바탕으로 창의적 사고를 발전시키기 위한 활동과 평가를 할 수 있다.

학년군	중 1~3학년군	교과	기술·가정	영역(내용)	지속 가능한 기술과 융합
평가 명	\multicolumn{5}{}{우리 마을의 상징 (지속 가능한 마을 건축물 설계 및 제작하기)}
관련 성취 기준	[9기가04-03] 사용자 요구 및 주어진 환경과 조건을 충족하는 지속 가능한 건설 구조물의 모형을 설계 · 제작 및 평가한다.
핵심 역량	기술적 실천, 실천적 문제 해결
평가 목적	지속 가능한 건축의 개념과 필요성을 학습하고, 마을의 특성과 조건을 반영한 친환경적이고 지속 가능한 건축 설계를 실현함
평가 설명	마을의 특성과 사용자 요구, 환경적 조건을 반영하여 마을을 상징할 수 있는 건축물을 설계하고 모형을 제작하며, 설계 시 지속 가능한 건설 개념을 고려하며, 건축물의 기능성, 환경적 영향, 재료의 효율성 등을 반영하여 실현 가능성을 평가함
평가 과정	① 주제 선정 및 조사 ② 건축물 설계 ③ 모형 제작 ④ 결과물 발표

평가 요소	지속 가능한 설계의 반영	• 건축물 설계에 지속 가능한 건축 원칙이 반영되었는가? • 친환경 자원의 활용, 에너지 절약 요소가 충분히 고려되었는가?
	마을 특성 반영 및 기능성	• 건축물이 마을의 특성을 반영한 기능을 가지고 있는가? • 건축물의 구조와 디자인이 기능적으로 잘 설계되었는가?
	설계도, 모형의 완성도	• 설계도가 논리적으로 작성되었으며, 시각적 이해가 쉬운가? • 모형 제작이 정교하고 계획대로 잘 구현되었는가?
	창의성, 실현 가능성	• 건축물 설계와 제작 과정에서 창의적인 아이디어가 반영되었는가? • 실제로 실현이 가능한 설계인가?

평가 요소	협력과 역할	• 팀원 간의 협력과 의사소통이 원활하게 이루어졌는가? • 각자의 역할이 명확하게 분담하고 수행되었는가?
평가 피드백	상	지속 가능한 건축 개념이 매우 잘 반영되었고, 친환경 자원의 활용과 에너지 절약 요소가 탁월하며, 설계가 마을의 특성을 완벽히 반영하고 있으며, 기능적으로 매우 효율적인 건축물로 설계되었으며, 모형이 정교하게 제작되었고, 설계도와 일치하는 높은 완성도를 보이고, 창의적인 아이디어가 돋보이며, 실현 가능성도 높으며, 팀원들 간의 협력이 매우 원활하고, 역할 분담이 명확하게 이루어졌음
	중	지속 가능한 건축 개념이 잘 반영되었으며, 친환경 자원과 에너지 절약이 충분히 고려되었으며, 마을의 특성이 반영한 설계가 기능적으로 적절하며, 구조적으로 효율적이고, 모형 제작이 계획대로 이루어졌고, 설계도와 일치하는 수준에서 완성되었으며, 창의적인 아이디어가 반영되었고, 실현 가능성도 있고, 팀원들 간 협력과 역할 분담이 적절히 이루어졌음
	하	지속 가능한 건축 개념이 고려되었으나, 일부 추가적인 반영이 필요하며, 마을의 특성을 반영하였으나 기능적 측면에서 개선이 가능하며, 설계도와 모형 제작이 대체로 일치하며, 세부적인 조정과 창의적인 아이디어가 반영되었으나 실현 가능성에서 보완이 필요하며 팀원들 간 협력이 대체로 이루어졌으며, 역할 분담이 적절하게 이루어졌음

🌾 미래의 씨앗

마을의 문화와 예술을 주제로 수업을 진행하게 되면 한 학기 동안 다룰 수 있을 만큼 폭넓고 다양한 주제를 탐구할 수 있다. 예를 들어, 대전은 청소년을 대상으로 한 연극제를 꾸준히 개최하며, 지역의 여러 소극장과 극단이 활발히 활동하고 있다. 이외에도 지역 축제, 전통 예술, 현대적 문화 콘텐츠 등 다양한 소재를 활용하여 학생들이 마을의 문화와 예술적 특성을 깊이 이해하고 체험할 수 있도록 수업을 설계할 수 있다.

♣ 1-(3). 자연과 인문이 빚어낸 우리 마을 ♣

소단원 개관

마을의 자연환경과 인문환경은 교과서 속 개념에 머무르지 않고, 주민들의 생활 양식과 경제활동에 깊이 연관되어 있다. 자연환경은 기후, 식생, 물리적 자원 등에 영향을 미치며, 이 요소들은 마을 구성원들의 삶에 직간접적으로 큰 영향을 준다. 주민들은 자연환경에 적응하고 이를 극복하는 과정에서 고유한 문화, 가치관, 정체성을 형성해 왔다.

인문환경은 공동체가 사회적으로 연대하고 참여하는 과정을 통해 형성된 결과물로, 이를 통해 지역의 안정성과 자립성, 지속적인 발전이 이루어졌다. 마을의 자연환경과 인문환경은 서로 밀접하게 상호작용하며, 마을의 독특한 특성과 가치를 창출해 왔다. 이러한 요인들은 주민들의 삶의 질을 결정하고, 마을의 성장과 발전에 중요한 역할을 한다.

이 단원에서는 마을의 자연환경과 인문환경이 어떻게 상호작용하는지를 탐구하고, 이 영향으로 형성된 마을의 특성을 살펴보도록 한다. 학습자는 마을 자연환경의 특징과 이를 활용한 구체적인 사례를 통해 자연환경이 지닌 아름다움과 가치를 생각해 보게 된다. 인문환경을 활용한 체험을 통해 인문환경이 마을에 미치는 효용과 영향을 파악할 수 있도록 하며, 자연환경과 인문환경이 학습자의 실생활과 밀접하게 관련되어 있음을 깨닫고, 마을이 일상의 공간을 넘어 자기 삶이 관련된 곳임을 인식하며, 이를 탐색함으로써 마을의 미학적 가치와 독창성을 느낄 수 있도록 한다.

이 단원은 마을의 자연환경과 인문환경을 이해하고, 이를 탐방하고 체험할 수 있도록 구성하였다. 학습자는 마을 곳곳에 숨겨진 미적 가치를 발견하고, 자연환경을 보호하기 위한 행동을 실천하고, 마을의 독창적인 인문환경과 자연환경을 자신의 개성을 담아 창의적으로 표현할 수 있도록 학습 과정을 설계하였다.

이 단원을 통해 학습자는 마을의 자연환경과 인문환경을 이해하고, 공동체 의식을 함양하며, 함께 살아가는 공간의 발전을 고민하고 실천하는 태도를 기르며, 창의적으로 마을을 표현하는 능력을 함양하고자 한다.

소단원 개요

학습목표		• 마을의 인문환경과 자연환경이 주민들의 생활 양식과 삶에 미치는 영향을 설명할 수 있다. • 마을의 인문환경과 자연환경에 관한 자료를 조사하고 분석하여, 이를 다양한 형식으로 표현할 수 있다. • 인문환경과 자연환경이 주민들의 삶에 중요한 역할을 한다는 점을 인식하고, 환경과의 조화로운 상호작용의 중요성을 존중하는 태도를 기른다.
학습 요소		마을의 인문환경·자연환경
학습 핵심 역량		공동체 역량, 창의적 사고 역량
성취기준 및 관련 교과	성취기준	[9마삶-01-03] 마을의 인문환경과 자연환경이 주민들의 생활 양식과 삶에 미치는 영향을 분석하고, 상호작용의 중요성을 탐구한다.
	관련 교과	사회, 과학, 체육
학습 내용	생각의 씨앗	마을의 지리적 위치 알아보기, 마을의 산과 하천 알아보기
	배움의 뿌리	마을의 인문환경, 마을의 자연환경
	탐구의 싹	마을 자연환경 탐방, 마을의 사계절 엽서 만들기, 대중교통 이용 마을 탐방
	상상의 가지	마을 하천 동영상 제작하기, 나만의 마을버스 노선 만들기

학습내용	창의의 열매	마을 풀꽃 도감 만들기
	지혜의 수확	마을과 함께하는 건강
	미래의 씨앗	마을 자연환경 보존 장기 프로젝트

생각의 씨앗

마을의 자연적 특성과 인문적 요소를 함께 살펴보는 것은 환경을 이해하는 데 그치지 않고, 주민들의 생활 방식, 문화적 가치, 공동체 의식 등이 어떻게 형성되었는지를 깊이 있게 파악할 수 있다. 자연환경은 기후, 지형, 생태계 등 물리적 요소들을 포함하며, 인문환경은 역사적, 문화적, 사회적 맥락을 반영한 인간 활동을 나타낸다. 학습자는 이러한 요소들이 어떻게 상호작용하며 마을 주민들의 생활 양식과 경제적 활동, 공동체 의식에 영향을 미치는지를 탐구해 봄으로써 마을의 고유한 특성, 정체성, 환경적 가치에 대한 이해를 넓히고, 자연과 문화의 조화를 이루는 지속 가능한 마을에 관해 생각할 수 있다.

마을의 자연환경과 인문환경의 개념을 이해하는 것도 중요하지만 이들이 마을 속에서 어떻게 존재하고 상호작용하는지를 살펴보며 더 친숙하게 접근하는 것이 필요하다. 자연환경이 마을 주민들에게 어떻게 적응과 극복의 대상이 되었고, 인문환경이 어떻게 창출되고 활용되었는지를 아는 것은 마을을 깊이 들여다보는 중요한 요소다. 마을의 특성과 주민들의 삶이 어떻게 형성되었는지 환경과의 상호작용이 마을공동체에 어떤 영향을 미쳤는지 더 잘 이해할 수 있다.

마을의 자연환경과 인문환경을 탐색하도록 '생각의 씨앗' 단계에서 생각을 떠올려 보게 제시할 수 있다.

✏️ 다음의 행정 지역 백지도에서 대전의 정확한 위치에 색칠해 봅시다.

마을의 지리적 위치 알아보기

✎ 대전의 산 중에서 자기가 올라가 본 적 있는 산에 동그라미(○) 해 봅시다.

- 갑하산: 유성구 갑동 일대에 자리 잡고 있으며, 산세가 부드럽고 등산 코스가 완만하여 지역 주민들이 산책이나 가벼운 등산을 즐기기에 적합한 곳입니다.
- 계족산: 대덕구 장동에 위치하며, 황톳길로 유명한 산입니다. 맨발로 걷기 좋은 산책 코스가 잘 조성되어 있어 많은 등산객이 찾습니다.

⋮

✎ 대전의 하천 중에서 자기가 알고 있는 하천에 동그라미(○) 해 봅시다.

- 갑천: 금강의 지류로, 대전의 서부 지역을 흐르며 대전의 대표적인 국가하천
- 유등천: 금강으로 흘러가는 또 다른 중요한 하천으로, 대전 중심을 가로지르는 하천

⋮

마을의 산과 하천 알아보기

자연환경과 인문환경은 사회 교과에서 중요한 학습 주제로 우리나라 전역의 환경을 탐구하는 것은 학습자들에게 익숙한 과정이다. 사회 교과에서 학습을 확장하거나 정리할 때는 학습자가 거주하는 지역에 관한 학습 기회를 제공한다. 학습자가 살아가는 마을과 밀접하게 연관된 자연환경과 인문환경은 주민들과 상호작용하며 쉽게 이해할 수 있는 동시에 복잡하게 인식될 수 있는 대상이다. 친근한 대상을 통해 이러한 환경을 파악하고, 이를 바탕으로 창의적으로 표현해 보는 활동이 학습에서 큰 의미가 있다.

마을의 자연환경과 인문환경에 대한 정보는 학습자에게 이해하기 쉽게 주요한 내용만을 집약적으로 제공하는 것이 좋다. 과도한 정보는 학습자가 소화하는 데 부담을 줄 수 있기 때문이다. 기본적으로 제공된 정보를 바탕으로 학습자가 필요하거나 더 알고 싶은 사항은 스스로 탐색하게 함으로써 주도적으로 정보를 처리하고 탐구하는 능력을 기를 수 있다.

✎ 대전의 위치

▶ 지리적 위치

대전은 한반도의 중남부에 있으며, 남한 지역만을 대상으로 한다면 우리나라의 중앙부에 있다. 전라도와 경상도, 충청도의 관문으로, 서울까지 167.3㎞, 부산까지는 294㎞, 광주까지는 169㎞의 거리에 있다. (후략)

⋮

✎ 대전의 자연환경

▶ 지형

대전 분지 중앙의 하천 연변에는 충적평야가 넓게 발달 되어 있고 이 충적지와 분지 주변의 산지 사이에는 경사가 극히 완만한 산록 완사면이 발달 되어 있어 충적지와 함께 농경·거주·산업 활동의 기반이 되어왔다. (후략)

⋮

⋮

✎ **대전의 인문환경**

▶ 인구

대전의 인구 증가 추세는 1931년 대전면이 대전읍으로 승격할 당시에는 2만 명이었으나, (중략) 현재 인구는 7대 도시 중에서 다섯 번째로 많은 145만 명(2022년 11월 기준)이다.

⋮

'배움의 뿌리' 부분 내용

🌱 탐구의 싹

학습자가 자연과의 상호작용을 통해 환경을 직접 경험하고 이해할 수 있는 기회를 제공하며, 마을의 자연적 특성을 몸소 느끼면서 지역 환경에 대한 이해와 애착을 형성하게 하고, 마을의 사회적·자연적 자산을 소중하게 여기는 경험을 쌓을 수 있도록 돕는다.

대부분 학습자는 학교나 기관에서 주관하는 자연환경 탐방이나 체험활동을 경험해 본 적이 있을 것이다. 이러한 프로그램에 참여하는 것이 익숙하고 의미 있는 활동이지만, 학습자가 스스로 마을의 자연환경을 되짚어 보고 자신만의 관점으로 탐방과 체험 계획을 세우는 것은 더욱더 창의적이고 새로운 학습 경험을 제공할 수 있다. 스스로 계획을 수립하는 과정에서 학습자는 자연을 더 깊이 이해하고, 자기 주도적인 사고와 탐구 능력을 발휘할 수 있는 기회를 얻게 된다.

무엇보다도 거창하거나 완벽하게 짜인 탐방 계획을 기대하기보다는 자연환경과의 친숙함에 중점을 두고, 학습자가 마을을 탐색하도록 유도하는 것을 추천한다. 자연환경은 마을 주변에서 쉽게 접할 수 있는 공원, 산책로, 하천길, 자전거 도로 등을 통해서도 느낄 수 있으므로 학습자가 익숙한 마을 정보를 활용할 수 있도록 안내하는 것이 필요하다.

✎ 마을의 자연환경 탐방 계획서와 보고서를 모둠원과 함께 작성해 봅시다.

▶ 탐방 계획서

탐방 장소(대상)	
탐방 날짜	
거리 및 이동 수단	
소요 시간	
준비물	
선정 이유	
조사 대상	
조사 내용	

▶ 탐방 보고서

탐방 장소(대상)	
탐방 날짜	
거리 및 이동 수단	
소요 시간	
느낀점	
활동사진	
소개 대상	

자연환경 탐방 계획서 및 보고서

탐방을 계획하고 실행하는 것은 학습자가 자연환경에 쉽게 접근할 수 있는 가장 효과적인 방법이다. 계획을 세우고 이를 실천하는 과정이 가장 이상적이며, 실제로 마을의 자연환경을 체험하는 것은 매우 유의미한 경험이다. 그러나, 지속적인 활동으로 이어지기 위해서는 일회성 탐방에 그치지 않아야 한다. 탐방 계획과 실행뿐만 아니라 같은 장소를 사계절에 걸쳐 관찰하거나 같은 공간을 세 번 이상 방문해 그 장소만이 가진 아름다움과 변화를 사진으로 기록해 엽서, 달력 등을 만드는 것도 좋은 방법이다. 엽서나 달력 등 활동 결과를 집약적으로 보여줄 수 있는 결과물을 만들고, 공유하는 것은 학습자에게 효능감을 느끼게 할 수 있으며, 엽서나 달력을 통해 주변 이웃과 나눔 활동을 이어가고 확장할 수 있는 자원이 되기도 한다.

✎ 마을의 자연 사계절 또는 멋스러운 찍어서 엽서를 제작해 봅시다.

▶ 마을의 자연환경 중에서 한 곳을 선정하여 사계절의 사진을 담아 보세요.

장소(대상) :

선정 이유 :

▶ 마을의 자연환경 중에서 한 곳을 선정하여 엽서를 제작해 보세요.

장소(대상) :

장소를 소개하는 글(한 문장) :

마을의 사계절 및 마을 엽서 만들기

학습자가 마을의 인문환경을 탐구하기 위해서는 인구, 교통, 행정 구역 등의 요소를 살펴볼 수 있다. 인문환경은 자연환경보다 학습자에게 직관적으로 이해되지 않는 경우가 많다. 행정 구역을 조사하거나 인구 변화 및 인구 구성을 분석하면서 인문환경을 이해할 수 있지만, 학습자가 실제로 경험할 수 있는 가까운 대상에서 출발하여 인문환경을 파악하고 인식할 수 있도록 돕는 것이 효과적이고 이러한 접근을 제안하고자 한다.

근래에는 대도시뿐만 아니라 소규모 도시에서도 대중교통이 발달하여 주민 생활에 필수적인 요소로 자리 잡고 있다. 학습자 중에서도 등하교 시, 대중교통을 이용하는 경우가 많으며, 다양한 목적으로 대중교통을 활용한다. 특히, 같은 동네나 마을로 인식되는 거리를 이동할 때 대중교통을 사용하기도 하며, 마을버스는 마을 곳곳을 연결해 준다. 학습자가 대중교통을 통해 마을을 이동하고 살펴보면서 교통을 포함한 인문환경을 더욱 쉽게 이해할 수 있다.

✎ 마을의 대중교통을 이용하여 마을을 탐방해 봅시다.

▶ 탐방 계획서
• 예상 코스

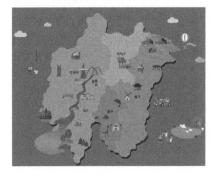

▶ 탐방 보고서
• 실제 코스

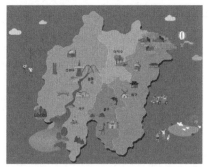

출처: 대전관광홈페이지

탐방 장소(대상)		탐방 장소(대상)	
탐방 날짜		탐방 날짜	
이용 버스 번호		거리 및 이동 수단	
거리 및 이동 수단		소요 시간	
준비물		느낀 점	
선정 이유		활동사진	
대중교통 시 유의사항			

대중교통 이용 마을 탐방 계획서와 보고서

🔮 상상의 가지

전술한 바와 같이, 마을이나 지역마다 자연환경은 고유한 특징을 지닌다. 어떤 지역은 지류, 하천, 강이 발달했지만, 다른 지역은 하천의 발달이 적고 산으로 둘러싸인 분지 형태일 수 있다. 학습자가 자연환경을 배울 때, 막연히 "우리 지역은 하천이 많은 곳이다"라는 사실을 받아들이고 이해하는 것도 중요하지만, 실제로 하천을 걸으며 활동하는 경험을 통해 자연환경을 체감하게 하는 것이 학습 효과를 더욱 높이는 방법이 될 수 있다.

각 지역의 특성을 고려하여 그 지역을 이해하고, 실제로 탐방하고 체험할 수 있도록 안내하고 지도하는 것이 의미가 있다. 예를 들어, 오름이 발달한 제주도에서는 생활 속에서 오름을 자주 접할 수 있고, 교과서에서도 오름의 지형적 특징을 배울 수 있어 지역 이해가 상대적으로 쉽다. 오름을 직접 오르는 체험은 학습자가 그 지역의 지형을 더 깊이 이해하고, 학습 내용을 확장할 수 있는 중요한 경험이 될 수 있다.

대전 지역은 다수의 하천이 발달해 있으며, 대표적으로 3대 하천과 금강이 도심을 관통하여 학습자들이 쉽게 접근할 수 있는 자연환경을 제공한다. 이러한 하천을 활용하여 학습자들이 거주지와 가까운 하천을 직접 걸어보고, 그 모습을 동영상으로 촬영해 SNS에 공유하는 활동을 진행해 볼 수 있다. 이는 하천에 대한 이해를 높이고, 지역의 자연환경과 더 가까이 소통하는 유익한 학습 경험이 될 수 있다.

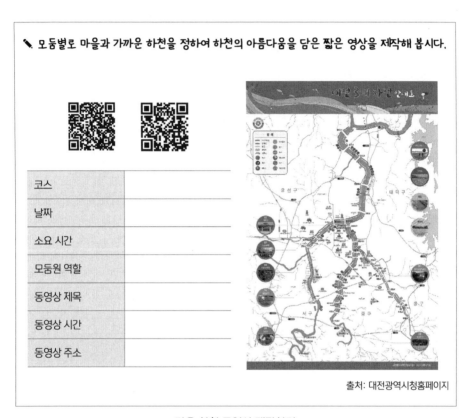

✎ 모둠별로 마을과 가까운 하천을 정하여 하천의 아름다움을 담은 짧은 영상을 제작해 봅시다.

코스	
날짜	
소요 시간	
모둠원 역할	
동영상 제목	
동영상 시간	
동영상 주소	

출처: 대전광역시청홈페이지

마을 하천 동영상 제작하기

동영상 제작 활동은 정보 통신 매체에 익숙한 학습자들에게 아주 어렵게 느껴지지 않을 것이다. 오히려 촬영, 편집, 완성까지의 과정은 교사보다 학습자들이 더 잘 알고 익숙할 수 있으며, 기술적인 측면에서는 어려움이 적을 수 있지만, 내용적인 측면에서는 어떤 내용을 담을지 고민할 수 있다. 내용과 구성에 제한을 두기보다는 창의적인 콘텐츠를 자유롭게 기획하고 표현할 수 있도록 유도해야 한다. 같은 장소일지라도 관점과 사고에 따라 다양한 방식으로 표현될 수 있으므로 학습자들이 자신의 창의성을 충분히 발휘할 수 있도록 도와야 한다.

자연환경에 관한 활동과 더불어 인문환경을 학습자의 관점에서 생각해 보는 활동도 제안할 수 있다. 앞서 대중교통을 활용한 활동과 연결된 활동으로는 학습자들이 거주하는 마을의 마을버스 코스를 계획해 보는 것이다.

✎ 모둠별로 마을의 아름다운 자연환경이나 마을의 명소를 담은 마을버스 노선을 계획해 봅시다.

▶ 지도 앱을 활용하여 우리 마을 곳곳을 연결하는 마을버스 노선을 만들어 보세요.

• 노선명:

• 정류장(~):

• 소요 시간:

• 정류장 선정 이유:

• 마을버스 소개 한 줄 문장:

마을버스 노선 만들기

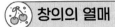

　마을에 관한 활동은 주로 대규모로 진행되거나 눈에 잘 띄는 대상을 중심으로 이루어지곤 한다. 학습자들이 생활하는 마을에서 눈에 쉽게 들어오고 인식할 수 있는 대상이나 장소가 탐구의 주제가 된다. 하지만, 등하굣길이나 이동 중 많은 공간을 지나치면서도 인식하지 못하거나 의도적으로 한 번쯤 살펴봐야 할 대상도 마을에는 분명 존재한다. 오히려 자주 마주치지만, 관심을 두지 않아 스쳐 지나가는 대상들이 있다. 이러한 대상을 면밀히 관찰하고 함께 나누어 봄으로써 마을 내 자연과 연계해 학습자들의 관심을 불러일으킬 수 있다.

　이 단계에서는 학교를 중심으로 다양한 방향으로 펼쳐진 소소한 자연물을 살펴보는 활동을 진행할 수 있다. 등하굣길에서 무심코 지나쳤던 풀꽃들을 함께 관찰하며, 학습자들이 '풀꽃 도감'을 만들어 보는 과정을 통해 일상에서 관심을 두지 않았던 대상을 다시 한번 주목하게 한다. 이 활동을 통해 학습자들은 마을이 생활 공간을 넘어 자연과 연결된 의미 있는 장소임을 생각해 볼 수 있다.

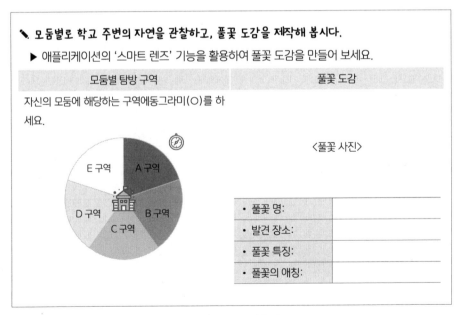

마을 풀꽃 도감 만들기

🏵️ 지혜의 수확

　마을의 자연환경과 인문환경은 학습자들이 생활하는 공간에 많은 영향을 주며, 오랜 시간 동안 상호작용해 왔다. 두 요소가 일상에서 크게 두드러지지는 않지만, 생활 양식과 습관에 지속적인 영향을 미쳐 왔다. 특히, 주민들은 자연환경을 활용하고 적응하며 살아왔으며, 인문환경 또한 주민들의 삶과 밀접하게 연결되어 있다.

　마을의 자연환경과 인문환경을 개념적으로 아는 것만으로도 마을을 이해하는 중요한 단서가 되지만, 이를 직접 체험하는 것은 훨씬 더 직관적이고 쉽게 이해하는 방법이 된다. 학습자들이 마을의 자연환경을 체험하며 신체적·정신적 건강을 증진하는 동시에, 마을의 자연과 문화적 자원을 깊이 있게 이해할 수 있도록 한다. 걷기를 넘어 학습자들이 직접 마을의 자연환경을 경험하고, 그 과정에서 마을의 역사와 생태적 특성을 배우게 함으로써 마을공동체에 대한 소속감을 강화할 수 있다. 이러한 활동을 통해 자연과 함께하는 건강한 생활 습관을 형성하는 기회를 제공할 수 있다.

학년군	중 1~3학년군	교과	체육	영역(내용)	운동
평가 명	마을과 함께하는 건강 (마을의 산, 하천, 산책길 걷기)				
관련 성취 기준	[9체01-06] 자신의 신체 조건이나 체력에 맞게 운동 처방 계획을 수립하고 안전하게 실시한다.				
핵심 역량	건강 관리 역량				
평가 목적	마을의 자연환경(산, 하천, 산책길)을 활용하여 일상에서 실천이 가능한 운동 계획을 수립하고 자신의 신체 조건과 체력 수준을 고려하여 적절한 운동을 하며, 올바른 운동 습관을 형성함				
평가 설명	자신의 신체 조건과 체력 수준을 분석하고, 마을의 산, 하천, 산책길을 활용한 맞춤형 걷기 운동 처방을 계획하여 안전하게 실시하고, 운동 후 결과를 기록하여 제출함				
평가 과정	① 신체 조건 및 체력 분석 ② 걷기 운동 처방 계획 수립(마을의 산, 하천, 산책길을 활용한 걷기) ③ 운동 실행 및 안전 관리 ④ 운동 결과 기록 및 성찰				

	신체 조건 및 체력 분석	• 신체 조건과 체력을 정확하게 분석하고 기록했는가? • 체력 분석 결과가 적절하게 걷기 운동 계획에 반영되었는가?
평가 요소	운동 처방 계획 수립	• 개인의 신체 조건에 맞춘 적절한 운동 처방 계획을 세웠는가? • 운동의 빈도, 강도, 시간을 적절히 조정하였는가?
	운동 실행 및 안전 관리	• 운동을 안전하게 실천하고 기록했는가? • 걷기 운동 중 올바른 자세와 심박수 체크, 안전 관리가 이루어졌는가?
	운동 결과 기록 및 성찰	• 운동 결과를 기록하고 체력 향상과 건강 상태에 대해 성찰했는가? • 운동 실행 후 자기의 경험을 바탕으로 의미 있는 성찰을 하였는가?
평가 피드백	상	신체 조건과 체력을 정확하게 분석하고, 개인에 맞는 운동 처방 계획을 철저하게 수립하였으며 걷기 운동을 안전하게 실천하며, 결과와 성찰이 매우 구체적이고, 운동 후 자신의 체력 개선에 대한 분석과 성찰이 깊이 있으며, 향후 운동 계획에 대한 발전적인 아이디어를 제시함
	중	신체 조건과 체력 분석을 잘 수행하였으며, 운동 처방 계획을 개인에 맞게 적절히 수립하였으며 걷기 운동을 안전하게 수행하고, 결과를 잘 기록하였으며 운동 후 성찰과 체력 향상에 대한 분석이 충분히 이루어졌으며, 향후 개선점도 잘 반영됨
	하	신체 조건과 체력 분석을 수행하였고, 운동 처방 계획을 적절하게 수립하고, 걷기 운동을 안전하게 실천하였으며, 결과를 기록하고 성찰하였고, 운동 후 성찰에서 자신의 체력 개선이나 경험을 충분히 반영하였으나, 일부 보완할 점이 있음

🌾 미래의 씨앗

마을의 인문환경과 자연환경을 직접 체험하고 탐방한 경험을 바탕으로 그 가치를 깊이 이해하도록 하는 것은 매우 중요하다. 학생들이 마을의 역사적 · 문화적 배경을 인식하고, 자연환경의 보존 필요성을 체감할 수 있도록 유도해야 한다. 나아가, 자연환경 보호를 위한 다양한 프로젝트를 기획하고 실천하며, 지역사회에 기여하는 방안을 고민하고 실행할 수 있도록 구체적으로 안내해야 한다.

🌳 1-(4). 우리 마을의 명소, 보물을 담은 공간 🌳

소단원 개관

마을 주민들이 함께 살아가는 마을에는 생활의 중심이 되는 상징적 장소가 존재한다. 이러한 공간을 명소 또는 랜드마크라고 하며, 순화된 표현으로 '마루지'라고 부르기도 한다. 그 형태는 장소, 건축물, 조형물 등 다양하다. 이 단원에서는 '명소'에 중점을 두어, 공동체의 공간으로서 그 의미와 가치를 탐구하고자 한다. 명소란 마을을 대표하거나 많은 사람이 자주 찾는 장소를 말하며, 문화적 · 역사적 · 자연적 · 경제적 가치를 지닌 공간으로써 마을의 고유한 특성을 반영하고, 마을 주민들의 삶과 밀접하게 연결된 곳이다. 명소는 주로 집단이 가치를 부여한 장소일 수 있지만, 개인적으로는 추억과 경험을 통해 의미를 부여할 수도 있다.

이 단원에서는 마을의 명소를 과거에만 속한 공간이거나 학습자의 삶과 무관하다는 고정된 인식을 개선하고, 장소를 능동적으로 탐색하며 주체적인 시각과 독창적인 경험을 통해 마을의 명소를 바라보도록 한다. 명소를 마을공동체의 고유성을 지닌 공간으로 이해하며, 그 안에 담긴 문화와 역사를 창의적으로 탐구하고 새로운 관점에서 해석할 수 있도록 한다.

이 단원은 학습자가 가장 좋아하는 마을 명소나 마을 공간에서의 경험을 되짚으며, 마을 공간에 대한 인식을 확장하도록 구성하였다. 마을의 역사적 인물과 그들이 관련된 명소를 알아보게 하였으며, 역사적 인물들의 삶에 공감하고 그들이 남긴 명소를 살펴본다. 이 과정에서 명소는 마을의 자연경관, 전통시장, 기관이나 시설 등 다양한 형태로 존재할 수 있음을 이해하고, 학습자가 스스로 마을 명소를 선정하여 소개하도록 하였다.

이 단원은 마을 공간에 대한 기초적인 이해를 바탕으로 새로운 아이디어를 제안하고, 마을 명소에 담긴 의미와 가치를 깊이 이해하며, 협력적이고 적극적인 의사소통을 통해 공동의 목표를 달성하는 능력을 기르도록 한다.

소단원 개요

학습목표		• 마을의 정체성, 가치관, 개성이 반영된 공간의 역사적, 문화적 배경을 설명할 수 있다. • 마을의 특정 공간을 조사하고, 그 공간이 마을의 정체성과 가치관을 어떻게 반영하고 있는지 사회문화적 맥락에서 파악할 수 있다. • 마을의 정체성과 개성을 반영한 공간을 존중하고, 사회문화적 가치를 이해하는 태도를 기른다.
학습 요소		마을의 명소
학습 핵심 역량		협력적 소통 역량, 창의적 사고 역량
성취기준 및 관련 교과	**성취기준**	[9마삶-01-04] 마을의 정체성, 가치관, 개성이 반영된 공간을 조사하고, 사회문화적 맥락과 연계하여 탐구한다.
	관련 교과	사회, 역사, 미술, 음악
학습 내용	생각의 씨앗	마을에서 좋아하는 대상이나 장소 탐색하기, 내가 좋아하는 음악 공유하기, 마을의 명소 해시태그 붙이기
	배움의 뿌리	마을의 역사적 인물
	탐구의 싹	마을의 역사적 인물 관련 명소 답사, 마을의 명소
	상상의 가지	마을의 명소 소개하기, 마을 명소와 산책길 만들기
	창의의 열매	마을 명소 안내판 및 스탬프 디자인하기
	지혜의 수확	우리 마을의 소리
	미래의 씨앗	자기만의 관점으로 명소 바라보기

　마을의 명소는 특정한 장소만을 지칭하는 것으로 국한되지 않는다. 마을 주민들의 역사, 문화, 정체성이 녹아 있는 중요한 공간인 동시에 마을에 담긴 사건, 전해 내려오는 이야기 혹은 그 공간이 주민들에게 주는 심리적·정서적 가치를 함축하고 있다. 마을의 명소는 마을 주민들에게는 추억과 감정이 깃든 장소일 수 있으며, 외부인들에게는 그 마을의 특성을 대표하는 상징으로 작용할 수 있다.

　마을의 명소는 지역 주민들이 오랜 시간 쌓아온 경험과 삶의 흔적을 반영하며, 공동체의 정체성을 형성하는 중요 요소로 작용한다. 이 공간은 마을의 역사와 전통을 계승하는 역할을 하며, 동시에 마을의 독창성을 외부에 알리는 매개체가 된다. 명소는 주민들에게 지역사회에 대한 애착을 키우고, 마을의 가치를 새롭게 발견할 수 있는 기회를 제공한다.

　마을의 명소 주제와 관련된 '생각의 씨앗' 학습 단계에서는 처음부터 마을의 명소와 직접 연결 짓기보다는 학습자의 개인적인 경험, 흥미, 관심을 먼저 떠올리게 하여 마을과의 연관성을 자연스럽게 확장해 나가는 기반을 마련하는 것이 핵심이다.

✎ **마을에서 자신이 가장 좋아하는 장소나 대상을 소개해 봅시다.**

▶ 마을에서 자신이 가장 좋아하는 장소나 대상에 관해서 작성해 보고, 짝과 함께 이야기 나눠 보세요.

장소 또는 대상 이름:
선정 이유:
소개하기:
간단하게 장소나 대상을 그림으로 표현해 보기

마을에서 좋아하는 대상이나 장소 탐색하기

✎ **자신이 가장 좋아하는 음악을 소개해 봅시다.**

▶ 자신이 가장 좋아하는 음악에 관해 작성해 보고, 짝과 함께 이야기 나눠 보세요.

내가 좋아하는 음악(노래 명):

내가 좋아하는 노래를 부른 가수(그룹):

내가 이 노래를 좋아하기 시작한 시기:

내가 이 노래를 좋아하게 된 이유:

이 노래를 들을 때의 기분이나 감정:

이 노래를 다섯 글자로 표현해 보면: □ □ □ □ □

좋아하는 장소나 대상, 노래를 떠올리는 것과 함께 학습자의 생각과 동기를 끌어내는 과정에서 마을의 장소에 대해 얼마나 알고 있는지 살펴보는 것도 흥미를 불러 올 수 있다. 사진과 이름으로 제시된 마을의 장소가 학습자에게 익숙하거나 방문한 적이 있는 곳이라면, 그 명소에 관한 관심이 더욱 높아질 수 있다.

✎ **마을의 명소 사진과 이름을 확인하고, 명소에 알맞은 해시태그(#)를 붙여 봅시다.**

유성온천   #   대청호반   #

으능정이
문화의거리   #   오월드   #

대전문화
예술단지   #   한밭수목원   #

뿌리공원   #   장태산
                           자연휴양림   #

출처: 한국관광공사(대한민국 구석구석)

마을 명소 해시태그(#) 붙이기

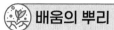
배움의 뿌리

마을 명소를 탐구하는 과정에서 학습자는 마을이 생활 공간을 넘어 주민들의 삶의 역사가 담긴 살아있는 공간이라는 사실을 인식하게 된다. 명소 탐구는 학습자들이 그 공간을 직접 경험하고, 그것이 마을 주민들에게 미친 영향과 마을의 발전에 어떤 역할을 했는지를 분석하게 한다. 마을공동체가 가진 문화적 자산을 발견하고, 자연스럽게 그 가치를 인식하는 기회를 가질 수 있다.

마을은 독립된 공간으로만 존재하지 않으며, 역사적 흐름 속에서 많은 인물들이 배출된다. 이러한 역사적 인물들의 의미와 업적을 통해 마을의 문화와 가치관을 엿볼 수 있다. 마을의 역사적 인물을 이해하는 것은 마을을 더 깊이 있게 이해하는 중요한 방법이 된다.

명소와 인물이 완벽하게 일치하거나 인물의 삶 전반이 특정 장소에 녹아 있지는 않더라도 지역을 대표하는 역사적 인물에 관한 공간의 가치를 탐구하는 것은 의미가 있다. 인물의 삶에 흔적이 담긴 장소에서 그 의미를 찾아보는 것은 학습 활동으로서 유의미한 경험을 제공할 수 있다.

✎ 대전의 역사적 인물

▶ 황자후(1363~1440)
조선 초기의 관리이자 의학자였다. 그는 백성의 생활을 안정시키기 위해 노력했으며, 태종 때에는 호패법과 동전 사용 등의 정책을 건의했다. 그는 중국의 명나라와 우리나라 약재의 효과를 비교 검증하는 연구를 통해 우리 약재의 우수성과 우리에게 맞는 약의 활용에 대한 중요성을 밝혔다. 그리고 우리 땅에서 나는 약재로 병을 치료하는 방법을 소개한 고려시대의 의학서「향약구급방」을 인쇄하여 배포하기를 세종에게 건의하여 간행했다.

⋮

▶ 신채호(1880~1936)
신채호는 일제강점기의 독립운동가이자 역사학자, 언론인이다. 1880년 현재의 대전 어남동에서 태어나 1887년 8세 때 아버지를 여의고 충북 청원군 낭성면 귀래리로 이사했다. 조부인

신성으로부터 한문을 배웠고 14세에 사서삼경을 독파했다. 문동학원에서 강사로 재직하며 신교육을 통한 계몽운동을 전개했으며 황성신문과 대한매일신보에 논설을 실어 민족의식을 고취했다.

:

'배움의 뿌리' 부분 내용

 탐구의 싹

　　마을의 명소와 관련된 역사적 인물을 배우는 것이 주된 목표지만, 지역 출신의 근현대 인물을 함께 조사하는 것은 마을의 과거와 현재를 함께 생각해 볼 수 있는 좋은 기회를 제공한다. 학습자들은 마을이 단순한 공간이 아니라 시간과 역사를 함께 품고 있는 장소임을 인식하게 된다. 과거에만 국한되지 않고, 마을에 대한 새로운 정보와 관심을 불러일으킬 수 있는 실마리로서 현재의 인물을 탐구하는 것도 마을을 깊이 이해하는 하나의 방법이 될 수 있다.

　　인물과 명소는 서로 밀접한 관계를 맺고 있다. 역사적 인물의 업적이 크면 그의 생가나 거주지가 명소로 자리 잡는 경우가 있다. 평범했던 도로명이 교황의 방문으로 인해 '프란치스코 교황로'라는 이름을 얻게 된 사례처럼, 인물과 명소는 그들의 영향력에 의해 변화를 겪기도 한다. 이처럼 인물과 명소는 상호작용하며, 어느 것이 먼저여야 하는지는 정해져 있지 않다. 학습자들이 지역 출신 인물을 탐구하는 것은 그 인물이 가진 상징성을 이해하는 과정일 뿐만 아니라 명소에 얽힌 인물의 이야기를 발굴하는 상호의 활동으로 의미가 깊다.

✎ 모둠별로 마을의 역사적 인물이 관련된 장소를 답사하고 인물에게 편지를 작성해 봅시다.

▶ 역사적 인물 답사 계획서

역사적 인물	
답사 장소	
인물과 장소 관계	
답사 날짜	
답사자	
준비물	
답사 방법	
답사 코스	

▶ 인물에게 편지 쓰기

인물명	
인물 소개	
인물	
편지 내용	

역사적 인물 관련 명소 답사 및 인물에게 편지 쓰기

마을에는 인물이 관련된 명소 외에도 자연적으로 형성된 명소나 인위적인 목적으로 만들어진 명소들이 존재한다. 이러한 자연경관과 인문경관은 마을의 역사와 가치를 담고 있으며, 마을 주민들의 사랑과 관심을 받는 중요한 공간으로 자리 잡고 있다. 명소가 유명하기에 사람들이 많이 찾는 경우도 있지만, 많은 사람이 찾으면서 유명해진 공간도 있다. 명소가 그 자체로 가치를 갖는 것이 아니라 그 명소를 통해 주민들이 소통하고 공감하는 장소로서의 가치에 주목해야 한다. 명소는 관광지에 국한되는 것이 아닌 마을 주민들이 함께 교류하며 마을의 정체성을 공유하는 중요한 공간이다.

마을의 명소를 이해하는 과정에서 학습자가 자신의 관점에서 명소를 탐색해 보는 것은 명소에 대한 새로운 시각을 열어줄 수 있다. 일방적으로 주어진 명소를 수용하는 것이 아니라 명소를 해석하고 평가하는 과정을 통해 그 의미를 깊이 있게 이해할 수 있도록 하는 것이 필요하다. 학습자는 명소에 대한 주체적이고 비판적인 시각을 가질 수 있게 된다.

✎ 대전의 명소

▶ 유성온천

유성온천(儒城溫泉)은 대전광역시 유성구 온천동에 있는 온천이다. 대전 도심인 둔산동으로부터 5km거리에 인접해 있고, 대전 도시철도 1호선 유성온천역과 가깝다. 유성온천은 지하 100m이하에서 분출되는 섭씨 27~56도의 고온 열천으로 실리카(SiO2)성분의 함량이 40mg/L이상이어서 실리카온천으로 명성을 떨치고 있다.

⋮

▶ 한빛탑·대전엑스포기념관

대전엑스포기념관은 대전광역시 유성구 대덕대로 480에 있는 전시관으로, 1993년 개최된 대전세계박람회를 기념하기 위해 설립된 전시관이다. 1993년 대전엑스포 개최 당시에는 '평화우정관'이라는 건물로 쓰였는데 당시 유엔, BIE, 세계은행 등의 국제기구들이 참가하였고 매일 엑스포 참가국의 날을 지정하여 해당 국가의 국기를 게양하였고 엑스포 폐막 이후 평화우정관의 자리에 대전엑스포를 기념하는 전시관으로 바뀌어 1994년에 개관하였다.

⋮

마을의 명소

마을의 명소를 모두 이해하는 것이 중요한 것은 아니다. 마을 명소를 배우는 것이 핵심이 아니다. 기존에 명소라고 불리는 곳들의 특징, 의미, 기능을 살펴보며 이를 새로운 관점과 사고로 탐색하는 것이 궁극적인 목표다. 학습자는 주어진 명소를 받아들이는 것을 넘어 창의적으로 재해석하고, 자신만의 시각으로 마을을 바라볼 수 있게 된다.

이 단원의 '탐구의 싹' 단계에서는 '생각의 씨앗' 단계에서 진행한 활동과 연결하여 모둠원이 함께 기존의 마을 명소 중 한 곳을 선정하고, 그 명소를 소개하는 활동을 제안할 수 있다. 이때 모둠원이 좋아하는 음악을 활용하거나 개사하여 그 명소를 창의적이고 흥미롭게 소개하는 방식으로 진행하는 것이 효과적이다.

✎. **모둠원이 함께 기존 마을의 명소를 선정하여 다 같이 소개해 봅시다.**

▶ 모둠원이 생각하는 마을의 명소를 선정하고, 그 이유를 써보세요.

모둠원이 생각하는 우리 마을의 명소:

명소에 관한 정보:

선정 이유:

▶ 모둠원이 선정한 마을의 명소를 소개하기 위해 기존의 노래를 선정·개사해 보세요.

〈원곡〉	〈개사곡〉
떴다 떴다 비행기	떴다 떴다 한빛탑
떴다 떴다 비행기 날아라 날아라 높이 높이 날아라 우리 비행기 내가 만든 비행기 날아라 날아라 멀리멀리 날아라 우리 비행기	떴다 떴다 한빛탑 높이 높이 솟은 탑 한밭 광장 밝히는 빛 대전의 자랑 빛나 빛나 한빛탑 밤하늘을 수놓는 빛 대전 상징 한빛탑 우리 자랑이야

모둠이 선정한 원곡:

개사:

마을의 명소 소개하기

　기존 마을 명소에 대한 이해를 바탕으로 '상상의 가지' 단계에서는 학습자가 자신이 생각하는 마을의 명소를 토대로 모둠원들과 함께 새로운 명소를 제안해 보는 활동도 의미가 있다. '명소'라는 단어의 사전적 정의는 '경치나 고적 등으로 이름난 곳'을 의미하지만, 이는 많은 사람들이 인정한 장소라는 의미를 함축하고 있다. 물론 다수의 사람이 인정한 장소가 명소가 될 수 있지만, 마을을 생활 공간으로 삼고 있는 학습자들에게는 그들이 가진 경험과 감정, 개인적인 가치가 반영된 장소도 충분히 의미 있는 명소가 될 수 있다.

　마을 속 자신의 공간이나 장소에 대한 충분한 고찰이나 생각이 없다면 이 활동이 어렵게 느껴질 수 있다. 하지만, 한 번쯤 생활하는 공간을 전체적으로 조망하고 떠올려 보는 것은 매우 중요한 과정이 될 수 있다. 거대한 가치나 특별한 경험을 바탕으로 장소를 떠올리기보다는 소소한 일상과 작은 즐거움을 중심으로 장소를 생각해 볼 수 있도록 유도하는 것이 필요하다. 학습자는 자신만의 독특한 관점에서 마을을 바라보고, 그 안에서 의미 있는 장소를 발견할 수 있다.

✎ '나만의 마을 명소'를 선정하여 소개해 봅시다.

▶ 내가 생각하는 '나만의 마을 명소':

▶ '나만의 명소' 관한 정보 및 소개:

▶ 나만의 명소'에 관련한 정서 및 선정 이유:

✎ '나만의 마을 명소'를 바탕으로 모둠원과 협의하여 '우리 모둠의 마을 명소와 명소를 잇는 산책길'을 만들어 봅시다.

모둠원:	모둠원:	모둠원:	모둠원:
명소:	명소:	명소:	명소:

우리 모둠의 마을 명소와 산책길

🎔 창의의 열매

학습자가 선정한 마을 명소는 그 학습자만의 경험과 정서, 개인적인 기준이 담긴 특별한 공간이다. 명소의 가치를 부각하고 알리는 활동을 통해 학습자는 마을 구성원으로서 새로운 감정을 경험할 수 있다. 특히, 평소 관심이나 의미가 크지 않았던 공간을 학습자가 명소로 선정하고 소개함으로써 그 공간은 '마을의 명소'라는 특별한 가치를 지니게 된다. 이는 학습자에게 큰 효능감과 만족감을 제공하며, 마을에 대한 소속감과 책임감을 높이는 데 기여할 수 있다.

지역의 명소에 가면 안내판과 스탬프가 마련되어 있듯이, 학습자가 선정한 명소를 알리고 홍보하는 안내판과 스탬프를 직접 디자인해 보는 활동을 통해 마을 곳곳에 숨겨진 공간을 알리고 공유할 수 있다. 학습자는 자신만의 창의적인 방식으로 마을 명소를 소개하고, 그 공간에 특별한 의미를 부여하게 된다.

✎ '나만의 마을 명소'를 안내하는 안내판을 제작해 봅시다.

이곳은 마을의 명소 '   '입니다.

〈안내사진 또는 포스터〉   〈안내문〉

✎ '나만의 마을 명소'의 스탬프를 제작해 봅시다.

보물 하나   백제와 신라의
                  숨결을 한눈에
                  보문산성

Designed by Lee Seung Haeun

나만의 마을 명소 안내판 및 스탬프 디자인하기

🤲 지혜의 수확

　마을의 명소를 이해하고 그 의미와 중요성을 함께 고민해 보면, '나만의 관점에서 바라보는 명소'로 새로운 접근을 할 수 있다. 이 과정에서 학습자는 명소에 대한 개인적인 시각을 형성하고, 자신만의 의미를 부여하며 더욱 깊이 있는 탐구를 할 수 있다.

　앞서 '생각의 씨앗'부터 '상상의 가지'까지 이어진 활동이 학습자만의 마을 명소를 탐색하고 선정하며 알리는 시각적 요소가 강했다면, 이를 정리하고 종합하는 과정으로 마을 명소를 소개하는 청각적 요소를 포함하여 창작해 보는 활동을 진행할 수 있다. 이를 통해 학습자는 시각적인 표현과 함께 청각적 요소를 활용해 명소를 더 깊이 있고 창의적으로 소개하는 기회를 가질 수 있다.

학년군	중 1~3학년군	교과	음악	영역(내용)	창작
평가 명	우리 마을의 소리 (마을의 명소를 담은 음악 만들기)				
관련 성취 기준	[9음03-03] 음악의 요소와 특징을 활용하여 간단한 형식의 음악을 만든다.				
핵심 역량	창의성 역량, 자기 주도성 역량				
평가 목적	마을의 명소를 주제로 하여, 음악의 기본 요소를 간단히 활용하여 자신의 음악적 아이디어를 구체화하여 표현함으로써 지역의 의미와 음악적 창작을 연계함				
평가 설명	마을의 명소를 주제로 간단한 형식의 음악을 창작하여, 해당 명소의 분위기나 특징을 음악적으로 표현. 리듬, 멜로디, 화음 등 기본적인 음악의 요소를 활용해 창의적인 음악을 구성하며, 음악의 구조가 간단하더라도 명소와의 연계성을 잘 나타내는 것이 중요함				
평가 과정	① 주제 선정 및 계획하기 ② 음악 요소 적용 및 구성 ③ 음악 제작 및 녹음(디지털 도구 또는 실제 악기를 활용) ④ 음악과 명소 설명서 작성 ⑤ 발표 및 피드백				
평가 요소	음악 요소 활용	• 리듬, 멜로디, 화음 등 음악의 기본 요소를 적절하게 활용했는가? • 음악 구성에 있어 창의적인 아이디어가 적용되었는가?			
	명소와 음악의 연계성	• 선택한 마을 명소의 특징과 분위기를 음악으로 잘 표현했는가? • 명소의 감정적, 문화적 의미가 음악에 적절히 반영되었는가?			
	음악 구성의 완성도	• 음악의 구조가 간단하면서도 일관성 있게 잘 구성되었는가? • 음악적 요소들이 조화롭게 구성되었는가?			
	발표 및 소통 능력	• 음악 작품을 명확하고 논리적으로 설명하고 발표했는가? • 청중과의 상호작용과 소통이 효과적으로 이루어졌는가?			
	협력 및 역할 분담	• 팀원 간의 협력이 원활하게 이루어졌는가? • 역할 분담이 명확하고 각자의 역할을 성실하게 수행했는가?			

평가 피드백	상	음악의 요소가 매우 창의적으로 활용되었으며, 명소의 분위기와 감정을 음악으로 훌륭하게 표현하였으며, 음악 구조가 일관성 있게 잘 구성되었고, 발표에서 작품을 논리적이고 설득력 있게 설명하고, 팀원 간 협력이 매우 원활했으며, 역할 분담이 명확하게 이루어짐
	중	음악 요소가 적절하게 활용되었으며, 명소의 분위기를 충분히 반영하였으며, 음악 구조가 대체로 일관성 있게 구성되었으며, 발표에서 명소와의 연계성을 잘 설명하였고, 팀원들 간의 협력이 잘 이루어졌고, 역할 분담도 적절히 수행됨
	하	음악 요소가 기본적으로 활용되었으나, 창의성에서 일부 보완할 점이 있으며, 명소의 분위기와 연계성이 다소 부족하나, 음악 구성과 발표가 논리적으로 이루어지고, 팀원들 간 협력이 이루어졌으나, 역할 분담에서 다소 개선의 여지가 필요함

🌾 미래의 씨앗

이 단원에서는 명소를 중심으로 마을의 특색과 가치를 살펴보았지만, 명소는 마을을 이해하는 여러 요소 중 하나에 불과하다. 마을에는 역사, 문화, 자연환경, 지역 주민의 삶 등 다양한 측면이 어우러져 있으며, 각각이 마을을 구성하는 중요한 요소로 작용한다. 학습자들이 마을을 자신만의 시각으로 바라보며 다양한 요소를 주도적으로 탐구하고 사고할 수 있도록 안내해야 하며, 마을의 숨겨진 이야기, 주민들의 생활 방식, 전통과 현대가 공존하는 공간 등을 주제로 깊이 있는 탐구 활동을 설계할 필요가 있다.

학습자들이 마을에 대해 폭넓게 이해할 수 있도록 돕기 위해서는 관찰과 탐구 과정에서 자기 주도적 태도를 기를 기회를 제공해야 한다. 학습자들이 마을의 다양한 공간을 직접 탐방하고, 자신만의 질문을 설정하여 답을 찾아가는 프로젝트형 학습을 도입할 수 있다. 학습자들은 명소에만 국한되지 않고 마을 전체를 폭넓게 이해하는 능력을 키울 수 있다.

♣ 1-(5). 우리 마을, 세상의 선물 ♣

소단원 개관

다양한 구성원들이 함께 살아가면서 마을은 시간의 흐름과 함께 공간적으로 확장되고, 유·무형의 문화 자산을 축적하며 이를 공유한다. 역사의 과정에서 지역을 대표하는 인물이 배출되기도 하고, 자연적으로 형성된 지형과 지물에 이야기가 더해져 마을만의 독특한 특색을 갖춘 장소로 자리 잡는다. 역사적 사건이나 사회적 필요에 따라 마을이 겪는 내외부의 변화는 마을의 정체성을 잘 드러내는 상징적인 대상을 만들어 내기도 한다. 이러한 마을의 대표적인 대상을 알고 이를 공유하는 과정은 사회적 연대와 공동체 의식을 키우는 데 중요한 역할을 한다.

이 단원에서는 마을을 대표하는 유·무형의 문화유산, 인물, 장소, 대상을 탐구함으로써 마을의 형성과 변화 요인, 마을에 영향을 미친 주요 사건들을 파악할 수 있도록 한다. 기존의 유명하고 대표적인 대상을 조사하고 이해하는 것도 중요하지만, 이를 자신만의 관점으로 재해석하거나 새로운 대상을 발굴하는 경험을 통해 더욱 깊이 있는 학습을 할 수 있다. 학습자들이 마을의 자랑거리를 효과적으로 알리고 홍보할 수 있도록 참신하고 창의적인 아이디어와 전략을 수립하는 활동도 포함하여 마을의 가치를 새롭게 조명하도록 유도한다.

이 단원은 마을의 유명하고 대표적인 대상을 탐색하고, 그 자랑거리를 학습자가 자신만의 관점에서 탐구하고 선정하는 과정으로 구성하였다. 학습자는 마을의 자랑거리를 효과적으로 알리기 위한 홍보 계획과 전략, 방법을 수립하며, 이 과정에서 창의적이고 주체적인 탐구 경험을 쌓을 수 있다.

이 단원을 통해 학습자는 마을 곳곳에 숨겨진 자랑거리를 발굴하고 재해석하며, 관련 지식과 정보를 효과적으로 처리하는 능력을 기르게 된다. 학습자가 참신한 시각으로 자신만의 자랑거리를 선정하고, 이를 바탕으로 협업을 통해 결과물을 창출하는 능력을 키우고자 한다.

소단원 개요

학습목표		• 마을의 대표적인 유·무형 자원을 조사하여, 그 자원들의 역사적, 문화적 가치를 이해하고 설명할 수 있다. • 마을의 유·무형 자원을 바탕으로 효과적인 홍보 전략을 기획하고, 소개할 수 있다. • 마을의 유·무형 자원의 가치를 인식하고, 자원을 보호하고 홍보하는 것의 중요성을 이해하며 실천하는 태도를 기른다.
학습 요소		마을의 자랑거리
학습 핵심 역량		협력적 소통 역량, 지식정보처리 역량
성취기준 및 관련 교과	성취기준	[9마삶-01-05] 마을의 대표적인 유·무형의 자원을 탐색하고, 가치를 분석하여 이를 홍보할 수 있는 전략을 수립하고 소개한다.
	관련 교과	국어, 미술, 기술·가정
학습 내용	생각의 씨앗	마을의 유명인, 마을의 맛집
	배움의 뿌리	마을의 자랑거리
	탐구의 싹	우리 학급이 생각하는 마을의 자랑거리
	상상의 가지	마을 캐릭터 만들기, 마을 슬로건 만들기
	창의의 열매	마을의 자랑거리 홍보하기, 마을의 자랑거리 홍보 동영상 제작하기
	지혜의 수확	우리 마을을 빛내는 홍보물
	미래의 씨앗	마을의 고유한 가치를 담은 자랑거리

마을에는 유·무형의 다양한 자원과 유산이 분포해 있다. 어떤 자원은 보편적으로 어느 마을에서나 볼 수 있는 것이지만, 특정 마을에만 존재하는 독특한 자원도 있다. 마을의 유·무형 자원과 유산은 보편적이면서도 동시에 특수한 요소들을 포함하며, 때로는 특수한 자원이 시간이 지나며 보편성을 띠기도 한다. 이처럼 마을의 환경과 구성원 간의 상호작용으로 다양한 형태로 생성되고 변형되는 자원들은 마을의 사회적·역사적·문화적 맥락 속에서 중요한 의미를 지닌다.

마을의 유·무형 자원과 유산은 앞서 학습한 자연경관, 문화재, 명소 등이 대표적인 예이다. 전통적으로 마을 자원과 유산은 자연경관, 문화유산, 명소로 인식되었으며, 대부분 사람은 이러한 대상을 떠올리곤 한다. 그러나, 시간이 흐르면서 최근에는 전통 음식, 지역 인물, 마을만의 독특한 문화 등도 유·무형 자원과 유산으로 간주하는 경향이 늘어나고 있다.

정형화되고 규격화된 유·무형 자원과 유산에 대한 인식에서 벗어나 사람들이 관심을 가지고 참여하고자 하는 대상을 확장해 유·무형 자원과 유산으로 인식하는 것이 중요하다. 학습자들이 마을의 유·무형 자원과 유산을 꼼꼼히 학습하고 그 자랑거리를 활용하는 데 그치지 않고, 마을에 숨겨진 자원들을 찾아내고 그 자랑거리를 널리 알리는 활동의 토대를 마련할 수 있도록 사고의 폭을 넓혀주는 것이 필요하다.

마을의 유·무형 자원을 발견하고 널리 알리는 것은 과거를 보존하는 활동을 넘어 현재와 미래의 가치를 창출하는 주요한 과정이다. 학습자들이 이러한 자원에 담긴 의미를 이해하고, 그것을 바탕으로 마을공동체의 결속력과 정체성을 강화하는 방안을 고민해야 한다.

✎ **지역 출신의 유명인(연예인, 운동선수, 연구자, 방송인 등) 또는 주변에서 유명하다고 생각하는 사람을 선정하여 소개해 보세요.**

▶ 지역 출신의 유명인(연예인, 운동선수, 연구자, 방송인 등) 또는 주변에서 유명하다고 생각하는 사람을 선정하여 소개해 보세요.

마을의 유명인 소개

대중적으로 인지도나 인기가 높은 연예인에만 한정하지 않고, 학습자가 주관적으로 유명하다고 판단할 수 있도록 범위를 넓혀 자유롭게 생각을 펼칠 수 있게 해야 한다. 연예인, 방송인, 운동선수 등 널리 알려진 사람뿐만 아니라 주변에서 자신이 유명하다고 생각하는 인물을 소개하는 활동으로 가볍게 참여할 수 있는 활동이다.

'유명(有名)'이나 '자랑거리'라는 개념이 정제되고 매우 높은 차별성과 인지도를 가져야 한다는 생각 때문에 학습자들은 이 활동에 지나치게 엄격한 태도로 임할 수 있으며, 다른 사람이 제시한 것보다 더 높은 가치를 증명해야 한다고 느낄 수 있다. 그러나, 이 활동의 핵심은 기존의 대상을 학습하는 데 있지 않다. 오히려 학습자가 생각하는 '마을의 자랑거리'로서 의미를 지니는 대상을 찾아보는 것이 중요하다. 학습자가 자주 접하고 경험을 바탕으로 쉽게 떠올릴 수 있는 대상부터 탐색해 보는 것이 필요하다.

학습자들에게 익숙한 대상 중 하나는 마을의 음식이다. 음식의 맛은 주관적이기 때문에 학습자가 자신의 관점에서 접근하기 쉬우며, '맛집'이나 '음식'은 최근 높은 관심을 받는 키워드이기도 하다. 학습자들이 부담 없이 참여할 수 있는 주제로 음식은 자연스럽게 마을의 자랑거리로 연결될 수 있다.

'마을의 맛집'이라는 주제는 손쉽게 떠올리고 접할 수 있는 것인 동시에 학습자들의 경험, 가치관을 간접적으로 이해하고, 서로 의견을 교환하는 과정에서 학습자들이 자연스럽게 소통하고 공감대를 형성할 수 있다. 친숙한 주제를 통해 마을의 문화적, 사회적 가치를 깊이 있게 탐구할 계기가 된다.

✎ 자신이 생각하는 마을의 맛집을 선정해 봅시다.

| 내가 생각하는 우리 마을의 맛집: |
| 맛집 소개: |
| 맛집 메뉴: |
| 맛집 선정 이유: |
| 맛집 한 줄 소개: |

✎ 자신이 생각한 맛집을 토대로, 우리 모둠원이 선정한 맛집을 이야기해 봅시다.

모둠원:	모둠원:	모둠원:	모둠원:
맛집:	맛집:	맛집:	맛집:
선정 이유:	선정 이유:	선정 이유:	선정 이유:

마을의 맛집

마을의 자랑거리는 앞선 단원에서 자연경관, 문화재, 명소 등을 중심으로 전반적으로 살펴보았기 때문에 동일한 내용을 중복하여 제시하기에는 어려움이 있다. 자연경관, 문화재, 명소를 아울러 마을의 자랑거리로 다시 구성하는 것도 하나의 방법이 될 수 있지만, 학습 내용의 중복과 학습 동기 감소 등을 고려하여 이번 단원에서는 이러한 중복을 피하고, 새로운 관점에서 단원을 구성하였다.

앞서 다루지 않은 새로운 내용에 접근하면서 '배움의 뿌리' 단계에서는 마을의 자랑거리를 통해 마을의 특색을 학습할 수 있도록 한다. 자랑거리는 인물, 장소, 유적, 문화 등 매우 다양한 범주를 포함하며, 그 기준은 주관적이고 상대적일 수 있어 교과서에 모두 담기 어렵다. 교과서는 마을의 자랑거리라고 생각할 수 있는 다양한 사례들을 제공하고, 학습자는 이를 바탕으로 주체적인 시각에서 마을의 자랑거리를 탐색하고 선정하는 경험을 가질 필요가 있다.

✏️ **대전의 자랑거리**

▶ 성심당

대전의 자랑거리 중 하나로 가장 널리 알려진 곳은 성심당입니다. 성심당은 1956년 대전역 인근에서 작은 빵집으로 시작해, 지금은 전국적으로 유명한 빵집으로 성장했습니다. 성심당에서 가장 인기 있는 메뉴는 튀김소보로와 부추빵입니다. 특히 튀김소보로는 겉은 바삭하고 속은 부드러운 특유의 맛으로 대전 시민뿐만 아니라 전국적으로 많은 팬을 가지고 있습니다. 성심당은 맛뿐만 아니라, 지역 사회에 공헌하는 활동을 꾸준히 이어오며 대전의 상징적인 브랜드로 자리 잡고 있습니다.

⋮

▶ 대전의 전통 음식

대전은 특유의 칼국수로도 유명합니다. 특히 대전역 근처에는 다양한 칼국수 집이 밀집해 있어 '칼국수 골목'으로 불리기도 합니다. 대전의 칼국수는 쫄깃한 면발과 진한 국물로 많은 사람들에게 사랑받고 있으며, 이 지역을 찾는 이들에게는 꼭 한번 맛봐야 할 전통 음식 중 하나로 손꼽힙니다. 또한, 대전의 두부두루치기는 다른 지역에서는 쉽게 맛볼 수 없는 독특한 요리입니다.

두부를 두껍게 썰어 매콤한 양념에 볶아내는 이 요리는 식감이 부드러우면서도 매콤한 맛이 일품으로, 대전을 찾는 미식가들에게 큰 인기를 얻고 있습니다.

⋮

‘배움의 뿌리’ 부분 내용

 ## 탐구의 싹

　이 단원의 ‘배움의 뿌리’ 단계에서는 마을의 자랑거리를 학습할 때 반드시 알아야 하는 내용을 다루기보다는 몇 가지 예시를 제시하는 데 중점을 두었다. 이 단원에서는 학습자가 자신이 살고 있는 마을의 특색과 가치를 주체적인 관점에서 탐색하도록 유도하는 것이 핵심이다. 일괄적으로 정해진 자랑거리를 배우는 것이 아니라 각 학습자가 경험하고 느낀 마을의 고유한 자원을 스스로 발견하고, 이를 공유할 수 있도록 한다. 학습자들은 자신의 생활 터전을 더 깊이 이해하고 애착을 형성할 수 있게 된다.

　‘탐구의 싹’에서는 학습자 스스로가 생각하는 마을의 자랑거리를 생각하고 도출해 보며, 모둠원이 함께 마을의 자랑거리를 정리하여 카드 뉴스 형태로 만들어 보거나 교육 정보 기술의 온라인 협업플랫폼을 활용하여 학급 전체가 마을의 자랑거리를 소개하고 공유하는 활동을 같이해볼 수 있다.

✎ **자신이 생각하는 마을의 자랑거리를 선정하여 소개해 봅시다.**

내가 생각하는 우리 마을의 자랑거리:

우리 마을의 자랑인 이유:

내가 생각하는 우리 마을 자랑거리를 한눈에 알아보게 그림으로 표현해 보세요.

우리 마을 자랑거리에 관한 정보 및 소개:

✎ 자신의 의견을 바탕으로 우리 모둠이 생각하는 '마을의 자랑거리'를 1개 선정하여 온라인 협업 플랫폼에 카드 뉴스의 형태로 게시해 봅시다.

✎ 다른 모둠이 게시한 '마을의 자랑거리'를 살펴보면서, 댓글과 평점을 남겨 봅시다.

우리 학급이 생각하는 마을의 자랑거리

🌱 상상의 가지

이전의 '탐구의 싹' 단계에서는 학습자 개인의 탐구가 모둠 활동으로 이어지고, 나아가 학급 전체가 마을의 자랑거리를 공유하는 과정이 이루어졌다. 이 활동을 통해 학습자들은 다양한 시각에서 마을의 자랑거리를 이해하며, 이전에는 인식하지 못했던 대상을 새롭게 발견하는 계기가 된다. 마을의 자랑거리는 무궁무진한 대상을 포함할 수 있으므로 각 학습자가 그 대상을 선정하는 이유도 매우 다양하다. 이러한 다양성은 마을의 정체성을 종합적으로 이해하는 데 큰 도움이 되며, 마을 곳곳에 숨겨진 유·무형의 자원과 유산을 찾아내고 알릴 수 있는 첫 시작이 되기도 한다.

학습자가 마을의 자랑거리를 스스로 탐색하고, 다른 학습자가 생각하는 자랑거리를 받아들이고 공유하는 과정을 '탐구의 싹' 단계에서 진행했다면, '상상의 가지' 단계에서는 자신의 주체적인 관점과 주도적인 태도를 형성하는 것이 핵심이다. 이를 바탕으로 학습자는 자신이 자랑거리로 여기는 대상을 선정하고, 그 대상이 가진 가치와 특징을 설명할 수 있는 능력을 기르는 데 중점을 둔다. 학습자의 생각을 글이나 말로 표현하는 것이 가장 효율적이고 적합하지만 마을의 자랑거리를 캐릭터로 표현하거나 캐릭터화가 어려운 경우에는 배지를 디자인해 보는 활동을 통해 학습자의 부담을 줄일 수 있다. 학습자는 더 창의적인 방식으로 자신이 탐구한 자랑거리를 표현할 수 있으며, 학습 과정에 대한 흥미를 높일 수 있다.

✎ **자신이 생각하는 마을의 자랑거리를 바탕으로 마을의 캐릭터를 만들어 봅시다.**

내가 생각하는 마을 자랑거리의 고유한 특성이나 특징을 생각하고 써보세요.

어떻게 표현하고 싶은지 특징, 장점, 활용할 동물 등에 대해 생각하고 써보세요.

내가 생각하는 마을의 캐릭터를 그림으로 표현해 보세요.

캐릭터의 이름과 소개하는 글:

마을 캐릭터 만들기

학습자가 마을의 캐릭터를 구상하고 실제로 디자인해 보는 것은 마을의 대표성을 지닌 대상을 창의적으로 만들어 내는 데 중요한 의미가 있다. 만약, 학습자가 만든 캐릭터가 프로젝트를 통해 지역의 공식 캐릭터로 선정되고 널리 알려지게 된다면, 이는 학습자에게 큰 의미가 있는 활동이 될 수 있다. 그림으로 표현하는 것에 흥미를 느끼지 못하거나 다소 어려운 점이 있는 학습자들에게는 도시나 지역의 슬로건을 이해하고, 직접 만들어 보는 활동이 이를 보완하는 좋은 대안이 될 수 있다. 외국의 유명 도시나 우리나라 대부분의 지방자치단체에는 그 지역을 대표하는 슬로건이 있다. 슬로건은 주민들에게 직관적으로 마을을 알리고 홍보하는 데 큰 효과를 발휘하며, 마을의 이미지를 각인시키는 데 중요한 역할을 한다.

학습자가 이러한 슬로건을 만들어 보는 것은 막연히 짧은 문구를 만드는 것처럼 보일 수 있지만 마을의 특징과 장점, 대표적인 자랑거리와 정체성을 짧은 글귀에 함축적으로 담아내는 복합적인 작업이다. 이는 마을을 잘 알고 깊이 이해해야만 가능한 시도이며, 그만큼 마을에 대한 종합적인 인식이 바탕이 되어야 한다.

✎ **다음의 예를 참고하여, 마을의 슬로건을 만들어 봅시다.**

주요 도시 슬로건 예시	마을 슬로건 예시
• 슬로건: Dynamic Busan부산의 역동성과 활력 넘치는 이미지를 표현하며, 항구도시로서 활기찬 분위기와 성장 가능성을 나타냄 • 슬로건: All Ways Incheon인천이 여러 길을 통해 세계로 나아가는 관문임을 나타내며, 인천국제공항을 포함한 글로벌 도시로서 역할을 강조	• 살기 좋은 마을, 함께하는 행복마을의 공동체 정신과 협력을 강조하며, 살기 좋은 환경을 조성하자는 의미를 담고 있음 • 우리 마을, 모두의 행복마을의 주민들이 함께 행복을 추구하고, 공동체의 가치를 소중히 여기자는뜻을 담고 있음

▶ 마을의 특징, 장점, 자랑거리를 떠올려 보세요.

▶ 마을의 정체성과 특색을 잘 나타낼 수 있는 짧고 인상적인 슬로건을 만들어 보세요.

▶ 슬로건에 담긴 의미를 작성하고, 짝과 함께 이야기 나눠 보세요.

마을 슬로건 만들기

학습자들이 마을의 자랑거리를 함께 알고 공유하는 것만으로도 마을에 대한 이해를 충분히 넓힐 수 있다. 마을의 자랑거리를 조사하는 데 그치지 않고, 이를 알리는 활동을 통해 창의적으로 표현할 기회를 얻게 되며, 마을을 홍보하는 과정에서 지역사회의 일원으로서 책임감도 느낄 수 있다. 독창적이고 개성 있는 방법으로 마을의 자랑거리와 전반적인 특색을 알릴 수 있을 뿐만 아니라 그 과정에서 다양한 역할을 나누고 협력하며 소통 능력을 키울 수 있다. 마을에 대한 이해와 애착이 깊어지고, 개인과 공동체 간의 돈독한 관계도 형성할 수 있다.

마을의 자랑거리를 알리고 홍보하는 방법을 일괄적으로 통일하기보다는 학습자들이 모둠별로 협의하여 방법을 선정하여 마을을 알리는 자료를 만들 수 있도록 한다.

✎ 다양한 매체를 활용하여 마을을 알리고 홍보해 봅시다.

▶ 아래의 매체 중에서 하나를 선택하여 모둠원이 마을을 알리는 자료를 만들어 보세요.

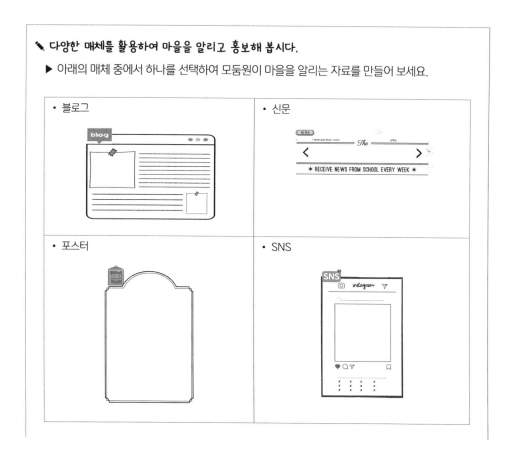

▶ 매체의 특성을 고려하여 매체에 맞는 홍보 전략과 방법을 수립해 보세요.

• 선택한 매체:

• 매체를 선택한 이유:

• 매체를 활용한 홍보 방법:

• 매체를 활용한 주요 홍보 전략:

마을의 자랑거리 홍보하기

다양한 매체 중에서 학습자 세대에게 가장 익숙한 것은 영상 매체이다. 이에 따라 모둠원들이 함께 마을의 자랑거리 중 하나를 선택해 이를 인상적이고 효과적으로 소개하는 동영상을 제작해 보는 활동을 진행할 수 있다.

✎ **다음의 내용을 참고하여 동영상을 제작할 수 있다.**

▶ 동영상 관련 용어를 이해해 보세요.
– 줌인(Zoom in): 카메라가 피사체에 가까워지는 효과로, 특정 장면이나 인물에 집중하고 싶을 때 사용. 예를 들어, 마을의 자랑거리를 강조하거나 중요한 부분을 부각할 때 줌인을 사용합니다.
– 줌아웃(Zoom Out): 카메라가 피사체에서 멀어지는 효과로, 전체적인 배경이나 넓은 풍경을 보여주고 싶을 때 사용. 마을의 전경이나 넓은 장소를 소개할 때 줌아웃을 사용합니다.
– 패닝(Panning): 카메라를 좌우로 움직이며 촬영하는 기법으로, 넓은 공간을 한 번에 보여주거나, 장소 이동을 표현할 때 유용합니다. 마을 곳곳을 연결해서 보여줄 때 효과적입니다.
– 틸트(Tilt): 카메라를 상하로 움직이는 기법으로, 건물이나 높은 구조물을 강조하고 싶을 때 사용합니다. 예를 들어, 마을의 상징적인 건물을 촬영할 때 틸트 기법을 사용합니다.
– 컷 편집(Cut Editing): 장면과 장면 사이를 자연스럽게 연결하는 편집 기법으로, 장면 전환이 자연스럽게 이루어지도록 도와줍니다.

▶ 모둠원과 동영상 만들기 계획을 수립해 보세요.

모둠원 역할 나누기:
주제 선정:

선택한 주제에 관한 설명:
스토리보드(영상의 흐름을 짧게 그림이나 그림으로 표현하기)
촬영 계획 세우기(장소, 촬영 기법 등)
촬영 준비물:
편집(장면별 자연스러운 연결, 음악이나 자막 등)

마을의 자랑거리 홍보 동영상 제작하기

🌰 지혜의 수확

마을의 자랑거리를 알리고 홍보하는 활동은 '자랑거리'라는 포괄적인 주제를 통해 학습자들이 열린 마음으로 참여할 수 있는 기회를 제공한다. 자랑거리가 비록 사소한 것일지라도, 이는 학습자가 마을을 이해하는 데 키워드로 작용할 수 있다. 학습자들이 전문적인 홍보 전문가나 안내자가 아니더라도 수업 시간을 통해 홍보라는 개념을 한 번쯤 이해하는 시간을 가질 수 있다. 앞선 활동에서는 주로 매체를 활용해 마을을 알리고 홍보하는 것에 중점을 두었다면 '지혜의 수확'에서는 홍보물을 실제로 제작해 보고, 이를 전달한다는 상황을 가정하여 활동과 평가를 진행할 수 있다.

학년군	중 1~3학년군	교과	기술·가정	영역(내용)	지속 가능한 기술과 융합
평가 명	우리 마을을 빛내는 홍보물 (마을 홍보 LED 등 만들기)				
관련 성취 기준	[9기가04-04] 전기 · 전자 부품의 종류와 기능을 이해하고 기능에 맞는 부품을 선택하여 문제를 해결하기 위한 간단한 회로를 구성하고 제작 및 평가한다.				
핵심 역량	기술학적 지식, 기술적 실천				
평가 목적	전기·전자 부품의 종류와 기능을 학습하고 마을을 홍보하는 LED 등 제작을 통해 마을의 상징적 요소를 표현함				
평가 설명	전기·전자 부품을 이해한 후, 마을을 상징하는 홍보 LED 등을 설계하고 제작. 부품을 적절히 선택하여 간단한 전기 회로를 구성하고, 마을을 홍보하는 메시지나 이미지를 LED 등을 통해 표현함				
평가 과정	① 전기·전자 부품 이해 및 조사 ② 회로 설계 및 계획 수립 ③ 회로 구성 및 제작 ④ 홍보 LED 등의 디자인 완성				
평가 요소	전기·전자 부품 이해	• 각 전기·전자 부품의 종류와 기능을 적절히 이해하고 설명할 수 있는가? • 부품 선택이 회로 설계 및 문제 해결에 적합하게 이루어졌는가?			
	회로 설계 및 구현	• 회로 설계가 논리적이고 간단한 형식으로 적절히 구성되었는가? • LED 등에서 정상적으로 회로가 작동하고, 회로 구성 중 문제를 해결하는 데 성공했는가?			
	창의성 및 마을 홍보 연계성	• LED 등 디자인과 회로 설계에서 창의성이 돋보였는가? • LED 등에서 마을의 상징성이나 홍보 메시지가 잘 드러나며, 디자인이 이를 적절히 표현하고 있는가?			
평가 피드백	상	전기·전자 부품의 기능을 매우 잘 이해하고, 적절한 부품을 선택하여 회로를 설계·구현하여 회로가 완벽하게 작동하며, 창의적인 디자인을 통해 마을의 상징성을 효과적으로 표현함			
	중	전기·전자 부품의 기능을 잘 이해하고, 적절한 부품 선택으로 회로를 설계하여 회로가 정상적으로 작동하며, 마을 홍보와 연계한 창의적 디자인이 잘 드러남			
	하	전기·전자 부품의 기능을 기본적으로 이해하고, 부품 선택과 회로 설계를 잘 수행하여 회로가 대체로 정상적으로 작동하였으며, 마을 홍보 메시지가 잘 표현됨			

마을의 자랑거리는 시간의 흐름, 가치관의 변화, 다양한 관점에 따라 달라질 수 있다. 마을 구성원들이 무엇을 자랑거리로 여기는지 파악하는 것도 중요하지만 그것이 왜 자랑거리로 평가받는지에 대한 이유와 변하지 않는 자랑거리가 지닌 특징을 탐구하는 일도 필요하다. 오랜 시간 동안 유지되어 온 전통이나 자연환경, 문화 등은 마을의 정체성을 나타내는 중요한 요소로 작용하며, 세대와 문화를 초월해 공감대를 형성하는 힘을 지닌다.

자랑거리에 담긴 마을의 고유한 가치관과 지향점을 깊이 이해하고, 그것이 단순한 자랑을 넘어 마을을 대표하고 알리는 상징으로 발전할 가능성을 탐색해야 한다. 이를 위해 마을의 자랑거리가 다른 지역과 차별화되는 점을 분석하고, 그것이 지역 사회와 더 넓은 공동체에서 어떤 영향을 미칠 수 있는지 구체적으로 탐구할 필요가 있다. 이 과정은 마을의 정체성을 강화하고, 외부와의 연결 고리를 확대하는 데 기여할 수 있다.

◆ 2. 우리 마을에서 피어나는 나의 자리 ◆

이 대단원에서는 '마을의 삶과 앎' 교육과정에서 '마을을 통한 역할과 참여' 영역을 구체화하여 제시하였으며, 마을 내에서 학습자의 역할과 참여에 관한 내용으로 학습자가 탐구할 수 있도록 구성하였다.

▎대단원 개관

이 단원에서는 마을공동체의 구성원으로서 각자의 역할과 책임을 이해하고, 공동체에 적극적으로 참가하며 소임을 수행하는 것의 중요성을 인식하도록 한다. 또한, 마을이 직면한 문제를 해결하기 위해 구성원 간의 상호 협력을 통해 공동의 해결 방안을 모색하는 과정을 통해, 구성원으로서의 성장을 촉진하도록 한다.

마을은 소속감과 공동체 의식을 바탕으로 형성된 생활 공동체이자 다양한 사회적 활동이 이루어지는 공간이다. 학습자가 자신의 역할과 책임을 이해하고 이를 실천하는 것은 공동체의 유지와 발전의 토대가 된다. 마을 속에서 자신과 공동체의 관계를 인식하며, 내적으로는 자기의 내면에 귀 기울여 자아를 탐색하고, 외적으로는 자신의 역할을 고민함으로써 민주시민으로서의 책임감을 기를 수 있다.

마을은 많은 사람들이 함께 살아가는 공간인 만큼 문제와 갈등이 발생하기 마련이다. 그러나, 이러한 문제는 항상 부정적인 결과만을 초래하는 것이 아니라 합리적인 해결 방안과 실천을 통해 마을의 발전과 구성원 간의 결속을 강화하는 긍정적인 역할을 할 수 있다. 마을의 문제를 인식하고 이를 해결하기 위한 협력과 창의적인 아이디어 소통은 마을 발전과 주민 삶의 질 향상에 기여하며, 소속감과 연대감을 높이는 데 중요한 역할을 한다.

마을 축제와 마을 여행은 공동체의 정체성, 의식, 전통, 역사를 이해하는 단초가 된다. 축제와 여행을 일회적으로 경험하는 것에서 나아가 학습자의 시각에서 재구성하고 창작해 보는 과정은 마을의 자원과 특성을 더욱 깊이 있게 탐구할 수 있는 기회가 된다.

위의 내용을 종합하면, 마을을 통한 참여와 역할을 다룬 단원에서는 '우리 마을에서 나는 누구일까?', '우리 마을의 문제는 어떻게 해결할까?', '우리 마을의 수호천사는 누구일까?', '우리 마을의 축제를 어떻게 만들어 볼까?', '우리 마을의 어떤 공정여행을 만들어 볼까?'라는 핵심 질문을 중심으로 정리할 수 있다. 이 질문을 중심으로 다음과 같이 세부 단원을 구성하였으며 각각 학습 요소와 핵심 역량은 다음과 같다.

소단원 명	학습 요소 (핵심 역량)
(1) 우리 마을 속 나만의 빛	사회적 역할과 자아정체성 (자기관리 역량, 공도체 역량)
(2) 함께 만드는 우리 마을의 내일	공동체와 공동체 문제 (지식정보처리 역량, 공동체 역량)
(3) 우리 마을의 영웅을 찾아서	마을 구성원과 공존 (공동체 역량, 창의적 사고 역량)
(4) 우리 마을 축제, 상상과 현실을 잇다	마을의 문화유산과 축제 (심미적 감수성 역량, 창의적 사고 역량)
(5) 우리 마을 공정여행, 감동의 여정	마을 관광자원과 공정여행 (자기관리 역량, 공동체 역량)

♣ 2-(1). 우리 마을 속 나만의 빛 ♣

소단원 개관

사람은 각기 다른 환경 속에서 자라며 다양한 정체성을 형성하게 되고, 이러한 정체성은 자신이 누구인지를 알고 이를 타인에게 드러내는 것이다. 정체성 형성은 내면적인 인식과 이해뿐만 아니라 공동체 내에서의 경험과 타인과의 관계에서도 영향을 받는다. 자신을 단편적으로 이해하는 것이 아니라 공동체 속에서 자기 자신을 탐구하고 성찰하는 과정은 개인의 가치와 신념을 형성하는 데 중요한 역할을 한다. 공동체 안에서 자신의 위치, 능력, 가치관을 인식함으로써 공동체 의식, 사회적 책임, 그리고 수행이 가능한 역할을 명확히 설정할 수 있다. 공동체와 개인 간의 긍정적인 상호작용을 통해 자신의 역할과 자아정체성은 더욱 견고해질 수 있다.

이 단원에서는 공동체 내에서의 소통과 상호작용이 자아정체성 형성에 중추적인 역할임을 이해하고, 긍정적인 자아정체성과 공동체 의식을 확립할 수 있도록 한다. 공동체 내에서 자신의 지위와 역할을 이해하고, 그 역할을 책임 있게 수행하며 참여하는 자세를 기르도록 한다. 마을에 기여할 수 있는 방법을 탐색하고, 계획을 수립하여 이를 실천함으로써 책임감 있는 구성원으로 성장할 수 있도록 한다.

이 단원은 자기 내면에 귀를 기울여 진정한 '나'를 탐색하고, 공동체 내에서의 역할과 책임, 공동체 의식을 살펴보며 경험하는 과정을 통해 구성원들과 소통하고 상호작용하는 법을 배우며, 마을 구성원으로서 성장하며, 마을을 위해 실천할 수 있는 자원봉사나 사회 참여 활동을 기획하고 실천할 수 있도록 구성하였다.

이 단원을 통해 공동체 구성원으로서 올바른 자아정체성과 책임감을 인식하고, 공동체의 발전을 위해 자발적으로 실천하며 성찰하는 자기 주도적 능력을 함양하는 데 중점을 둔다.

소단원 개요

학습목표		• 마을공동체 내에서 개인과 공동체 간의 상호작용 방식을 이해하고, 그 과정에서 형성되는 사회적 역할과 자아정체성을 설명할 수 있다. • 마을공동체에서 자신이 수행할 수 있는 사회적 역할을 분석하고, 그 역할에 따라 마을을 위한 활동을 계획하고 실행할 수 있다. • 공동체 내에서 자신의 역할을 인식하고, 공동체와의 상호작용을 통해 자아정체성을 발전시키려는 태도를 기른다.
학습 요소		사회적 역할과 자아정체성
학습 핵심 역량		자기 관리 역량, 공동체 역량
성취기준 및 관련 교과	성취기준	[9마삶-02-01] 마을공동체에서 개인과 공동체의 상호작용을 이해하고, 이에 기반한 사회적 역할과 자아정체성을 탐구한다.
	관련 교과	사회, 도덕
학습 내용	생각의 씨앗	'나'에 관해 탐색하기
	배움의 뿌리	사회화와 지위, 역할
	탐구의 싹	마을 속 '나'의 지위와 역할, 마을을 위한 7가지 약속
	상상의 가지	마을 구성원 이해를 위한 역할극, 갈등 사례 해결을 위한 역할극
	창의의 열매	마을에 기여할 수 있는 창의적인 활동

학 습 내 용	지혜의 수확	마을 속 나, 나의 자서전
	미래의 씨앗	마을을 위한 지속적인 실천

생각의 씨앗

사람은 혼자서 존재할 수 없으며, 집단과 사회 속에서 함께 살아가는 존재이다. 공동체의 구성원으로서 자신이 누구인지 자각하고, 사회에서 자신의 역할과 책임을 알고 참여하는 것은 현대를 살아가는 시민으로서 반드시 갖추어야 할 자세이다. 사회 구성원으로서 역할과 책임을 이해하기 위해서는 먼저 공동체와의 상호작용 속에서 자신의 역할과 책임을 명확하게 인식해야 한다.

이 소단원의 주요 목표는 학습자가 마을 구성원으로서 자신의 사회적 지위와 역할을 이해하고 실천하는 것이다. 이와 함께 무엇보다 중요한 것은 학습자가 스스로 생각하고 이해하는 과정을 통해 '나'를 이해하는 것은 이 단원의 기본이다.

'생각의 씨앗'에서는 학습자 자신에게 초점을 맞춘 탐색 활동을 진행할 수 있다. 물론, 짧은 수업을 통해서 자아정체성 전체를 탐색하고 확립하기 위한 토대를 마련하기에는 어려우므로 자아정체성이 관련된 과목인 도덕, 진로, 기술·가정과 함께 연계하여 진행할 수 있다.

✎ 다음 질문을 꼼꼼히 읽으며, 자기에 관하여 생각하며 답해 봅시다.

▶ 나의 특징 탐색하기
  - 나의 외적인 특징은 무엇인가요?
  - 내가 생각하는 나의 성격과 내면의 특징은 무엇인가요?
  - 나는 어떤 상황에서 나의 장점이 발휘되나요?

▶ 나의 가치관 이해하기
  - 나에게 가장 중요한 5가지 가치는 무엇인가요?
  - 그 가치를 중요하게 생각하는 이유는 무엇인가요?
  - 내 삶의 결정에서 이 가치는 어떻게 나타나나요?

▶ 나의 감정 탐색하기
  - 최근 내가 느낀 감정 중 기억에 남는 3가지는 무엇인가요?
  - 그 감정을 느낀 상황은 어떤 상황이었나요?
  - 그 감정을 더 잘 조절하거나 표현하기 위해 나는 어떤 노력을 할 수 있나요?

⋮

'나'에 관해 탐색하기

🌱 배움의 뿌리

사회, 도덕, 기술·가정, 진로 과목에서는 자아정체성, 사회화, 지위와 역할에 관한 내용을 폭넓게 다루고 있다. 학습자가 스스로에 관해 이해하고, 자신의 지위와 역할을 인식하며 사회 구성원으로 성장하는 과정은 교육의 목표와 맞닿아 있다. 가정, 학교, 지역 사회로 활동 범위가 확장됨에 따라 그에 따른 역할과 책임이 요구되며, 마을 구성원으로서 참여하고 수행할 수 있는 활동 또한 다양해진다.

'배움의 뿌리' 단계에서는 각 과목에서 다룬 사회화, 자아정체성, 지위와 역할을 이해하고, 마을 속에서 학습자로서의 위치와 필요한 역할, 자질을 학습할 수 있도록 구성하였다.

✎ 다음의 내용을 읽고, 자신의 지위와 역할, 자아정체성에 관해서 생각해 봅시다.

▶ 사회화

사회화는 개인이 사회의 일원으로 성장하는 과정에서 사회의 규범, 가치, 관습 등을 내면화하고, 사회 속에서 자신의 위치와 역할을 학습하는 과정을 말한다. 이는 단순히 개인이 사회에 적응하는 것에 그치지 않고, 자신의 정체성을 형성하고 사회적 관계를 구축하는 데 중요한 역할을 합니다. 사회화는 인간의 생애 전반에 걸쳐 이루어지며, 특히 유년기에서 청소년기에 이르는 시기에 가장 강력하게 나타낸다. 이 시기에는 가족, 학교, 친구, 미디어 등 사회적 기관이 사회화의 중요한 역할을 한다.

▶ 지위와 역할

지위는 사회에서 개인이 차지하는 위치나 자리, 즉 사회적 위치를 의미한다. 이는 개'마을을 위한 7가지 약속'의 예인이 속한 사회적 구조 내에서 다른 사람들과 구별되는 특정한 위치를 나타내며, 지위는 크게 두 가지로 나눌 수 있다.

– 귀속 지위 (Ascribed Status): 개인의 능력이나 노력과 관계없이, 태어나면서부터 주어지는 지위이다. 예를 들어, 성별, 인종, 가족의 배경 등이 귀속 지위에 속하며, 개인이 선택할 수 없으며, 사회적 위치에 자연스럽게 부여된다.

– 성취 지위 (Achieved Status): 개인의 노력과 능력에 의해 얻어진 지위이며, 학업 성취나 직업, 사회적 지위 등이 성취 지위에 속하며, 개인의 노력과 성취에 따라 사회에서 인정받는 위치를 의미한다.

⋮

'배움의 뿌리' 내용 부분

🌱 탐구의 싹

마을 내에서 학습자가 자신의 지위와 역할을 탐색해 보는 것은 자신이 속한 위치와 역할을 더 깊이 이해하고, 마을공동체에서 책임과 기여 방안을 모색할 수 있는 기회를 제공한다. 지위와 역할을 탐색하는 과정은 다양한 맥락과 상호작용 속에서 이루어진다. 학습자가 가정, 학교, 지역 사회 등에서 자신이 맡고 있는 지위를 이해하고 그에 따른 역할을 인식하는 것은 매우 의미 있는 일이다. 이러한 인식은 일정한 시간과 노력을 기울이지 않으면 어렵게 느껴질 수 있다. 사회 속에서 자신의 지위와 역할을 성찰할 기회는 특별한 사건이나 경험이 있을 때 찾아오기도 하지만, 그렇지 않으면 귀속 지위에 머무를 수 있다. 이러한 활동을 통해 체계적인 질문을 떠올리고 답해 보며, 자신의 지위와 역할을 깊이 생각해 보는 경험은 학습자에게 중요한 성찰의 기회가 될 수 있다.

✎ **다음 질문을 꼼꼼히 읽으며, 자기의 지위와 역할에 관해 생각해 봅시다.**

▶ 내가 현재 마을에서 맡고 있는 역할은 무엇인가?

▶ 나는 마을에서 어떤 위치를 차지하고 있는가? (예: 학생, 청년, 주민 등)

▶ 내가 속한 가족, 학교, 친구 관계에서 나의 역할은 무엇인가?

▶ 마을의 다른 구성원들과 나는 어떤 관계를 맺고 있는가?

▶ 마을에서 다른 사람들과의 관계 속에서 나는 어떤 역할을 하고 있는가?

▶ 내가 하는 역할이 다른 마을 구성원들에게 어떤 도움을 줄 수 있을까?

▶ 마을의 발전을 위해 나는 어떤 기여할 수 있는가?

▶ 마을에서 내가 할 수 있는 봉사 활동이나 참여 활동은 무엇인가?

▶ 마을 행사나 공동체 활동에 적극적으로 참여한 적이 있는가? 그 경험은 어땠는가?

⋮

마을 속 '나'의 지위와 역할 탐구하기

학습자가 마을 내에서 자신의 지위와 역할을 탐구한 후, 이제는 마을공동체 내에서 어떤 책임 있는 임무를 수행할지 고민해 보고, 공동체의 일원으로서 마을 발전에 기여할 수 있는 구체적인 실천 목표와 약속을 세워 협동심과 책임감을 높일 수 있다. 모둠별로 사회 구성원으로서 실천할 수 있는 목표를 설정하거나 모둠원들이 제안한 목표와 약속을 협의하여 공동으로 실천할 수 있다. 실천 과정에서 평가와 피드백을 통해 지속적인 활동으로 이어지는 것이 이상적이지만 현실적으로 모둠이나 학급 전체가 공동으로 실천하기 어려운 경우도 있을 수 있다. 실천 자체가 어렵더라도 공동 목표와 약속을 설정하는 것만으로도 의미가 있으므로 구성원의 생각과 의지가 반영된 목표와 진솔한 약속을 세우도록 지도해야 한다.

✎ **마을을 위한 책임 있는 역할과 자세를 생각하며 다음 내용을 작성해 봅시다.**

▶ 내가 생각하는 마을에서의 책임 있는 역할이란?

▶ 내가 실천할 수 있는 마을을 위한 행동은 무엇일까?

✎ **모둠원과 함께 마을을 위한 책임 있는 자세와 역할에 관해 협의하여 '마을을 위한 7가지 약속'을 작성해 봅시다.**

• '마을을 위한 7가지 약속'이란?

'마을을 위한 7가지 약속'은 마을을 위해서 실천할 수 있는 목표(약속)를 7가지 설정하고,다함께 실천해 보는 의미 있는 활동

• '마을을 위한 7가지 약속'에 담을 가치는?

상호 존중, 공익 우선, 협력적 의사결정, 배려와 소통, 자원 관리, 사회적 기여, 미래 세대 등을 고려하여 약속에 이들을 위한 가치를 담아 봄

• '마을을 위한 7가지 약속'의 예

하나, 환경을 해치는 모든 행동을 삼간다.
둘, 마을의 자원은 소중히 관리하고 절약한다.
셋, 청결한 마을을 유지하기 위해 자발적으로 청소 활동에 참여한다.

⋮

• 우리 모둠의 '마을을 위한 7가지 약속'

마을을 위한 7가지 약속

🌱 상상의 가지

'나'와 마을 속에서의 지위와 역할을 이해하고, 마을을 위해 실천할 수 있는 역할을 탐구하는 것이 이 단원의 궁극적인 목표는 아니다. 이 단원은 '나'의 이해를 확장하여 다른 구성원의 처지를 이해하고 그들의 시각에서 마을을 바라보는 과정을 통해 이후 소단원에서 다룰 마을의 영웅이나 수호천사를 찾아보는 활동의 기초를 마련하는 데 중점을 둔다. '나'에 대한 성찰을 바탕으로 다른 구성원을 이해하는 것은 사회를 바라보는 시야를 넓히는 중요한 과정이다.

'상상의 가지'에서는 역지사지(易地思之)를 통해 나뿐만 아니라 마을을 이루는 다양한 구성원의 상황에서 마을을 바라보고 생각함으로써 마을이라는 공간을 다각적으로 접근할 수 있다. 학습자는 창의적이고 협력적으로 마을을 만들어가는 가치를 간접적으로 체험할 수 있다.

구체적인 수업 활동은 우선, 마을에 있는 구성원을 탐색하고, 선정하여 해당 인물의 직업, 일상, 마을에서의 중요성, 마을 구성원들과의 관계를 조사한다. 조사 결과를 바탕으로 각자 구성원 1명을 선택하여 역할에 맞는 대본을 작성하고, 역할극을 수행한다. 역할극은 3~4명으로 구성된 모둠 또는 2개의 모둠을 하나로 합쳐서 7~8명으로 구성하도록 한다.

마을 구성원을 이해하고 탐구하는 성격의 역할극은 학습자의 흥미를 유발하고 협력을 끌어내는 활동이다. 그러나, 무엇보다 중요한 것은 마을 주변 이웃을 세심히 관찰하고 이해함으로써 마을 구성원을 통해 '나'를 새롭게 발견하는 과정이다. 일상에서 쉽게 간과했던 대상을 이해하며, '마을 속 나'의 모습이 어떤지 깊이 고민하고 알아가는 데 초점을 맞추는 활동이다.

✎ **모둠원과 함께 역할극을 계획하여 수행해 봅시다.**

▶ 역할 선정 및 조사(마을 구성원 중 1명을 선택하여 직업 및 일상적 활동 조사)

〈배역(역할) 예시〉
이장, 상인, 교사, 자원봉사자, 어르신, 청년, 경찰관, 의료인, 환경운동가, 주민, 소방관, 공무원 등 ※ 이외의 역할도 생각하여 설정할 수 있음

– 그 구성원의 직업적 역할:

– 마을에서 차지하는 사회적 위치와 책임:

– 다른 구성원들과의 관계 및 상호작용:

– 그들의 고민이나 마을에 대한 기여도:

▶ 상황 설정(마을 내에서 일어날 수 있는 실제 상황을 설정)

〈상황 예시〉
반상회(공공 문제), 새로운 정책에 관한 협의, 마을 행사에 관한 협의, 마을 청소년 문제 등 ※ 이외의 역할도 생각하여 설정할 수 있음

– 우리 모둠이 설정한 상황:

▶ 대본 작성(역할에 맞는 대본을 같이 작성)

〈대본 작성 시 고려사항〉
인물의 말투와 행동을 반영하여 캐릭터를 구체적으로 설정함
대사 안에는 마을의 문제, 그 구성원의 입장에서의 해결 방안을 담음

– 자신의 역할:

– 역할의 특징 설정:

〈대본〉

▶ 모둠별 발표 및 평가

모둠 명: 상황: 평점: ☆☆☆☆☆	모둠 명: 상황: 평점: ☆☆☆☆☆	모둠 명: 상황: 평점: ☆☆☆☆☆

▶느낀점

마을 구성원 이해를 위한 역할극

다수의 인원이 함께 참여하는 역할극을 통해 지위와 역할을 이해하고, 창의적으로 문제를 해결하며 협력하는 과정을 통해 공동체 의식을 강화할 수 있다. 만약, 다수의 인원이 참여하기 어렵다면 일상에서 경험하는 역할 갈등이나 배려와 소통의 부족으로 발생하는 갈등을 주제로 짝과 함께 짧은 역할극을 진행해 보는 것도 좋은 방법이다. 학습자는 부담 없이 마을 구성원으로서 갖추어야 할 자질과 태도를 자연스럽게 익힐 수 있다.

✏️ 갈등 상황 중 하나를 선정하여 짝과 함께 역할극을 수행해 봅시다.

〈갈등 사례〉
층간 소음 문제, 쓰레기 무단 투기, 장애인 주차구역 무단 주차, 주차 공간 갈등, 세탁기·청소기 사용 시간에 따른 소음, 공용 공간 사적 사용, 반려동물 관련 갈등, 실내 흡연, 공용 화단·텃밭 사적 사용, 공공장소 소란, 음식물 쓰레기 방치 등

▶ 설정한 사례:

▶ 역할: /

▶ 갈등 해결을 위해 필요한 가치와 자세:

▶ 역할극을 통해 느낀 점:

갈등 사례 해결을 위한 역할극

앞서 '탐구의 싹' 단계에서 다룬 '마을을 위한 7가지 약속'은 마을을 위해 갖춰야 할 책임 있는 자세와 역할을 제시하는 활동이었다. 다소 추상적으로 느껴질 수 있지만, 함께 실천할 방안을 탐구하는 과정은 매우 의미 있다. 공동의 노력과 협력적인 소통을 통해 구체적으로 실천할 계획을 세우는 것도 기대할 수 있다.

학습자는 자신의 지위와 역할을 바탕으로 실천 방안을 모색하면서 공동체 내에서 책임감을 기르고, 마을에 기여할 수 있는 방법을 스스로 구상해 실제로 실천해 보는 경험을 통해 공동체 의식을 키울 수 있다. 학습자가 마을 내에서 자신의 역할과 지위를 스스로 정의하고, 이를 실천할 창의적인 방안을 마련해 구체적으로 행동에 옮기면서 책임감과 협력의 중요성을 자연스럽게 깨닫게 된다.

'창의의 열매'에서는 학습자가 학생으로서 마을을 위해서 실천할 수 있는 창의적인 활동의 아이디어를 떠올려 보고, 실천 계획을 수립하며 실제로 실천까지 이어질 수 있도록 안내한다.

학습자들이 마을을 위한 활동이라고 하면, 대다수가 이를 무겁고 막중한 책임감과 실천이 요구되는 일로 여길 수 있다. 학습자들이 부담을 느끼지 않도록 각자의 수준에서 실천 가능한 활동을 탐색하도록 조력해야 한다. 자신의 관심 분야와 강점을 고려해 활동을 구상하고 계획할 수 있도록 구체적인 안내와 지원을 제공해야 한다. 예를 들면, 환경 보호, 문화 홍보, 지역사회 봉사 등 다양한 주제 중에서 학습자들이 자신에게 적합한 역할을 찾고, 작은 실천에서부터 시작해 성취감을 느낄 수 있도록 유도하는 것이 효과적이다.

✎ 마을의 일원인 학생으로서 마을을 위해 실천할 수 있는 활동을 생각해 보고, 구체적인 계획을 수립해 봅시다.

▶ 학생으로서 마을을 위해 실천할 수 있는 활동의 예시를 참고하여, 세부적으로 계획을 수립해 보세요.

〈마을에 기여할 수 있는 창의적인 활동 계획서 예시〉

- 활동명: 마을 어르신을 위한 스마트폰 사용 안내 활동
- 활동 목적: 마을 어르신들에게 스마트폰 사용법을 가르쳐 디지털 소외를 해소한다.
- 활동의 필요성: 마을 어르신들이 스마트폰 사용에 어려움을 겪고 있어 이를 해결하기 위해 청소년 봉사 활동이 필요하다.
- 구체적인 활동 목표: 마을 어르신 5명에게 스마트폰 기본 사용 방법을 알려드린다.
- 활동 내용: 어르신들의 스마트폰 사용 수준을 파악하고, 필요한 앱 설치 방법과 기본 기능 사용법을 정리한다.
- 역할 분담: A 학생: 스마트폰 설치 및 설정 / B 학생: 교육 진행 / C 학생: 보조
- 예상 시간: 총 1시간
- 필요 자원 및 준비물: 스마트폰, 교육자료, 마이크
- 예상 예산: 마이크 10,000원 / 전지 1,000원
- 활동 일정: 1주 차- 사전 조사 및 자료 준비 / 2주 차- 교육 / 3주 차- 교육

〈마을에 기여할 수 있는 창의적인 활동 예시〉

- 지역 어린이 독서 지도 프로그램 활동
- 다문화 가정 자녀 학습 멘토링 활동
- 방과 후 프로그램 활동
- 장애인 돌봄 봉사 활동
- 어르신 자서전 쓰기 활동
- 농촌 일손 봉사 활동
- 지역 상인과 협력하는 경제활동
- 마을 농산물 직거래 장터 활동
- 마을 전통시장 살리기 활동
- 재활용 캠페인 교육 활동
- 마을 하천 정화 활동
- 텃밭 가꾸기 봉사 활동
- 마을 예술 행사 기획 및 참여 활동
- 마을 역사 문화재 알리기 프로그램 활동
- 지역 예술가와 협력하는 공공미술 프로젝트 활동
- 마을 블로그 운영 활동
- 마을 소식지 발간 활동
- 마을 애플리케이션 기획·개발 활동
- 마을 전설 오디오북 제작 활동

〈마을에 기여할 수 있는 창의적인 활동 계획서〉
• 활동명:
• 활동 목적:
• 활동의 필요성:
• 구체적인 활동 목표:
• 활동 내용:
• 역할 분담:
• 예상 시간:
• 필요 자원:
• 예상 예산:
• 활동 일정:

마을에 기여할 수 있는 창의적인 활동 계획 작성하기

학습자들이 공동으로 작성한 '마을에 기여할 수 있는 창의적인 활동'이 장기간 계획되고, 지속해서 실천까지 이어진다면 이는 마을 연계 교육과정의 성공적인 모델이 될 수 있다. 교과서에서는 주로 계획과 실천을 가정한 일정까지만 다루고 있지만, 교사는 창의적 체험활동이나 학급 활동 등을 통해 학습자들이 실제로 실천하고 평가할 수 있는 활동을 수립, 실천할 수 있도록 고민해야 한다.

지혜의 수확

'나'에 대한 이해, 마을 속에서 '나'의 지위와 역할, 마을을 위해 실천할 수 있는 학습자 참여 활동을 이전 단계에서 학습했다면 이를 하나로 엮어 종합적으로 실천할 수 있는 활동을 계획하여 마무리 학습으로 정리할 수 있다. 이 과정은 학습자들이 스스로 자신의 삶을 주도적으로 돌아보고, 정체성을 발견하며, 자아 성찰과 마을과의 관계를 이해하는 기회를 제공한다. 그리고, 도덕적 가치관과 자아 존중감을 확립하는 데 큰 도움을 주며, 자신의 삶을 창의적이고 진솔하게 표현하는 능력을 키우고, 마을이라는 공동체 속에서 자신을 발견하고 성장하는 경험을 제공해야 한다.

    구체적으로는 마을 속에서 자기의 삶을 전반적으로 돌아보고, 자서전을 작성하여 중요한 순간들과 마을에서의 경험을 기록하며 자아 존중감이 어떻게 형성되었는지 깨닫고 자아정체성을 확립하도록 한다.

학년군	중 1~3학년군	교과	도덕	영역(내용)	자신과의 관계
평가 명	\multicolumn{5}{c}{마을 속 나, 나의 자서전 (자아와 마을 속 나를 돌아보기)}				
관련 성취 기준	\multicolumn{5}{l}{[9도01-01] 자신의 삶과 가치관에 대한 성찰을 통해 자아를 올바로 이해하고, 삶에서 도덕이 필요한 이유에 근거하여 도덕적인 삶에 대한 의지를 기른다. [9기가01-01] 자아 존중감을 향상시키고 긍정적인 자아 정체성을 형성하기 위해 청소년기의 발달 특징을 자신의 발달 특징과 연결 지어 자신을 총체적으로 이해한다.}				
핵심 역량	\multicolumn{5}{c}{자기 관리 역량, 창의적 사고 역량}				
평가 목적	\multicolumn{5}{l}{자기의 삶과 가치관을 성찰하며 자아를 올바로 이해하고, 도덕적 가치의 중요성을 인식하도록 하며, 자기의 경험을 연결하여 자아 존중감을 향상하고, 긍정적인 자아정체성을 형성하며 마을을 배경으로 경험과 성장 과정을 탐구하여, 마을 속에서의 자아정체성을 이해하고 표현함}				
평가 설명	\multicolumn{5}{l}{자기의 삶과 경험을 바탕으로 자아를 성찰하고, 청소년기 발달 특징을 반영하여 긍정적인 자아정체성 형성 과정을 글로 쓰고, 마을 속에서의 경험과 도덕적 성장을 중심으로 한 자서전을 창작하여, 독자에게 감동이나 즐거움을 줄 수 있는 글을 완성함}				
평가 과정	\multicolumn{5}{l}{① 주제 선정 및 계획 수립 ② 자아 성찰 및 도덕적 가치관 반영 ③ 청소년기 발달 특징과 자아 존중감 ④ 자서전 작성}				

평가 요소	자아 성찰 및 도덕적 가치관	• 자기의 삶과 가치관을 깊이 있게 성찰했는가? • 도덕적 삶의 필요성과 그에 따른 도덕적 결정을 자기의 경험과 연결하여 서술했는가?
	청소년기 발달 과정 반영	• 청소년기의 발달 특징을 자신의 성장 과정과 적절하게 연결했는가? • 자아 존중감 형성 과정이 구체적으로 서술되었는가?
	경험의 구체성	• 마을에 관한 경험과 관계가 구체적으로 서술되었는가? • 경험을 통해 느낀 감정의 변화가 잘 드러났는가?

평가 요소	글의 구성 및 표현력	• 3단 구성으로 명확하게 구분되었으며 논리적이고 일관성 있게 전개되었는가? • 글의 흐름이 자연스럽고 표현이 명확하여 독자가 쉽게 이해할 수 있는가?
	독자와의 소통 및 감동 전달	• 자기 경험을 바탕으로 독자에게 감동이나 즐거움을 전달했는가? • 독자와 공감대를 형성하며 효과적으로 소통했는가?
평가 피드백	상	자아 성찰과 도덕적 가치관이 매우 깊이 있게 반영되었으며, 청소년기 발달 과정에서 자아 존중감 형성 과정을 구체적으로 서술하였으며, 독자에게 감동을 전달하며 글의 구성과 표현력이 매우 우수함
	중	자아 성찰과 도덕적 가치관이 적절하게 반영되었으며, 청소년기 발달 과정과 자아 존중감 형성 과정이 구체적으로 서술하였으며 독자와의 소통이 원활하며 글의 구성도 일관성이 있음
	하	자아 성찰과 도덕적 가치관이 서술되었으나 구체성에서 다소 부족하며 청소년기 발달 과정과 자아 존중감 형성에 대한 설명이 이루어졌으며, 글의 구성과 흐름은 적절함

🌾 미래의 씨앗

이 소단원에서 학습한 내용과 활동 중 가장 중요한 부분은 학습자가 '창의의 열매'에서 계획한 활동을 실제로 실천하는 데 있다. 이러한 실천 경험은 학습으로 끝나는 것이 아니라 앞으로 마을에 대한 지속적인 관심과 흥미를 유발하며, 이를 바탕으로 마을을 위한 구체적인 활동으로 발전할 수 있는 중요한 연결고리가 된다. 실천 과정에서 학습자들은 자신이 계획한 활동이 마을에 어떤 영향을 미칠 수 있는지 체감하며 책임감과 성취감을 동시에 느낄 수 있다. 학습자들이 실천에 대한 두려움이나 부담을 느끼지 않도록 세심하게 지도하고, 활동을 구체적으로 실행할 수 있도록 단계별로 안내하는 것이 필요하다.

♧ 2-(2). 함께 만드는 우리 마을의 내일 ♧

소단원 개관

공동체 구성원이 함께 살아가는 공간에서는 크고 작은 문제가 발생하기 마련이다. 이러한 문제는 마을 구성원에게 불편을 초래하거나 마을 발전을 저해하는 장애물로 인식될 수 있다. 다양한 사람들이 함께 살아가기에 문제는 자연스럽게 발생할 수 있지만, 이를 회피하거나 덮어두면 마을에 더 크게 부정적인 영향을 미친다. 반면, 문제를 공동으로 대응하고 해결하는 것은 공동체의 번영과 성장을 위한 중요한 발판이 될 수 있다. 문제는 생활의 불편함에서부터 구성원 전체가 겪는 사회적·경제적·환경적 문제에 이르기까지 다양한 측면에서 나타난다. 학습자가 청소년의 시각에서 마을의 문제를 파악하고, 공동체 문제 해결의 중요성을 이해하며, 이를 해결하기 위한 창의적이고 실천적인 방법을 모색하는 것은 책임 있는 시민으로 성장하는 중요한 과정이다.

이 단원에서는 마을의 문제를 청소년이 다소 무겁고 해결하기 어려운 것으로 느끼며 부담을 갖고 시작하지 않도록 일상생활 속 불편함을 자연스럽게 떠올려 보며 접근한다. 공동체 문제 해결의 중요성을 인식하고, 문제 해결을 위한 접근 방법과 대안을 탐색하며 공동의 협의를 통해 구체적인 해결 방안을 도출하도록 한다.

이 단원은 개인이 마을에서 겪고 있는 문제를 확장하여 공동체 구성원들이 인식하고 공유하는 문제를 함께 살펴보며, 마을 문제 해결 사례와 과정을 이해하고, 실제로 마을에서 발생하고 있는 문제를 해결 방안을 공동으로 모색할 수 있도록 구성하였다.

이 단원을 통해 마을의 문제에 관한 정보를 수집, 처리하며 주체적인 관점에서 해결 방안을 고안해 내며 공동으로 문제를 협의하고 협동하며 해결 방안을 도출하는 능력을 기르도록 한다.

소단원 개요

학습목표		• 마을에서 발생하는 주요 문제들을 파악하고, 문제의 원인과 배경을 설명할 수 있다. • 마을 문제의 원인을 분석한 후, 창의적이고 실현이 가능한 해결 방안을 구체적으로 계획하여 제시할 수 있다. • 마을 문제 해결의 중요성을 인식하고, 공동체의 문제에 관심을 가지고 적극적으로 참여하는 태도를 기른다.
학습 요소		공동체와 공동체 문제
학습 핵심 역량		지식정보처리 역량, 공동체 역량
성취기준 및 관련 교과	**성취기준**	[9마삶-02-02] 마을에서 발생하는 다양한 문제의 원인을 분석하고, 창의적이며 실현이 가능한 해결 방안을 제안한다.
	관련 교과	국어, 사회
학습 내용	생각의 씨앗	나의 고민·갈등·불편함·걱정을 떠올려 보고 해결 방안 작성하기, 문제 상황을 나만의 방식으로 해결해 보기
	배움의 뿌리	마을 공동 문제 해결 과정, 마을 공동 문제 해결 사례
	탐구의 싹	마을 문제 해결을 위한 공동의 협력 과정
	상상의 가지	마을 문제 해결을 위한 토의
	창의의 열매	주민참여예산 제안신청서 작성하기
	지혜의 수확	우리 마을과 데이터
	미래의 씨앗	다양한 청소년 참여활동 도전

🧠 생각의 씨앗

마을공동체의 문제를 탐색하고, 실현 가능하고 적절한 해결 방안을 모색하는 것이 이 소단원의 핵심이다. 마을 문제 해결은 청소년 학습자에게 다소 멀게 느껴질 수 있으며, 실현 불가능한 것으로 인식될 수 있다. 거리감을 느끼는 문제는 학습과의 연계성과 관련성을 낮추는 요인이 될 수 있으므로, 이러한 격차를 줄이는 것이 활동의 성공을 높일 수 있다.

마을 문제는 개인의 불편함과 개개인이 겪는 작은 문제들이 모여 발생하는 경우가 많으므로, 학습자가 마을 문제를 거시적인 관점에서 접근하고 해결해야 할 대상으로만 인식하는 것은 지양해야 한다. 마을공동체가 겪는 문제를 해결하기 위한 출발점은 각 개인이 느끼는 고민과 문제에서 시작되는 것이며, 이를 기반으로 해결책을 찾아가는 것이 하나의 흐름이 되어야 한다.

이 소단원의 '생각의 씨앗'에서는 개인이 겪고 있는 고민, 갈등, 불편함, 걱정에서부터 접근하여 문제를 생각해 보고, 일정한 과정을 통해서 문제의 근본적 원인, 실현이 가능한 해결 방안을 도출해 내는 과정을 학습할 수 있다.

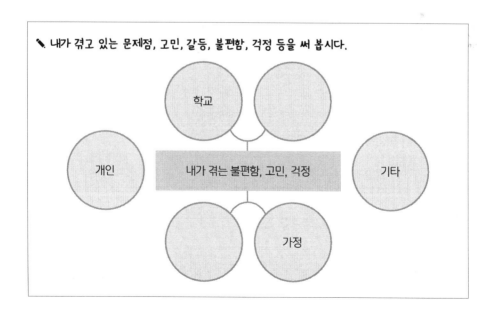

✎ 위에서 작성한 고민, 갈등, 문제를 하나 선택하여 이슈 트리로 해결해 봅시다.

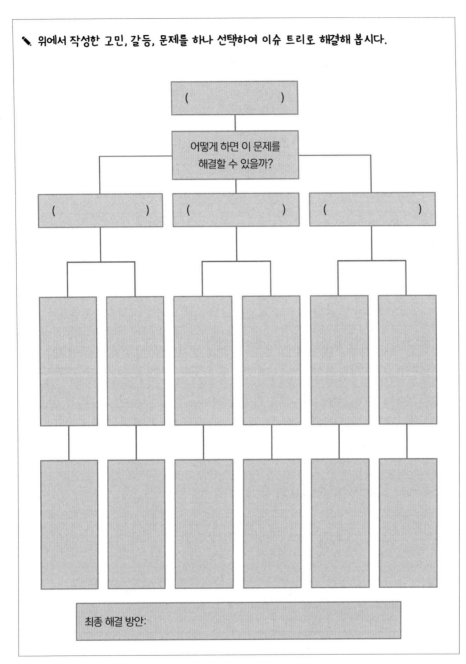

나의 고민, 갈등, 불편함, 걱정 떠올려 보고 해결 방안 작성하기

위 활동과 함께 문제가 발생한 상황을 가정한 활동을 통해서 학습자 각자의 가치관, 방안으로 문제를 생각하고 접근해 보도록 할 수 있다.

✎. **다음의 문제 상황을 해결할 방안을 생각해 봅시다.**

▶ 무인도에 남겨졌을 때 챙겨야 한다고 생각하는 것

〈무인도에 남겨졌을 때 챙겨야 한다고 생각하는 것〉
라이터, 비상식량(10일 치), 나일론 로프(15m), 담요, 휴대용 난방기, 칼(2자루), 우유 1상자, 산소 펌프(45㎏ 2통), 지도, 구명조끼, 자석, 물(20L), 신호용 조명탄, 구급약품 상자, 태양열 식 FM 라디오, 옷(5벌), 신발(운동화, 슬리퍼), 공(축구공, 야구공)

순위	물품명	선정 이유
1		
2		
3		
4		
5		
6		
7		

20개 중 7개를 고르고, 순위와 이유를 써 보세요.

▶ 다음 아래의 상황들을 읽고, 각 상황에서 어떻게 대처할 수 있는지를 써 보세요.

• 열차가 산속에서 탈선해, 외부와의 통신이 끊긴 상황에서 가장 먼저 해야 할 일은 무엇이며, 생존을 위해 어떤 전략을 세울 것인지 써 보세요.

• 기말고사 시험 당일 늦잠을 자서 늦을 위기에 처한 상황에서 지각을 최소화하기 위한 계획과 시험 준비 방법을 써 보세요.

• 내일 시험 준비를 해야 하지만, 친구의 생일 파티에도 초대받았습니다. 공부에 집중할 것인지, 친구의 생일을 축하해 줄 것인지 선택하세요. 그 이유는 써 보세요.

- 팀 프로젝트 중 팀원 한 명이 자신만의 방식으로만 진행하려고 고집합니다. 다른 팀원들은 이에 반대하며 다른 방법을 원합니다. 갈등은 어떻게 해결할지 써 보세요.

- 두 친구가 서로 다툼을 벌이고 있습니다. 당신은 두 친구 모두와 친하지만, 두 사람 사이에서 중립을 유지해야 합니다. 이 갈등 상황에서 어떻게 행동할지 써 보세요.

문제 상황을 나만의 방식으로 해결해 보기

🌱 배움의 뿌리

학습자가 자신의 문제, 갈등, 고민 등을 탐색한 경험을 바탕으로 마을의 문제를 이해하기 위한 과정이 필요하다. 이 과정에서는 마을의 문제를 직접적으로 다루기 보다는 공동체 문제 해결 방법과 절차를 먼저 학습하고, 다양한 마을에서 공동체 문제를 해결한 실제 사례들을 살펴봄으로써 마을 문제에 대한 이해를 깊이 있게 할 수 있다. 학습자는 마을 문제 해결에 관한 구체적인 접근 방식을 파악하고, 공동체 에서의 책임감을 증진할 수 있다.

✎ **마을의 공동문제를 해결하는 과정과 절차를 알아 봅시다.**

문제 정의
(문제 인식 및 문제 진단)

⬇

목표 설정
(우선순위 결정, 목표 수립)

⬇

정보 수집 및 분석
(관련 정보 조사, 대안 모색)

해결 방안 개발
(창의적인 아이디어, 실현 가능성 검토)

의사결정
(협의와 합의 도출 및 책임 분담)

실행
(계획 실행 및 협력)

↓

평가 및 환류
(성과 평가 및 피드백 반영)

↓

지속 유지 및 개선
(유지 관리, 장기적 개선)

✎ 마을의 공동문제를 해결하기 위한 고민과 과정, 결과가 담긴 글을 읽어 봅시다.

A 동네는 구도심 주택 밀집 지역으로, 좁은 골목길이 특징이다. 이 골목길들은 차량이 양방향으로 통행할 수 없을 정도로 협소해 화재 발생 시 소방차의 진입이 어렵다. 이러한 상황에서 초동 진압에 실패할 경우, 화재가 큰 규모로 확산할 가능성이 높다. 밀집된 주택 구조 또한 화재 확산의 위험 요소로 작용한다. 이를 해결하고자 A 동네 주민자치회는 소방차 접근이 어려운 지역에 공용 소화기를 설치해 화재 초기 대응 시간을 확보하는 '미니소방서' 아이디어를 제안했다. 화재로부터 안전한 마을을 만들기 위한 이 프로젝트에는 다수의 주민이 참여했다. 추진단은 파장동에서 발생한 화재 사례를 조사하고, 취약 지역을 파악했다. 또한, 마을 사정을 잘 아는 통장의 추천과 화재 안전 설문조사를 통해 공용 소화기 설치가 필요한 장소를 발굴했다. 전문가 조언을 받아 최종적으로 15곳에 미니소방서를 설치하기로 했으며, 소화기 함은 빗물이 고이지 않도록 둥근 지붕을 디자인하고, 쓰레기 투기 방지 기능까지 고려해 설치했다.

— A 동네 사례

육아와 직장생활 병행의 어려움으로 여성의 경제활동 참가율이 저조할 뿐만 아니라 경력 단절 후 재취업은 전문성과 무관한 직업을 가지게 되니, 이런 문제에 대한 두려움 때문에 직장여성의 출산 기피 현상이 지속되고 있습니다. B 시에서는 이러한 문제를 해결하기 위해 일시적으로 돌봄 공백이 발생 시 아동 보호사를 파견해 주는 긴급 아동 돌봄 서비스를 제공하고 있습니다.

– B 동네 사례

버스정류장과 같이 주민들 모두가 사용하는 공공구역에 무심코 버려지는 쓰레기와 담배꽁초 등으로 불쾌감을 느껴본 적, 다들 한 번쯤은 있을 것입니다. 이러한 문제를 해결하기 위해 C 시에서는 주민들이 직접 나섰습니다! C 시에서는 생활 속에서 버려지는 폐자원을 재활용하여 주민들 스스로 만드는 한 평 정원을 조성하였습니다.

– C 동네 사례

우리 주변의 공용주차장에서는 여성우선주차공간을 발견할 수 있는데요. 이러한 여성우선주차공간은 남성 운전자에게는 역차별이 될 수 있으며, 여성 운전자에게는 쉽게 범죄의 표적으로 노출될 수 있다는 점이 문제로 제기되고 있습니다. 바로 이 문제를 해결하기 위해 서울 마포구에서는 주차 공간에 있어서 배려가 필요한 대상을 성별로만 국한하지 않고, 유아 동반자, 임신부, 노약자 등을 배려하는 주차 공간을 마련하였습니다. 이를 'BPA 배려주차공간'이라고 부르는데요. 기존의 주차 공간보다 약 0.3~0.5m 여유가 있어 다양한 교통약자들이 편리하게 승하차할 수 있습니다. BPA는 Baby caring person(유아동반자), Pregnant person(임산부), Aged person(노약자)의 의미와 Broad Parking Area(보다 넓은 주차 공간)의 시작이라는 의미를 담고 있습니다. 이 주차 공간의 도안 역시 B, P, A를 형상화하여 구상한 것입니다. 남성과 여성의 구분이 없는 배려 공간이라는 의미를 담아 중간색인 연보라색을 사용하고 있습니다.

– D 동네 사례

⋮

'배움의 뿌리' 내용 부분

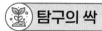 **탐구의 싹**

　마을은 다수의 공동체 구성원이 함께 생활하는 공간이며, 각자의 생활 방식과 관심사, 불편함 정도에 따라 마을 문제에 대한 반응이 다르게 나타난다. 어떤 사람에게는 보이지 않는 문제가 다른 사람에게는 명확하게 보일 수 있으며, 그 반대로 누군가는 문제라고 인식하지 못한 부분이 다른 사람에게는 크게 느껴질 수도 있다. 많은 구성원이 공통으로 느끼는 문제는 사회적 이슈로 발전하거나 언론에 보도되는 큰 문제로 확산하기도 한다.

　이처럼 마을에서 발생하는 문제는 작고 크다는 차이를 떠나 함께 생활하는 공간에서 자연스럽게 발생할 수 있지만, 이를 당연하게 받아들이는 태도는 문제 해결을 어렵게 만들고, 나아가 마을의 발전과 성장을 저해하는 요인이 될 수 있다.

　이 단원의 '탐구의 싹' 단계에서는 학습자 개인이 인식하는 문제와 모둠이 공유하는 문제를 탐구하고, 이를 해결하기 위한 합리적이고 실현이 가능한 방안을 도출하는 활동을 진행할 수 있다.

✎ **자기가 겪고 있는 마을의 문제·불편함·개선할 점 등을 찾아 보고, 모둠원과 함께 해결해 봅시다.**

개인 활동지		모둠 활동지	
자신이 생각하는 마을의 문제		모둠원들이 생각하는 문제	
문제가 있는 곳의 위치·장소		모둠원들이 생각하는 문제 중에서 모둠이 선택한문제	
자신이 생각하는 해결 방안		제가 있는 곳의 위치·장소	
		모둠이 생각하는 해결 방안	
		문제 해결을 도와줄 수 있는 기관, 단체	

마을 문제 해결을 위한 공동의 협력 과정

개인의 문제나 고민도 함께 나누고 공유하는 과정에서 해결 가능성이 높아지며, 다양한 아이디어를 접하면서 문제를 다양하게 분석하고 해석할 수 있는 실마리를 제공한다. 마찬가지로, 여러 사람이 모여 사는 마을의 문제 역시 다수가 함께 공유하고 각자의 생각과 정보를 바탕으로 분석하면서 새로운 해결 방안이나 아이디어를 발견할 수 있다. 문제를 경쟁적으로 해결하려는 접근보다는 공동의 노력을 통해 협력적인 의사소통 과정을 거치며 해결하는 것이 문제를 더 원활하게 해결하는 데 도움이 된다.

이전까지의 과정에서 학습자 개인이 생각한 마을 문제에서 모둠이 함께 여기는 마을 문제까지 살펴보았다면 '상상의 가지'에서는 학급 구성원 전체가 함께 마을 문제를 인식하고 협력하여 알맞은 해결 방안과 실천 방안을 도출해 내는 활동을 제안할 수 있다. 집단 지성의 힘으로 마을 문제를 해결하기 위한 노력이 마을 문제를 여러모로 생각해 볼 수 있는 힘의 근원이 될 수 있다.

✎ 마을의 공동문제를 해결하기 위해 토의를 해 봅시다.

⟨토의 이해하기⟩

▶ 토의의 개념
• 토의(討議, Conversation)란 여러 사람이 함께 모여 공동의 주제를 가지고 각자 다른 자신의 의견을 나누는 것

▶ 토의의 참여자·역할
• 사회자: 토의의 시작과 끝을 알리고 토의 내용을 정리하고, 요약하며 발언의 기회를 적절히 분배하고 청중과 토의자 사이의 질의응답을 유도함
• 토의자: 객관적이고 타당한 근거를 들어 논리적으로 의견을 제시해야 하며, 자기 의견 장단점을 파악하여 다른 토의자나 청중의 질문에 대비해야 함

〈토의 실천하기〉	
토의 주제	
역할	
해결 방안	
구성원 전체가 생각하는 해결 방안	

마을 문제 해결을 위한 토의

🔬 창의의 열매

마을 문제 해결을 위한 학급 토의를 통해 도출된 결과가 있다면 그 결과를 바탕으로 실천으로 옮기는 것이 궁극적인 목표의 달성이다. 토의 결과가 학습자가 직접 실행할 수 있는 내용이라면, 공동으로 실천 계획을 세워 실제로 행동에 옮길 수 있다. 그러나, 일부 사안은 개인이 아닌 기관이나 단체와 협력하여 해결해야 할 수도 있다. 이러한 경우에 공공기관과 협력하는 방안으로 '주민 참여 예산제'와 같은 제도를 활용할 수 있다. 이 제도는 학습자에게는 다소 생소할 수 있으나 수업을 통해 이러한 절차를 경험하고 제안을 작성해 보는 것은 유익할 수 있다.

이 활동은 이전에 개인, 모둠, 학급 전체가 참여한 활동을 마무리하면서 다시 개인적 실천에 중점을 둔 과정으로 이어진다. 그 이유는 모둠, 학급 전체의 활동에서 충분히 내면화가 이루어지지 않았거나 학급 전체가 다룬 내용 중에 학습자 자기의 생각이 빠뜨리거나 다른 부분이 있을 수 있기에 다시 개인별 실천으로서 '주민 참여 예산 제안신청서'를 작성해 보는 활동을 갖는다.

✎ 개인·모둠·학급 전체 회의 활동을 참고하여 주민참여예산 제안신청서를 작성해 봅시다.

〈주민참여예산 제안신청서〉			
신청인			
이름		거주 지역	구
연락처		성별	☐ 남 ☐ 여
연령	☐ 20세 이하 ☐ 21~30세 ☐ 31~40세 ☐ 41~50세 ☐ 51~60세 ☐ 61~70세 ☐ 71세 이상		
사업 내용			
사업 제목			
사업 위치	☐ 전체		☐ 2개 구 이상 걸친 사업 (해당 구:)
소요 사업비			(※ 모를 경우 미 기재)
무엇이 불편한가요? (제안 이유)			
어떻게 해결할까요? (사업 내용)			
주민 제안 접수, 선정과 주민참여예산 일체 사항에 대해 개인정보 수집 및 이용에 동의합니다. ☐(체크)			

주민참여예산 제안신청서 작성하기

🔬 지혜의 수확

　이 소단원의 학습 중점은 마을 문제에 대해 깊이 사고하고, 현실적이고 구체적인 해결 방안을 수립하고 실천하는 데 있다. 학습자들이 마을 문제를 고민하고 해결책을 도출하는 과정은 큰 의미를 지니며, 이는 일회성 학습이 아닌 지속적인 관심이 필요하다. 마을 문제에 관한 관심을 꾸준히 유지하고 해결 방법을 모색하기 위해서는 보다 견고하고 체계적으로 문제를 인식하고 분석하는 능력이 중요하다.

'지혜의 수확'에서는 마을 문제를 해결하기 위한 자료를 수집하고 이를 시각화하는 경험을 통해 데이터를 분석하는 능력과 문제 해결 능력을 기르며 데이터를 시각적 도구로 전달하는 능력을 키우도록 구성하였다.

학년군	중 1~3학년군	교과		정보	영역(내용)	데이터
평가 명	우리 마을과 데이터 (문제 해결을 위한 데이터 시각화)					
관련 성취 기준	[9정02-03] 실생활의 정보를 표, 다이어그램 등 다양한 형태로 구조화하여 표현한다.					
핵심 역량	인공지능 소양, 디지털 문화 소양					
평가 목적	마을 문제를 해결하기 위해 적합한 데이터를 수집하고, 이를 목적에 맞게 구분하여 관리하며 수집된 데이터를 분석하고, 문제 해결을 위한 시각적 도구(그래프, 차트, 인포그래픽 등)를 활용해 데이터의 의미를 명확히 전달하고 해결 방안을 제안하는 과정에서 실제적인 문제 해결 능력을 기름					
평가 설명	마을에서 발생하는 문제를 하나 선택하여 해결 방안을 제시하기 위해 데이터를 수집하고, 수집한 데이터를 목적에 맞게 구분하고 체계적으로 관리한 후, 데이터를 시각화하여 문제 해결 방안을 도출하여 결과물을 그래프, 차트, 인포그래픽 등으로 시각화하고 발표함					
평가 과정	① 문제 선정 및 데이터 수집 계획 ② 데이터 수집 및 구분 ③ 데이터 시각화 ④ 발표 준비 및 발표					
평가 요소	데이터 수집의 적절성	• 문제 해결에 필요한 데이터를 적절히 수집했는가? • 데이터를 수집하는 방법이 체계적이고 구체적인가?				
	데이터의 구분 및 관리	• 수집된 데이터를 목적에 맞게 구분하고 체계적으로 관리했는가? • 데이터 관리 방식이 논리적이고 효율적인가?				
	데이터 시각화의 완성도	• 데이터를 시각화하여 문제의 흐름과 관계가 명확히 전달되었는가? • 그래프, 차트, 인포그래픽 등의 시각적 도구를 효과적으로 사용했는가?				
	문제 해결 방안의 창의성	• 데이터를 분석하여 도출한 문제 해결 방안이 창의적이며, 실현 가능성이 있는가? • 해결 방안이 데이터 분석 결과를 적절히 반영하고 있는가?				

평가 요소	발표 및 소통 능력	• 팀원이 데이터를 바탕으로 문제 해결 방안을 명확하고 논리적으로 발 표했는가? • 발표 내용이 청중에게 쉽게 전달되었으며 소통이 원활하게 이루어졌 는가?
평가 피드백	상	문제 해결에 적합한 데이터를 체계적으로 수집하고, 데이터를 목적에 맞 게 정확히 구분하여 관리하며 데이터를 시각화하여 문제 해결 방안을 창 의적이고 논리적으로 도출하였으며, 발표와 보고서 작성이 매우 우수함
	중	문제 해결에 적합한 데이터를 적절하게 수집하고 구분하며 시각화한 데 이터를 통해 문제 해결 방안을 제시하였으며, 발표와 보고서 작성이 논리 적임
	하	데이터를 수집하고 구분하여 관리하였으나, 일부 개선이 필요하며, 시각 화 과정과 문제 해결 방안이 다소 부족하거나 발표 및 보고서 작성에서 발 전이 가능함

🌾 미래의 씨앗

최근 마을총회, 마을 축제, 마을 정책 창안대회 등 청소년들이 참여할 수 있는 활동이 점차 다양해지고 있다. 이러한 활동은 마을의 일원으로서 경험을 쌓는 것을 넘어 청소년들이 적극적이고 주도적으로 참여하는 과정을 통해 사회적 책임감과 협력의 가치를 배우는 기회를 제공한다. 여러 가지 경험은 성인이 되어서도 사회에 다양한 형태로 참여하려는 관심과 동기로 이어질 가능성이 높다. 그러므로, 청소년들이 마을 활동에 쉽게 접근하고 참여할 수 있도록 지속적인 안내와 지원이 필요하다. 마을 차원에서 청소년 참여 프로그램을 체계적으로 마련하고, 관심과 능력에 맞는 역할을 수행할 수 있는 기회를 제공하며, 참여 과정을 통해 효능감을 느낄 수 있도록 격려하고 지원해야 한다.

♣ 2-(3). 우리 마을의 영웅을 찾아서 ♣

소단원 개관

　마을의 발전과 주민들의 복지, 행복을 위해 자신을 드러내지 않고 묵묵히 헌신하는 사람들이 있다. 이들을 '마을의 수호천사'라고 부를 수 있다. 수호천사는 눈에 띄는 영웅적인 인물뿐만 아니라 마을에서 각자의 역할과 소명을 다하며 헌신하는 모든 사람을 포함한다. 수호천사는 우리 주변에서 쉽게 찾아볼 수 있는 가까운 존재이며, 학습자들 누구나 수호천사가 될 수 있다. 수호천사를 탐색하고 그들의 중요성을 인식하며, 직접 수호천사의 역할을 경험함으로써 공동체에 긍정적이고 선한 영향력을 미치고, 공동체의 결속력을 강화할 수 있다.

　이 단원에서는 마을을 위해 헌신하고 이바지하는 '마을의 수호천사'를 찾아 그들의 중요성을 알아보고, 마을에 미치는 긍정적인 영향을 이해하도록 한다. 드러나는 존재로서의 가치뿐만 아니라 보이지 않는 곳에서 중요한 임무를 수행하는 그들의 의미를 되새기며 감사의 마음을 표현하고, 자신이 수호천사로서 마을을 위해 실천할 수 있는 작은 방안을 마련해 보는 기회를 제공하고자 한다.

　이 단원은 마을의 유지와 발전을 위해 헌신하는 사람들을 탐색하고 그들이 어떤 임무를 수행하며 마을에 이바지하는지 깊이 이해하도록 구성하였다. 헌신적인 이들의 입장과 정서를 공감하는 과정을 통해 학습자는 도움을 주고받는 경험을 자연스럽게 체험하게 된다. 나눔과 배려, 도움과 지원이 마을공동체 내에서 가지는 중요한 의미를 깨닫고, 이러한 가치를 생활 속에서 실천하는 방법을 모색할 수 있다. 학습자가 가벼운 인식에 그치지 않고, 실질적으로 누군가를 돕는 구체적인 방안을 스스로 마련하도록 유도함으로써 공동체 내에서 긍정적인 역할을 수행할 수 있는 능력을 키우는 데 중점을 두었다.

　이 단원을 통해 공동체 구성원으로서 주변 이웃을 살피고, 도우며 함께 살아가는 존재로서 가치관과 정서를 갖추며, 공동의 노력으로 구성원을 위한 실천 과제를 설정하는 능력을 함양하고자 한다.

소단원 개요

학습목표		• 마을에서 지원이 필요한 장소나 구성원의 현안을 파악하고, 그 배경과 문제의 중요성을 이해하여 설명할 수 있다. • 마을에서 지원이 필요한 장소나 구성원의 현안을 분석하고, 해결 방안을 계획하여 실천할 수 있다. • 마을 구성원과 장소에 관심을 가지고, 공동체의 발전을 위해 자발적으로 참여하고 실천하는 태도를 기른다.
학습 요소		마을 구성원과 공존
학습 핵심 역량		공동체 역량, 창의적 사고 역량
성취기준 및 관련 교과	성취기준	[9마삶-02-03] 마을에서 지원이 필요한 장소나 구성원의 현안을 파악하고, 구체적인 해결 방안을 제시하여 실천한다.
	관련 교과	국어, 미술, 도덕
학습 내용	생각의 씨앗	도움을 주거나 받았을 때의 기억과 감정
	배움의 뿌리	다양한 이웃과 함께하는 활동
	탐구의 싹	마을의 수호천사 활동 계획하기
	상상의 가지	마을의 수호천사 표현하기
	창의의 열매	마을의 수호천사에게 감사 편지쓰기

학습 내용	 지혜의 수확	우리 마을 수호천사 인터뷰
	 미래의 씨앗	우리 이웃 더 많이 살펴보기

생각의 씨앗

이 소단원은 '마을의 수호천사'가 되어 마을 내에서 지원이 필요한 장소나 도움이 필요한 이웃을 찾아 그들을 위해 실제로 실천하는 것을 주요 목표로 한다. 도움이 필요한 곳을 찾는 것도 도움을 실천하는 것도 물론 중요하지만, '도움'이라는 행위의 필요성과 그 중요성을 깊이 인식하지 못하면 실천의 의미는 반감될 수 있다. 학습자들이 도움의 가치를 이해하고 그로 인해 마을공동체에 미치는 긍정적 영향을 깨닫는 것이 선행되어야 한다.

'생각의 씨앗'에서는 누군가로부터 도움을 주거나 받은 기억과 정서를 떠올려 보는 것을 통해 도움이 가진 가치를 느껴보고자 계획하였다. 경험과 정서를 나열해 보는 것도 좋지만, 그 경험과 정서를 짧은 시로 표현해 봄으로써 더 그 가치를 함축해 볼 수 있다. 시를 창작하는 것이 부담이라면 짧은 그림일기로 표현해 보는 것으로 대체할 수 있다.

'도움'이라는 개념을 선택한 이유는 '마을의 수호천사'라는 이름이 가지는 영웅적인 이미지를 강조하기보다는 마을 구성원을 위해 일상에서 소소하게 도움을 주고받는 일이 흔히 일어난다는 점에 주목했기 때문이다. 이러한 접근은 학습자들이 어렵지 않게 공감하고 참여할 수 있도록 하기 위한 의도이다. '희생'이나 '봉사'와 같은 다소 무겁게 느껴질 수 있는 단어보다는 더 친근하고 쉽게 떠올릴 수 있는 단어를 통해 학습자들이 자연스럽게 접근하고 점진적으로 이해와 실천의 폭을 넓힐 수 있도록 설계하는 것이 효과적이다.

✎ **누군가를 도와주거나 도움을 받은 경험을 떠올려 보며, 활동해 봅시다.**

〈도움을 주거나 받았을 때의 기억과 감상〉

▶ 도움을 주거나 받은 기억을 떠올려 보세요.
  – 누구에게 도움을 주었나요?
  – 그때 어떤 상황이었나요?
▶ 도움을 주거나 받았을 때의 감정을 적어 보세요.
  – 그 순간 어떤 기분이 들었나요? 기뻤나요? 아니면 조금 복잡한 감정이 있었나요?
  – 상대방의 반응은 어땠나요?

〈도움을 주거나 받았을 때의 기억과 감상을 시로 표현해 보기〉

– 예시 –

그날은 비가 내리고 있었어.
나는 우산을 건넸지, 그저 작은 도움.
그녀의 미소는 따뜻했어, 비보다 더.
그날 나는 마음에 작은 햇살을 얻었어.

〈도움을 주거나 받았을 때의 기억과 감상을 그림일기로 표현해 보기〉

도움을 주거나 받았을 때의 기억과 감정을 표현하기

지역사회에 있는 여러 시설을 방문하거나 마을의 문제를 찾아서 주도적으로 해결하는 활동은 오랜 시간 동안 교육 현장에서 실행해 왔다. 마을의 이웃과 함께 더불어 살아가는 가치와 실천은 마을을 지탱하는 결정적인 것이며, 학습자가 반드시 갖추어야 할 자세이다.

✏️ 누군가를 도와주거나 도움을 받은 경험을 떠올려 보며, 활동해 봅시다.

A 중학교에서는 '호국 보훈의 달'을 맞아 학생들이 나라를 지키기 위해 헌신한 국가유공자들에게 감사의 마음을 전하기 위해 지역의 보훈병원을 방문했습니다. 20명의 학생으로 구성된 동아리 회원들은 직접 쓴 편지와 함께 위문품을 전달하며, 병원에 계신 국가유공자들과 만남의 시간을 가졌습니다. 이 자리에서 학생들은 국가유공자들의 역사적인 이야기를 들으며, 나라를 위해 헌신한 분들의 노고를 되새기고 애국심을 느꼈습니다. 보훈병원 관계자는 "학생들의 방문이 국가유공자들에게 큰 힘이 되었으며, 그들의 희생이 헛되지 않았음을 확인시켜 주는 계기가 되었다"라고 전했습니다. 국가유공자들 또한 학생들의 방문을 기뻐하며, 그들의 따뜻한 마음에 감사를 표했습니다. 이 활동을 통해 학생들은 역사적 사실을 직접 접하며 나라를 위한 희생의 의미를 깊이 새기는 뜻깊은 시간을 보냈습니다.

B 중학교에서는 학생들의 안전한 등하굣길을 위해 '스쿨존 안전 캠페인'을 진행했습니다. 이 캠페인은 지역사회의 협력으로 이루어졌으며, 특히 행정복지센터와 학생들이 함께 추진한 프로젝트였습니다. 3학년 학생들로 구성된 동아리 회원들은 어린이보호구역 내 주 정차된 차량이 학생들에게 미치는 위험성을 조사하고, 이를 개선하는 방안을 마련했습니다. 캠페인 동안 학생들은 직접 제작한 안내문을 주차된 차량에 부착하고, 문제의 심각성을 알리기 위해 차량에 풍선을 매달며 지역사회의 협조를 구했습니다. 이 활동을 통해 학생들은 어린이보호구역 안전 문제를 인식하고, 이를 해결하기 위한 적극적인 실천을 보여주며 지역사회 교통안전에 이바지했습니다.

C 중학교에서는 코로나19로 어려움을 겪는 마을의 어르신들을 위해서 학생들이 손수 쓴 편지와 위문품을 복지관에 전달하였습니다. 코로나19로 어렵고 홀로 지내는 어르신들이 많은 상황에서 외출이 자유롭지 못한 상황을 고려하여 학생들이 어르신들을 위해서 손수 위문품을 마련하여 손 편지와 함께 전달하였습니다. 위문품은 학생들이 어르신들을 생각하면서 직접 준비하였으며 마을에서 함께 살아가는 어르신들의 어려움에 공감하고, 위로를 건넸습니다.

'배움의 뿌리' 내용 부분

🌱 탐구의 싹

마을에서 도움이 필요하고 지원이 요구되는 곳은 겉으로는 쉽게 드러나지 않으며, 주의 깊게 살펴보아야 비로소 발견할 수 있는 경우가 많다. 이는 마을의 현안과 그 속에 살아가는 구성원들에 대한 깊은 이해가 요구되기 때문이다. 표면적으로는 도움이 필요해 보이는 대상이 분명해 보일지라도, 학생의 신분으로 실질적으로 지원을 제공하기에는 한계가 있을 수 있다. 그러므로, 학습자들은 마을의 필요를 세심히 살펴보고, 현실적인 범위 안에서 자신이 실천하는 방법을 모색할 필요가 있다.

거창하거나 많은 예산이 필요한 지원이 아니라 학생들이 현실적으로 주변에서 쉽게 살펴보고 직접적인 도움이나 지원을 할 수 있는 사항을 탐색해 보는 것이 좋다. 학교 수업으로 인해 시간적 여유가 부족하고, 방과 후에도 개인별로 시간이 제한되어 실천이 어려울 수 있지만 학습자가 마을에서 도움이 필요한 이웃, 시설, 혹은 장소를 고민하고 그에 대한 실천 계획을 수립하는 것만으로도 실천 가능성과 실행력이 언제든지 연결될 수 있다.

✎ **모둠원과 같이 마을을 위한 수호천사 활동을 생각해 보고, 활동의 계획을 수립해 봅시다.**

<마을의 수호천사 활동 예>

▶ 노인 돌봄 봉사 활동: 마을에서 홀로 지내시는 어르신들에게 필요한 물품을 제공하거나, 정기적으로 방문해 말벗이 되어드리는 활동

▶ 쓰레기 줍기 캠페인: 마을의 주요 거리를 돌며 쓰레기를 수거하고, 마을 주민들에게 올바른 분리수거와 환경 보호에 대한 캠페인을 진행하는 활동

▶ 장애인 편의시설 점검 및 개선: 마을 내 장애인 편의시설이 부족하거나 제대로 관리되지 않는 상황을 조사, 개선책을 제안하는 활동

⋮

우리 모둠원이 생각하는 마을의 수호천사 활동:
활동 날짜:
참여자:
활동 목적:
실천 내용:
활동사진 첨부:

마을의 수호천사 활동 계획

🌱 상상의 가지

학습자들이 마을 수호천사의 시각에서 실천할 수 있는 활동들을 살펴보고 계획한 후, 마을의 수호천사를 발굴해 보는 활동을 진행할 수 있다. 마을의 수호천사가 돼보는 것에 그치지 않고, 이미 마을을 묵묵히 지키고 보호하며 지원해 온 수호천사의 모습을 찾아 그 존재가 가진 의미를 생각해 보는 것은 학습자들에게 더 깊은 의미를 전달할 수 있다. 활동을 통해 학습자는 마을의 진정한 수호자가 누구인지 인식하고, 그들의 역할과 공헌을 재조명해 볼 수 있는 기회를 가질 수 있다.

'수호천사'라는 개념은 학습자마다 의견이 조금씩 다를 수 있으며 각자가 생각하는 수호천사의 모습도 다양할 수 있다. 이러한 차이를 서로 소통하고 조율하는 과정을 통해 수호천사의 의미는 더욱 깊어질 수 있다. 비록 '수호천사'라는 단어가 추

상적으로 느껴질 수 있지만, 우리가 살아가는 마을 속에서 그것이 어떻게 실현되고 구현되고 있는지 함께 고민해 보고, 탐색하는 과정이 필요하다.

✎ **우리 마을의 수호천사를 발굴하고, 수호천사의 선행을 표현해 봅시다.**

▶ 모둠원과 협의하여 모둠이 생각하는 마을의 수호천사를 선정해 보세요.

우리 모둠원이 생각하는 우리 마을의 수호천사:
수호천사인 이유:
수호천사가 하는 일:
수호천사와 만난 경험이나 일화:
수호천사에게 전하는 감사 한마디:

▶ 모둠원과 협의하여 수호천사가 마을을 위해 하는 중요한 일을 타일 아트로 표현해 보세요.

• 〈예시〉처럼 하나의 그림을 4개의 타일에 나눠서 협동하여 그려 보세요.

마을의 수호천사 선정 및 표현하기

마을에 있는 다양한 수호천사를 찾아 감사의 마음을 느끼는 것에서 나아가 실제로 그들에게 고마움을 전달하는 행위는 매우 의미 있다. 지속해서 감사의 마음을 표현하고 방문하여 존경과 감사를 전하는 것도 중요하지만, 학사 일정과 여러 조건으로 인해 잦은 방문은 어려울 수 있다. 그렇지만, 학생들이 마을의 수호천사에게 감사의 마음을 한 번이라도 전할 기회를 얻는 것은 교육적으로 큰 효과와 기대를 불러일으킬 수 있다.

감사의 마음을 전달하는 방법으로는 간식 전달, 응원 포스터 그리기, 감사 동영상 제작, 감사 배지 만들기 등 다양한 방식이 있다. 단일한 방법에 국한하지 않고, 다양한 방식으로 감사의 마음을 창의적으로 표현할 수 있도록 하여 학습자들이 서로 협력하게 하는 것이 핵심이다. 학생들이 직접 방문을 계획하는 경우 진지하게 준비하고 제작하여 방문할 수 있도록 충분한 안내가 필요하다. 이와 함께 감사 편지를 작성하는 것도 필수적이지만 강제로 쓰게 하기보다는 마을의 수호천사에게 진심이 담긴 편지를 건네도록 배경 설명을 충분히 제공하여 학생들이 진솔한 마음을 담아 쓸 수 있도록 도와야 한다.

이러한 활동을 통해 학생들은 감사의 마음을 전하는 것을 넘어 마을 구성원들과의 정서적 유대감을 형성하고, 공동체의 가치를 체감할 수 있다. 활동 후에는 학생들이 자신들의 경험을 돌아보고 공유하는 시간을 마련하는 것이 중요하다. 자신이 느낀 감정과 배운 점을 서로 나누며, 감사 표현이 마을 수호천사뿐 아니라 자신에게도 긍정적인 영향을 미쳤음을 이해할 수 있다. 발표회, 전시회 또는 학급 내 이야기 나눔 시간을 활용해 활동의 의미를 되새기고, 함께 느낄 수 있도록 하는 것도 좋다. 학습자들이 공동체의 가치를 내면화하고, 더불어 살아가는 삶의 의미를 깊이 이해하도록 돕는 계기가 된다.

✎ 마을을 위한 수호천사에게 감사의 마음을 담은 편지를 작성해 봅시다.

✎ 마을을 위한 수호천사에게 감사의 마음을 담는 방안을 계획해 봅시다.

우리 모둠에서 감사의 마음을 담는 방법: (예: 감사 동영상, 감사 배지 만들기, 간식 준비 등)
모둠별 역할:
기타:

마을의 수호천사에게 감사의 편지쓰기

지혜의 수확

학습자들이 마을의 수호천사를 직접 만나 보는 경험은 교육적으로 큰 의미와 효과를 가질 수 있다. 이전 단계에서 작성한 감사 편지와 감사의 마음을 담아 제작한 물품을 전달하며 수호천사를 만나는 활동은 학습자들의 기억에 오래 남을 수 있으며, 그 만남과 장소는 학습자들이 마을을 회상할 때 소중한 추억의 공간이 될 것이다.

학습자들이 마을의 수호천사를 직접 만나 편안하게 대화를 나누고 수호천사의 이야기를 들을 수 있다면 이상적일 것이다. 하지만, 학교 수업 활동의 연장이므로 교육과 연계된 활동을 고려해야 하며, 수호천사의 일정이나 상황에 따라 학습자가 원하는 여건이 마련되지 않을 수도 있다. 이를 감안하여 학습자는 수호천사를 대상으로 면담 계획을 세우고, 면담 요청을 진행한 후 실제로 면담을 실행해 보는 활동으로 접근할 수 있다.

학년군	중 1~3학년군	교과	국어	영역(내용)	듣기·말하기
평가 명		우리 마을 수호천사 인터뷰 (마을 인물 인터뷰하기)			
관련 성취 기준	[9국01-03] 목적에 맞게 질문을 준비하여 면담한다.				
핵심 역량	의사소통 역량, 대인관계 역량				
평가 목적	목적에 맞는 질문을 준비하고, 마을에서 헌신적으로 기여하는 '수호천사'와의 인터뷰를 통해 그들의 역할과 기여를 이해하고, 공동체 내에서의 긍정적인 영향력을 인식하고, 면담을 통해 수집한 자료를 분석하고, 인터뷰 내용을 정리하는 능력을 평가함				
평가 설명	마을에서 묵묵히 헌신하며 기여하는 '수호천사'를 탐색하여 인터뷰를 진행하고, 인터뷰 목적에 맞는 질문을 사전에 준비하고, 면담을 통해 그들의 이야기를 듣고, 인터뷰 내용을 정리하여 평가함				
평가 과정	① 수호천사 선정 및 면담 준비 ② 면담 질문 준비 ③ 면담 진행 ④ 면담 내용 정리 및 분석				

평가 요소	질문 준비의 적절성	• 면담 목적에 맞는 질문을 체계적으로 준비했는가? • 질문이 인터뷰 대상자의 활동이 관련되어 있으며 구체적인 정보 수집이 가능하도록 작성되었는가?	
	면담 진행 및 태도	• 면담을 원활히 진행하였는가? • 인터뷰 대상자를 존중하며 경청하고, 면담의 흐름을 적절히 이끌었는가?	
	면담 내용의 분석 및 정리	• 면담 내용을 체계적으로 정리하고, 수호천사의 활동을 분석했는가? • 인터뷰 내용에서 중요한 정보를 찾아내어 마을공동체에 대한 의미를 도출했는가?	
	발표의 논리성 및 전달력	• 면담 내용을 논리적으로 구성하여 작성했는가? • 보고서가 명확하고 일관성 있게 이루어졌으며, 독자에게 쉽게 전달되었는가?	
	자료 활용 및 협력 능력	• 팀원 간의 협력이 원활하게 이루어졌는가? • 면담 과정에서 자료를 협력해서 효과적으로 활용했는가?	
평가 피드백	상	면담 목적에 맞는 질문을 체계적이고 구체적으로 준비하고, 면담을 원활히 진행하며, 면담 내용을 논리적으로 정리하고 분석하였으며 보고서가 명확하고 독자에게 쉽게 작성함	
	중	면담 목적에 맞게 질문을 준비하고, 면담을 적절히 진행하였으며 면담 내용을 잘 정리하여 논리적으로 보고서를 작성함	
	하	면담 질문이 준비되었으나, 구체성이 다소 부족하며, 면담 진행이 원활하나 개선의 여지가 있으며, 보고서와 자료 정리에서 일부 보완이 필요함	

🌾 미래의 씨앗

　마을 곳곳에 있는 이웃들을 살피고, 그들을 위해 무엇을 할 수 있을지 고민하도록 학습자를 이끄는 것은 매우 중요하며, 학습자들이 일상에서 주변 사람들에 관한 관심과 배려를 키우고, 마을 공동체의 일원으로서 자각하고, 생각에 그치지 않고, 실질적인 행동으로 이어질 수 있도록 안내하며, 실천의 과정을 통해 배우는 경험과 정서의 내면화를 도와야 한다.

♣ 2-(4). 우리 마을 축제, 상상과 현실을 잇다 ♣

소단원 개관

다양한 전통, 문화, 자연, 역사가 어우러져 만들어진 마을 축제는 마을 구성원이 함께 모여 소통하고 화합하며, 공동체의 결속력을 높이는 중요한 자산이다. 이 축제는 행사 이상의 의미를 지니며, 마을의 대표적인 자원과 구성원의 정체성, 의식이 고스란히 담겨 있는 종합예술이다. 축제는 과거로부터 이어져 온 전통을 계승하고, 이를 현대에 맞게 재해석하여 마을만의 특색을 구현하며, 그 과정에서 마을 주민들과의 소통을 활성화한다. 축제는 마을의 현재를 반영할 뿐만 아니라 미래에 대한 비전과 가능성을 제시하는 연결 통로로서 중요한 역할을 한다. 축제를 단순히 관람하고 소비하는 수동적인 태도에서 벗어나 축제를 기획하고 제안하는 참여형 소비자로서 역할을 경험할 때, 마을 구성원은 축제에 대한 새로운 시각과 깊이를 갖게 된다. 축제의 성공적인 진행을 위한 아이디어를 제공하는 것뿐만 아니라 마을의 전통과 미래 비전을 반영한 창의적이고 혁신적인 축제를 구상하는 기회를 제공한다. 이 과정에서 마을 구성원들은 자신의 역할과 책임을 느끼며, 마을의 자원과 전통을 어떻게 계승하고 발전시킬 수 있을지 고민하게 된다.

이 단원에서는 축제가 가진 의미와 역할을 이해하고 전국 각지의 축제를 전반적으로 찾아보고 살펴봄으로써 축제에 반영된 마을의 특색과 축제의 요소를 발견하고 기존의 축제를 재구성하거나 새로운 축제를 기획해 보며 마을의 즐길 거리를 발굴하고, 공동체 구성원의 소통과 화합의 장인 축제에 반영하도록 한다.

이 단원은 축제와 관련한 경험을 떠올려 보고, 다양한 주제의 이색적인 축제를 살펴보고, 축제를 체험하는 계획서를 작성해 봄으로써 축제의 구성 요소를 탐구하고 개성 있고 창의적인 축제를 기획, 홍보하도록 구성하였다.

이 단원을 통해 참신한 아이디어를 바탕으로 기존의 사고와 형식을 기발하게 바꿔 보고, 새로운 의견을 제시하며 마을의 가치가 내재된 마을 속에 숨겨진 보물을 탐색하며 예술적 심미성을 느껴보도록 한다.

소단원 개요

학습목표		• 마을의 축제에 관해 조사하고, 축제의 역사적 배경과 주요 자원을 이해하여 설명할 수 있다. • 마을의 다양한 자원을 분석하여 여러 관점에서 적절한 축제 테마를 선정하고, 축제를 기획할 수 있다. • 마을의 전통과 문화를 존중하며, 공동체의 자원을 활용한 축제 기획 과정에 적극적으로 참여하는 태도를 기른다.
학습 요소		마을의 문화 유산과 축제
학습 핵심 역량		심미적 감수성 역량, 창의적 사고 역량
성취기준 및 관련 교과	성취기준	[9마삶-02-04] 마을의 축제를 탐색하고, 다양한 자원을 활용해 여러 관점에서 적절한 테마를 선정하여 축제를 기획한다.
	관련 교과	국어, 미술, 기술·가정
학습 내용	생각의 씨앗	다양한 도시와 우리 마을 축제 살펴보기
	배움의 뿌리	우리 마을 축제
	탐구의 싹	마을 축제 부스 운영 계획
	상상의 가지	마을 축제 운영 계획
	창의의 열매	마을 축제 홍보 포스터 만들기

학 습 내 용	 지혜의 수확	우리 마을 축제 홍보대사
	 미래의 씨앗	다양한 관점으로 축제 바라보기

🖇️ 생각의 씨앗

학습자가 마을 축제에 높은 관심을 두기는 어려운 점이 있다. 축제 참여는 주로 부모님과 함께 참여하거나 학습자 본인이 특별한 주제나 관심 분야에 한정된 경우가 많다. 물론, 최근에는 마을 축제가 점차 활성화되면서 참여도와 관심도가 높아지는 추세이기는 하나, 학업과 개인적인 시간으로 인해 실제 축제에 참여하는 학습자 수는 많지 않다. 참여하더라도 축제의 목적이나 효과에 대해 깊이 생각하는 경우는 드물다. 그럼에도 마을 축제는 마을의 구성원인 학습자에게 여러 가지 의미와 효과를 제공하며, 지역사회와 개인 성장에 중요한 의의를 지닌다. 마을 축제는 학습자에게 즐거움을 넘어 지역사회에 대한 이해를 높이고, 공동체 의식을 함양할 수 있는 기회를 제공한다.

마을 축제에 관하여 직접적으로 안내하거나 참여를 유도하기보다는 다양한 주제의 축제가 있고, 그 축제에 참여해 본 경험을 떠올려 보며 축제를 통한 긍정적인 경험, 정서를 불러일으키는 것이 필요하다. 축제를 참여하는 것도 이 단원의 주된 학습 요인이지만, 축제를 청소년의 관점으로 재해석하고 재구성하면서 축제를 주도적으로 참여하고 분석하면서 마을의 전통적인 가치, 역사, 문화적 특색을 직접 이해하는 것이 중요한 요인이다.

'생각의 씨앗'에서는 축제에 관한 열린 생각으로 접근하여 축제에 관한 벽을 낮추고 다양한 축제를 살펴보는 활동으로 구성할 수 있다.

✎ **주요 도시의 축제 중에서 가보고 싶은 축제를 선정, 짝과 빙고 게임을 해 봅시다.**

도시	축제명
서울	서울드럼페스티벌, 서울뮤직페스티벌, 서울국악축제, 서울페스타, 서울 바비큐 페스티벌
부산	조선통신사축제, 부산원도심활성화축제, 부산항축제, 부산바다축제, 부산국제록페스티벌
대구	대구생활문화제, 대구포크페스티벌, 대구콘텐츠페어, 형형색색 달구벌 관등놀이, 대구치맥페스티벌
인천	송도 바람축제, 청라 페스티벌, 영종 세계음식축제, 청라 와인페스티벌, 인천펜타포트음악축제
광주	광주비엔날레, 대인예술시장, 광주김치축제, 아트피크닉, 도서관문화마당
울산	울산 공업 축제, 울산서머페스티벌, 아이사 퍼시픽 뮤직 페스티벌, 태화강국가정원 봄꽃축제, 119 안전문화 축제
세종	세종축제, 세종전의조경수묘목축제, 조치원 봄꽃축제, 세종조치원복숭아축제
경기도	수원화성문화재, 파주북소리축제, 부천국제판타스틱영화제, 안성맞춤 남사당 바우덕이축제, 양평물축제
강원도	강릉단오제, 평창대관령음악제, 춘천마임축제, 속초오징어축제, 화천산천어축제
제주도	제주들불축제, 서귀포유채꽃축제, 탐라문화제, 성산일출축제, 한라산눈꽃축제
충청남도	서산해미읍성축제, 보령머드축제, 금산인삼축제, 태안세계튤립축제, 공주백제문화제
대전	대전사이언스페스티벌, 대전국제와인페스티벌, 대전국제재즈페스티벌, 대전0시축제

다양한 도시의 마을 축제 살펴보기

✎ 우리 마을에서 개최되는 축제 중에서 가보았거나 가보고 싶은 축제를 선정하여 축제에 관한 정보를 소개해 봅시다.

벚꽃축제   캠핑 요리 축제   문화유산 야행 축제

코스모스 축제   과학축제   힙합 페스티벌

0시 축제   녹색 체험 여행   크리스마스 축제

※ 이외에도 다양한 축제는 검색을 통해서 찾을 수 있습니다.

소개해 주고 싶은 축제:
선정 이유:
축제에 관한 정보:

우리 마을 축제 살펴보기

우리 마을의 축제가 무엇인지, 축제의 주제가 무엇이며, 시기가 언제인지를 아는 것은 축제에 참여하는 주체가 고려해야 하는 주된 사항이다. 그러나, 현대는 정보 기술의 발달로 이러한 정보는 짧은 시간 안에 쉽게 얻을 수 있다. 축제의 주요 정보는 축제를 이해하는 데 유용한 기초자료가 되지만, 학습에서 중요한 것은 정보 자체에 머무르지 않고 축제의 의미와 목적, 축제를 통해 무엇을 배우고 느낄 수 있는지를 탐구하는 데 더 큰 초점을 맞추는 것이다. 축제가 즐거움의 장을 넘어 지역의 가치와 정체성을 담고 있다는 점을 이해할 필요가 있다.

축제를 청소년인 학습자의 관점에서 바라보는 시도는 유의미하다. 축제는 흔히 전통적인 형식에 머물기 쉬우나 청소년들이 공감할 수 있는 방식으로 발전할 가능성이 크다. 지역 주민 중심의 행사를 넘어 모든 세대가 참여할 수 있는 포괄적인 장으로 확장하려는 고민은 축제의 의미를 더 깊이 이해하고 재해석하는 기회를 제공한다.

축제에 관한 정보를 받아들이는 것을 넘어 축제가 형성된 과정과 표현하려는 가치와 의도를 파악하는 과정은 더욱 의미 있는 활동이 된다. 이때 학습자는 축제의 배경에 담긴 역사적, 사회적 맥락을 탐구하며 축제를 둘러싼 다양한 층위를 이해할 수 있다. 학습자들은 축제의 본질적 가치를 새롭게 발견하고, 지역 사회와의 연결 고리를 더 깊이 이해하게 된다.

'배움의 뿌리'에서는 마을의 축제를 소개하는 것에서 더하여 축제의 기획부터 준비 단계까지를 깊이 이해하도록 한다. 학습자들은 축제를 하나의 사례로 삼아 자신이 속한 마을을 새롭게 바라보고, 공동체와 함께 성장하는 가능성을 발견할 수 있다.

✎ 대한민국 과학 축제

대한민국 과학축제는 1997년에 시작되어 매년 개최되는 우리나라 최대 규모의 과학 행사로 과학기술 발전이 가져올 우리 생활의 변화를 체험하고, 다가올 미래를 국민과 함께 소통하고 준비하기 위해 개최되는 과학행사입니다. 정부, 공공, 민간기업 및 단체 등 다양한 주체가 참여하여 첨단 과학기술부터 일상에 녹아있는 과학에 이르기까지 전시·체험·공연·강연·대회 등 다양한 과학문화 프로그램과 콘텐츠를 청소년부터 성인까지 모두 함께 즐길 수 있는 행사입니다. 특히, 그간 대형 컨벤션홀에서 개최했던 기존의 방식에서 벗어나 4월 과학의 달, 거리와 도심, 광장에서 국민과 함께하는 도심형 과학축제로 과감하게 전환하여 도심 곳곳에서 과학기술로 소통할 수 있는 행사로 큰 호응을 얻고 있습니다. 대한민국 과학축제는 우리나라를 대표하는 과학축제를 넘어 국민과 함께 하는 도심형 축제, 글로벌 과학축제를 선도하는 과학축제로서 새로운 과학기술 문화의 장을 열어가겠습니다.

✎ 대전효문화뿌리축제

대전효문화뿌리축제는 국내 유일의 성씨를 테마로 조성된 뿌리공원에서 조상의 얼을 보고 느끼면서 나의 뿌리를 찾고 우리 전통의 효를 체험하는 축제입니다. 축제가 열리는 뿌리공원은 효를 바탕으로 자기의 뿌리를 알기 위해 1997년 11월 1일 개장한 가족 친화 공원입니다. 도심 속 아름다운 자연경관을 자랑하며 자기의 뿌리를 찾아보는 충효의 산 교육장입니다. 244개 성씨 조형물이 있으며, 전면에는 조상의 유래와 뒷면에는 작품 설명이 되어 있습니다. 뿌리공원에는 전국 문중에서 기증한 족보와 사료를 전시한 한국족보박물관이 있는데 조상의 얼을 체험할 수 있는 공간인 동시에 종친 간 단합과 만남의 장소로도 각광받고 있습니다. 이번 축제 기간에 "효로 통하는 도시 대전 중구"를 방문하여 다양한 축제 프로그램을 통해 우리 민족의 소중한 효 정신을 몸소 체험해 보고 뿌리공원과 족보박물관 등을 돌아보며 자기의 뿌리를 찾아보길 바랍니다. 대전효문화뿌리축제는 할아버지, 할머니, 엄마, 아빠, 아이들 모두가 참여하여 어울릴 수 있는 세대를 초월한 축제로서 가족의 소중함과 효의 중요성을 느낄 수 있음은 물론, 전통문화에서 점점 소원해지는 어린이, 청소년들에게는 전통문화의 소중함과 조상의 지혜를 배울 수 있는 계기가 될 것입니다.

⋮

✎ 축제의 기획

① 기획 배경

② 기획 의도

③ 개요(축제명 / 일시 / 장소 / 주체/ 주관 등)
↓
④ 콘셉트(어떠한 마을 축제인지)
↓
⑤ 구성(어떤 마당으로 구성할 것인지)
↓
⑥ 진행 일정
↓
⑦ 예산 수립
↓
⑧ 홍보 및 마케팅 계획

'배움의 뿌리' 내용 부분

🌱 탐구의 싹

　이 단원의 궁극적인 목표는 학습자가 축제의 소비자로 머무르지 않고, 생산자나 참여형 소비자로서 축제를 이해하고 기획할 수 있는 능력을 갖추도록 하는 것이다. 이는 축제를 그저 즐기거나 관람하는 것에 그치는 것이 아니라 더 많은 세대가 참여하고 청소년들의 참여를 확대하여 세대 간의 소통을 증진하는 데 중점을 둔다. 기존의 축제에 창의적 관점을 더하여 축제가 가진 가치를 더욱 높이기 위한 시도와도 연결된다.

　축제에 관한 기본적인 정보나 축제 관람 경험만으로는 축제 기획 능력을 기대하기 어렵다. 모둠 또는 학급 전체가 축제에 참여하는 것이 바람직하나 현실적인 제약이 있을 수 있기에 모둠원이 마을의 축제 중 하나를 선정하여 부스 운영을 가정한 세밀한 계획을 수립하는 활동을 통해 축제를 간접적으로 경험해 볼 수 있다. 중요한 것은 학생들이 축제에 실제로 참여하는 것처럼 몰입하고, 축제를 심층적으로 분석하고 평가함으로써 향후 축제 기획에 유용하게 활용할 수 있는 기회를 제공하는 것이다.

✎ **다음 예시를 참고하여 모둠별로 축제 부스 운영 계획서를 작성해 봅시다.**

▶ 참가 축제 명: 문화유산 야행

▶ 축제 일시: 2024. 05. 24. (금) ~ 05. 25. (토), 17:00~22:00

▶ 축제 장소: 수변공원, 문화유산 일원

〈축제 부스 운영 계획서〉

▶ 운영 목적: 마을의 전통을 청소년들이 이해하는 기회 제공

▶ 주요 활동: 전통 놀이 체험 부스 운영

▶ 참여 학생 및 역할: A 학생 – 기획 및 진행, B 학생 – 의상 준비,C 학생 – 음향 담당, D 학생 – 행사 진행

▶ 예상 관객: 100명

▶ 소요 예산 및 준비물: 전통 놀이 도구 – 100,000원, 의상·소품 – 120,000원,홍보물 – 50,000원, 상품(간식) – 50,000원

▶ 준비 단계 및 행사 일정: 부스 및 공연 준비, 리허설, 행사장 설치

▶ 홍보 계획: 온라인 홍보 / 오프라인 홍보

▶ 안전 관리 및 응급 대책: 참가자 안전을 위해 응급 처치 키트 준비, 사고 발생 시 담당자 연락처와 인근 병원 정보 공유

▶ 담당자 및 연락처: ○○○ / 010-XXXX-XXXX

▶ 부스 구성

입구

통행로

<축제 부스 운영 계획서>

▶ 운영 목적:
▶ 주요 활동:
▶ 참여 학생 및 역할:
▶ 예상 관객: 100명

⋮

축제 부스 운영 계획

🌱 상상의 가지

학습자들은 각자의 축제 기획에 대한 감각과 아이디어를 바탕으로 학급 전체가 협력하여 하나의 축제를 만들어 가는 활동을 실행할 수 있다. 학습자들은 축제의 기획 과정에서 각자의 이견을 조율하고, 실행 가능한 아이디어를 구체화하며, 협업을 통해 성취감을 느낄 수 있는 경험을 할 수 있다.

학급 구성원들이 지향하는 가치와 축제에 담고자 하는 내용은 구성원들의 성향, 가치관, 분위기에 따라 다채로울 수 있다. 다양성으로 인해 학급이 함께 만드는 축제는 매우 다양하고 독특한 형식의 축제로 발전할 수 있다. 각 모둠이 자신의 개성과 창의성을 반영하여 하위 요소인 개별 부스를 기획하고 운영하면서 전체적인 조화 속에서 다양한 부분이 어우러져 하나의 특색 있는 축제를 완성하게 된다.

'상상의 가지' 단계에서는 학급 전체가 마을 축제를 기획하고, 각 모둠이 개성을 살려 부스나 마당을 운영하며 학급 전체가 어우러지는 축제를 만들어가는 활동을 실행해 볼 수 있다. 모둠별 창의적 아이디어를 반영하고, 학급의 조화로운 협력으로 다양한 활동을 진행할 수 있는 축제를 기획하게 된다.

✎ 마을 축제 기획을 위한 학급 전체 회의의 역할을 나누어 봅시다.

▶ 사회자:

▶ 서기:

▶ 모둠 대표(모둠의 의견을 정리하여 발표):

✎ 마을 축제 기획을 위하여 아래의 순서에 따라 회의를 진행해 봅시다.

<축제 부스 운영 계획서>

▶ 마을 축제의 주제, 일시, 장소 등 전반적인 내용을 정합니다.

▶ 마을 축제의 콘셉트에 관하여 정합니다.

▶ 마을 축제를 어떻게 구성(마당, 부스)할 것인지를 정합니다.

▶ 모둠별로 어떤 마당(부스)을 운영할 것인지를 정합니다.

▶ 마을 축제 준비를 위한 일정을 정합니다.

▶ 마을 축제에 필요한 예산을 책정합니다. (모둠별 예산도 포함)

▶ 마을 축제 홍보 방법을 정합니다.

▶ 마을 축제 안전 대책을 수립합니다.

✎ 마을 축제 기획 회의에 따라 아래의 내용을 작성해 봅시다.

<마을 축제 회의 계획서>

▶ 마을 축제의 주제:

▶ 마을 축제 추진 일시:

▶ 마을 축제 추진 장소:

▶ 마을 축제 참가 대상:

▶ 마을 축제의 콘셉트:

▶ 마을 축제 마당:

주무대

▶ 마을 축제 기획 회의에 따라 아래의 내용을 작성해 봅시다.

모둠 명:	모둠 명:	모둠 명:	모둠 명:
운영 부스:	운영 부스:	운영 부스:	운영 부스:
모둠 명:	모둠 명:	모둠 명:	모둠 명:
운영 부스:	운영 부스:	운영 부스:	운영 부스:

▶ 마을 축제 준비를 위한 일정:
▶ 마을 축제에 필요한 예산:
▶ 마을 축제 홍보 방법:
▶ 마을 축제 안전 대책:

마을 축제 운영 계획

 창의의 열매

마을의 축제를 공동으로 기획하는 과정에서는 다양한 관점이 반영되며, 마을의 정체성, 전통, 역사 등이 더 잘 드러날 가능성이 높아진다. 현대적 관점만을 강조하여 마을의 역사와 전통과는 관련이 없는 축제가 탄생할 수 있지만, 마을 구성원들이 함께 어울리고 외부인을 초대할 수 있는 축제를 만들기 위해 힘을 모으고 노력하는 과정 자체는 그 자체로 큰 의미를 지닌다. 협력은 마을공동체의 결속력을 강화하고, 축제를 통해 서로의 가치를 재발견할 기회를 제공한다.

이전까지 마을의 축제를 기획하는 고도의 완성도를 갖춘 학습을 경험했다면 이 단원의 '창의의 열매'에서는 앞선 학습 과정을 이어 마무리하는 내용을 담았다. '상상의 가지'에서 기획한 축제 운영안을 바탕으로 모둠별로 자신들의 부스를 홍보하는 활동으로 구성하였다. 축제 기획에서 중요한 부분을 차지하는 홍보를 학습자가 창의적이고 개성 있는 방법으로 수행함으로써 축제를 재해석하는 새로운 관점을 기대할 수 있다.

모둠별 축제 부스를 운영할 시에 게시할 홍보 포스터를 만들어 보거나 축제 전체를 대표하는 포스터를 제작해 보는 활동을 제시하였다.

✎ 마을 축제 또는 모둠 운영 부스를 홍보하는 포스터를 제작해 봅시다.

▶ 주제:

▶ 콘셉트:

▶ 강조점:

아트페스티벌 홍보 포스터(예시)

홍보 포스터

달고나 부스 운영 홍보 포스터(예시)

마을 축제(부스) 홍보 포스터 제작

🫳 지혜의 수확

　마을 축제를 기획하고 홍보 포스터를 만드는 활동은 학습자의 기발하고 창의적인 아이디어를 바탕으로 이루어졌다. 창의적인 아이디어는 축제를 구성하는 데 중요할 뿐만 아니라 현대의 미디어 발달 환경에서는 홍보 또한 축제의 성공에 큰 영향을 미치는 요소 중 하나이다. 홍보를 위해 영상 제작이 우선될 수 있지만, 국어교과 내 매체 영역을 통해 복합 양식성을 이해하고 적용함으로써 창의적이고 기발한 아이디어를 더욱 정교하게 발전시킬 수 있다.

　마을 축제 영상을 제작하면서 복합 양식성을 이해하고 활용함으로써 국어의 매체 영역을 깊이 있게 배우고, 실제로 적용하는 과정에서 오랫동안 기억에 남는 경험을 제공할 수 있다. 이 학습 과정에서는 기존의 마을 축제를 선정하여 홍보할 수 있고, 앞서 기획한 마을 축제를 홍보하는 영상을 제작할 수 있다.

학년군	중 1~3학년군	교과	국어	영역(내용)	매체
평가 명	우리 마을 축제 홍보대사 (복합 양식성을 활용한 영상 제작하기)				
관련 성취 기준	[9국06-03] 복합 양식성을 고려하여 영상 매체 자료를. 제작하고 공유한다.				
핵심 역량	디지털·미디어 역량, 창의적 사고 역량				
평가 목적	영상 매체에서 중요한 요소인 복합 양식성을 이해하고, 마을 축제에 대한 홍보 영상을 기획하고 제작하며 창의적 아이디어를 구체화하고, 영상 매체를 활용해 메시지를 전달하는 능력을 개발함				
평가 설명	마을 축제를 홍보하기 위한 영상을 기획하고 제작하며, 영상은 단순한 촬영에 그치지 않고, 복합 양식성을 고려해 다양한 미디어 형식을 결합해 정보를 효과적으로 전달하도록 함				
평가 과정	① 마을 축제 분석 및 기획(축제의 역사, 전통, 주요 행사, 마을 자원 등) ② 복합 양식성 이해 및 적용(텍스트, 이미지, 사운드, 그래픽 등) ③ 영상 제작 ④ 영상 발표 및 감상				

230 · 마을을 담은 학교자율시간 교과서

평가 요소	영상 기획 및 합 양식 성 적용	• 영상 기획서가 목적과 타깃에 맞게 잘 구성되었는가? • 영상 제작에서 복합 양식성(텍스트, 이미지, 사운드, 그래픽 등)을 효과적으로 결합하여 메시지가 잘 전달되었는가?
	영상의 창의성과 완성도	• 영상 제작에 있어 창의적인 아이디어가 반영되었는가? • 영상의 흐름이 자연스럽고, 편집이 일관성 있게 잘 이루어졌는가? • 영상의 자막, 음악, 그래픽 등이 적절하게 사용되었는가?
	영상의 메시지 전달력	• 홍보하려는 마을 축제의 주요 내용이 명확히 전달되었는가? • 타깃 시청자들에게 효과적으로 정보가 전달될 수 있는 구성과 내용을 갖추었는가?
	협력 및 역할 분담	• 팀원 간 역할 분담이 명확하게 이루어졌으며, 협력이 원활하게 이루어졌는가? • 각자가 맡은 역할을 성실하게 수행하였는가?
평가 피드백	상	영상 기획과 복합 양식성이 매우 효과적으로 적용되었고, 창의적이고 일관성 있는 영상이 제작되었으며 메시지가 명확히 전달되었으며, 팀원들 간 협력이 원활히 잘 이루어짐
	중	영상 기획과 복합 양식성이 적절히 반영되었고, 영상의 완성도가 높으며 메시지가 명확히 전달되었으며, 팀원들 간 역할 분담이 잘 이루어짐
	하	영상 기획과 복합 양식성 적용이 기본적으로 이루어졌으나, 창의성이나 완성도에서 일부 보완이 필요하며, 메시지 전달이 다소 부족하나, 팀원 간 협력과 발표 과정에서 발전 가능성을 보임

🌾 미래의 씨앗

축제는 마을을 대표하는 즐길 거리이자 마을 구성원들이 참여하고 소통하는 중요한 장이다. 축제를 즐기는 대상으로 인식하는 데 그치지 않고, 다양한 관점에서 축제를 바라보며 마을 축제가 가진 장점과 개선할 점을 생각해 보는 것은 마을의 정체성과 역사가 어떻게 담겨 있는지를 살펴보는 기회를 제공한다. 이러한 접근은 축제를 즐기는 안목을 높이는 데 도움이 된다는 점을 인식하도록 안내해야 한다.

🌳 2-(5). 우리 마을 공정여행, 감동의 여정 🌳

소단원 개관

    여행은 새로운 경험을 통해 배움을 얻고 문화를 이해할 수 있는 훌륭한 경로다. 마을을 여행하는 것은 학교에서 배운 지식을 확인하고 응용할 수 있는 기회를 제공하며, 직접 체험하는 데 큰 의미가 있다. 마을 여행은 마을의 문화유산, 역사, 자연환경을 소중히 여기고 이를 이해하는 태도를 기르는 데 도움을 준다. 마을 여행을 통해 학습자는 지역의 주요 자원인 볼거리, 먹거리, 놀거리가 지닌 가치를 파악할 수 있으며, 이러한 자원을 활용하여 지역 사회와 자연환경을 존중하는 지속 가능한 방식으로 여행하는 공정 여행 관광상품을 기획할 수 있다. 기획은 단순한 관광을 넘어 지역 주민과의 소통을 강화하고, 지역 경제에 긍정적인 영향을 미치며, 환경을 보호하는 의식도 함께 고취할 수 있다. 마을 여행은 개인의 성장뿐만 아니라 지역 사회의 발전에도 이바지하는 중요한 활동이다.

    이 단원에서는 여행이 주는 긍정적인 요소를 바탕으로 마을의 관광 코스와 관광지를 살펴보고, 가능한 경우 체험해 보며 잘 알려지지 않았던 문화유산, 전통, 자원 등을 탐구하도록 한다. 지역 상생과 자연환경 보호, 마을의 자원·문화 및 역사 자원을 탐색하고 발굴하는 과정에서 윤리적 소비를 고려한 공정 여행의 개념을 이해하며, 이를 기반으로 공정여행 관광상품을 개발하도록 한다. 학습자는 지역 사회와 연계를 강화하고, 지속 가능한 관광의 중요성을 인식하며, 마을의 고유한 매력을 경험하게 된다.

    이 단원은 마을에 분포된 다양한 관광자원을 이해하고, 자신의 여행 경험을 떠올리면서 여행의 긍정적인 요소와 마을의 여행 자원을 연결하여 마을과 여행을 가깝게 인식하도록 구성하였다. 공정여행의 개념을 배우고 마을 공정여행 코스를 만들어보며 마을의 지속 가능한 발전을 고민할 수 있도록 하였다.

이 단원을 통해 마을의 문화와 환경에 더 넓은 세계관을 갖고 개방적인 사고를 지향하며 자기 발견, 성장과 함께 공동체가 지속해서 성장하는 데 필요한 능력을 키우고자 한다.

소단원 개요

학습목표		• 마을의 축제와 관련된 역사적, 문화적 배경을 조사하고, 축제에 활용되는 주요 자원을 이해하여 설명할 수 있다. • 마을 축제를 기획하기 위해 다양한 자원을 분석하고, 여러 관점에서 적절한 축제 테마를 선정하여 기획안을 작성할 수 있다. • 마을의 자원을 활용한 축제 기획 과정에 책임감과 협력의 태도로 참여하며, 지역 사회의 문화와 전통을 존중한다.
학습 요소		마을 관광자원과 공정여행
학습 핵심 역량		자기관리 역량, 공동체 역량
성취기준 및 관련 교과	성취기준	[9마삶-02-05] 마을의 축제를 탐색하고, 다양한 자원을 활용해 여러 관점에서 적절한 테마를 선정하여 축제를 기획한다.
	관련 교과	국어, 사회, 미술
학습 내용	생각의 씨앗	마을이 주요 장소 살펴보기, 기억에 남는 여행
	배움의 뿌리	우리 마을의 여행과 공정 여행
	탐구의 싹	우리 마을 여행 계획
	상상의 가지	우리 마을 여행 상품 개발서
	창의의 열매	우리 마을 여행 기념품 디자인하기

학습내용		
	지혜의 수확	우리 마을 여행 길잡이
	미래의 씨앗	공정 여행 실천하기

생각의 씨앗

여행은 다양한 문화, 역사, 전통을 체험할 수 있는 소중한 기회를 제공하며, 학습자는 지역 주민의 삶을 직접 경험하고 해당 지역에 대한 깊은 이해와 통찰을 얻을 수 있다. 일반적으로 여행은 특정 공간을 중심으로 이루어지며, 이 공간에 대한 호기심과 긍정적인 기대감은 여행의 동기를 강화하는 핵심 요소로 작용하고 여행지의 주요 장소에 대해 얼마나 알고 있으며, 방문한 경험이 있는지도 중요하지만, 동시에 새로운 장소에서의 독특한 체험과 그로부터 얻는 정서적 울림 역시 중요하다.

이러한 맥락에서 '생각의 씨앗'에서는 마을의 주요 장소 사진을 통해 학습자들이 마을의 주요 장소에 대해 얼마나 알고 있는지를 살펴보고, 이를 계기로 여행에 대한 단원을 시작하고자 하였다. 학습자들이 사진을 보며 친숙하거나 새로운 장소를 떠올리게 함으로써 자연스럽게 마을과 여행에 관한 관심을 유도하려는 의도를 내포하고 있다. 더 나아가, 학습자들에게 그동안 다녀온 여행 중 가장 인상 깊었던 경험을 떠올리게 하고, 이를 공유하는 시간을 통해 여행이 가지는 의미와 가치를 되새기도록 하였다.

✎ 마을의 주요 장소의 이름을 사진과 초성을 보고, 맞혀 봅시다.

ㄴㅅㄱㅇ

(   )

ㅇㅅㅍ 시민광장

(   )

ㅅㅅㄷ 산림욕장

(   )

대전 ㅎㅊㅇ

(   )

ㅇㄴㅈㅇ 문화의 거리

(   )

ㅈㅌㅅ 산림욕장

(   )

출처: 대전관광홈페이지

마을의 주요 장소 살펴보기

✎. 가장 인상적이었고 기억에 남는 여행을 떠올리며 작성해 봅시다.

▶ 우리나라 여행에서 가장 인상적이었던 여행 장소를 표시해 보고, 그때의 경험과 추억을 떠올리며 작성해 보세요.

여행 날짜	
여행을 같이 간 사람	
여행 장소	
인상 깊었던 장소	
인상 깊었던 경험	
여행 때의 감정	
추천 한 마디	

▶ 우리 지역여행에서 가장 인상적이었던 여행 장소를 표시해 보고, 그때의 경험과 추억을 떠올리며 작성해 보세요.

여행 날짜	

.
.
.

기억에 남는 여행

지역 여행을 이해하는 것은 단편적으로 여행의 종류나 주제를 아는 것을 넘어 여행의 목적과 가치를 고려하며 그 구성 요소를 깊이 탐구하는 과정이 필요하다. 여행 계획이나 상품 제작에 익숙하지 않은 학습자들에게는 다양한 여행 사례와 경험을 먼저 학습하게 함으로써 마을 여행을 설계하는 데 필요한 중요한 기반을 제공한다. 학습자들은 여행의 핵심 요소와 이를 효과적으로 연결하는 방식을 이해하며, 창의적이고 실질적인 계획을 수립할 수 있는 역량을 기르게 된다.

여행은 명소나 문화유산을 단편적으로 나열하는 것과 다르며 동일한 장소라도 주제와 방문 순서에 따라 경험의 깊이와 의미가 크게 달라질 수 있다. 학습자가 특정 장소를 나열하는 데 그치지 않고, 다양한 여행 테마를 탐구하며 마을과 여행의 관계를 깊이 이해하도록 해야 한다. 자연 생태를 주제로 한 여행과 역사적 사건을 탐구하는 여행은 같은 장소에서도 전혀 다른 경험과 배움을 제공한다. 이러한 접근은 학습자들이 마을 여행의 설계에서 각기 다른 관점을 고려할 수 있는 통찰력을 키우는 데 도움을 준다.

공정여행은 청소년들에게 상대적으로 낯선 개념이지만, 지역 경제에 기여하고 환경을 보호하며 문화를 존중하는 지속 가능한 여행으로서 큰 가치를 지닌다. 공정여행은 일반적인 책임 있는 소비에 그치지 않고, 지역 주민과 협력하여 공동체의 가치를 강화하는 데 초점을 맞춘다. 학습자들은 공정여행의 개념과 방법을 이해하고, 마을 여행을 공정여행의 관점에서 기획하며 실천하는 기회를 얻는다. 학습자들은 공정여행이 하나의 여행 방식이 아니라 지속 가능한 삶의 방식과도 연결될 수 있음을 깨닫게 된다.

이 소단원에서는 학습자들이 마을과 여행을 창의적으로 연결하고, 지역 사회와 상생하는 지속 가능한 여행의 가치를 배운다. 학습자들은 여행이 주된 목적인 관광객이 아닌 지역 사회의 일원으로서 책임감 있는 태도를 기를 수 있다.

✏️ 우리 마을의 여행을 알아 봅시다.

▶ 월별 테마 여행

출처: 대전관광홈페이지

⋮

▶ 댕댕이와 대전 여행(대전반려동물공원)

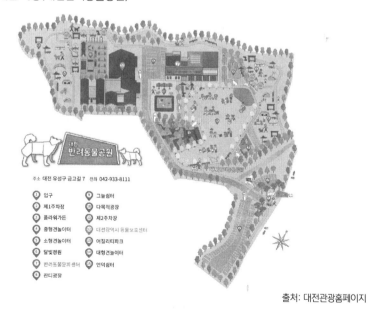

출처: 대전관광홈페이지

▶ 대전스토리 투어

코스 안내			
원도심 투어	① 1919 백년 여행 ② 스튜디오대전 ③ 5감체험 여행	토, 일 오전·오후 총 20회	· 참 가 비 : 3천원(학생 단체 무료) · 참가신청 : 대전 스토리투어 홈페이지 및 전화 신청 · 신청 전담인력 배치 : 042-252-3305 · 모집인원 : 코스별 20명 이내 · 단체 참가는 최대 25명까지 가능
원도심투어	① 갑천 ② 유등천 ③ 대청호대덕구 ④ 대청호동구	토,일(05.00~08.00) 총 20회	
원도심투어	① 대동하늘공원 ② 갑천반딧불이	평일, 토 (18:00~21:00) 총 10회	※ 자세한 사항은 아래에서 확인하시길 바랍니다 밴드 : https://band.us/@storytour2017 스토리 투어 공식 블로그 : https://blog.naver.com/djst2016 facebook : https://www.facebook.com/djstorytour · 스토리투어 참가신청 : http://bit.ly/2KNnp6m

출처: 대전관광홈페이지

▶ 대전 시티투어

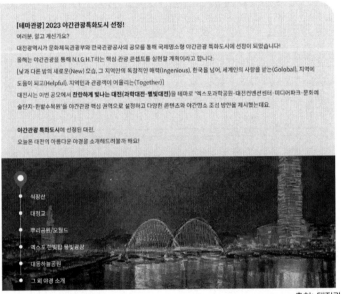

낮 보다 아름다운 밤, 대전

[테마관광] 2023 야간관광특화도시 선정!
여러분, 알고 계신가요?
대전광역시가 문화체육관광부와 한국관광공사의 공모를 통해 국제명소형 야간관광 특화도시에 선정이 되었습니다!
올해는 야간관광을 통해 N.I.G.H.T라는 핵심 관광 콘셉트를 실현할 계획이라고 합니다.
[낮과 다른 밤의 새로운(New) 모습, 그 지역만의 독창적인 매력(Ingenious), 한국을 넘어, 세계인의 사랑을 받는(Golobal), 지역에 도움이 되고(Helpful), 지역민과 관광객이 어울리는(Together)]
대전시는 이번 공모에서 **찬란하게 빛나는 대전(과학대전·별빛대전)**을 테마로 '엑스포과학공원-대전컨벤션센터-미디어파크-문화예술단지-한밭수목원'을 야간관광 핵심 권역으로 설정하고 다양한 콘텐츠와 야간명소 조성 방안을 제시했는데요.

야간관광 특화도시에 선정된 대전,
오늘본 대전의 아름다운 야경을 소개해드려볼까 해요!

식장산
대청교
뿌리공원/오월드
엑스포 한빛탑 물빛광장
대동하늘공원
그 외 야경 소개

출처: 대전관광홈페이지

우리 마을의 여행

지역 여행은 마을을 이해하고 알아가는 것과 함께 그 안에 숨겨진 이야기와 삶의 모습, 정을 느낄 수 있는 소중한 여정이다. 오늘날 지역 여행은 다양한 콘텐츠와 테마 개발, 정보통신 기술의 활용으로 예전보다 훨씬 다양한 형태로 진행되고 있다. 유명한 공간이나 한정된 장소를 방문하는 여행이 아닌 근래에는 장소의 내재한 의미나 분위기, 이야기 등을 중시하며 '옛날'의 특정 장소나 콘텐츠에 국한되지 않게 되었다. 빵 투어, 맛집 탐방, 독립 서점 방문 등 다양한 장소를 탐방하며 그 지역의 고유문화와 콘텐츠를 즐기는 방향으로 발전하고 있다. 물론, 특정 장소가 주는 의미와 기억은 여전히 중요하며, 여행의 가장 기억에 남는 부분이기도 하지만 학습자는 이러한 변화하는 전반적인 여행 경향을 인식해야 한다.

특정 장소 위주의 여행을 아는 것뿐만 아니라 지역의 특색을 담은 테마 여행과 이색 여행에 대해서도 알아보는 것이 중요하다. 마을을 여행이라는 별도의 이름으로 둘러보는 경험이 드문 만큼 이번 기회를 통해 '여행으로서의 마을'을 경험하는 것이 의미 있다. 이를 위해 다양한 마을 여행에 대한 이해를 바탕으로 마을의 경제에 기여하고 환경을 보호하며 문화를 존중하는 공정여행의 중요성을 인식하는 것도 필요하다. 여행의 즐거움과 함께 여러 요소를 고려하며 공동체 구성원으로서 책임을 실천하는 방법을 배우는 것은 여행에 대한 새로운 관점을 제시하는 데 기여할 것이다.

학습자들은 지역 여행을 통해 마을과의 관계를 새롭게 맺는 기회로 삼을 수 있다. 특히, 마을 여행을 통해 지역 주민들과 소통하며 그들의 삶과 이야기를 이해하는 과정은 학습자들에게 공동체적 가치를 체득하게 한다. 궁극적으로, 마을과 여행의 연결은 학습자들에게 마을을 새로운 시각으로 이해하고, 공동체 일원으로서 역할을 실천할 수 있는 소중한 경험이 될 수 있다.

✎ 우리 지역의 관광 코스 중에서 하나를 선정하여 여행해 봅시다.

여행 계획		여행 보고서	
여행 코스		여행 코스	
여행 일자		여행 일자	
여행 참가자		여행 참가자	
예상 소요 시간		소요 시간	
여행 제목		느낀 점	
준비물		활동사진	
		가장 좋았던 곳	

우리 마을 여행 계획서와 보고서

✎ 위에 제시된 관광 코스 중에서 가보고 싶은 곳을 3곳 선정하여 티켓을 작성해 봅시다.

INFORMATION

NAME

DATE OF BIRTH

PHONE NUMBER

MEMO

우리 마을 여행 티켓

상상의 가지

학습자에게 지역의 다양한 여행을 안내하고 경험할 기회를 제공하는 것과 더불어 지역 여행을 통해 마을의 자원인 놀거리, 볼거리, 즐길 거리, 먹거리에 주목해야 한다. 앞선 활동에서 언급했듯이, 지역의 여행 상품을 소비자로서 그 상품을 분석하고 평가하여 마을의 새로운 여행 상품을 개발하는 것이 이 단원의 주된 목표이다. 학습자는 여행 상품 이용자가 아니라 참여형 소비자(Prosumer)와 창의적 소비자(Modisumer)로서 마을에 숨겨진 자원을 발굴하고 알리며 오랫동안 머물 수 있는 여행 방안을 창출하는 경험을 하게 된다.

여행 상품 개발은 학습자가 어려움을 느낄 수 있는 과정일 수 있지만 마을의 놀거리, 볼거리, 즐길 거리, 먹거리는 다양한 요소에 따라 달라질 수 있다. 청소년 학습자는 성인의 관점과는 다른 새로운 시각으로 접근하고 제안할 수 있는 기회를 가진다.

이러한 여행 상품이 공정여행의 가치를 담아 지역 사회와 공생을 지향함으로써 마을을 더욱 가치 있게 여기고 상품 개발에 대한 노력을 담을 수 있다. 마을 여행 상품을 개발하는 경험은 마을을 더 깊이 이해하게 하고, 장소와 장소를 연결하며 사람과 공간이 어우러져 마을을 조망하는 능력을 기를 기회가 될 것이다.

✎ 마을의 놀거리, 먹거리, 즐길 거리, 볼거리를 활용하여 모둠별로 마을 여행 상품을 개발해 봅시다.

여행 상품명	
주 고객층	
여행 일정(0박 0일)	

1일 여행 소요 시간	
1인당 참여 경비	
여행 상품 홍보 문구	
주요 장소	
구경할 것	
여행코스(주요 장소를 토대로 코스 및 일정을 짬)	
식사 장소 (맛집)	
숙소	
준비물	
여행 기념품	
기타	

우리 마을 여행 상품 개발서

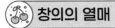 **창의의 열매**

　앞선 학습 과정을 통해 우리 마을의 공정여행 상품과 코스를 만들어보았다면 단원의 목표에 어느 정도 도달했다고 볼 수 있다. 마을에 분포된 자원에 대해 학습자와 모둠이 함께 탐구함으로써 개별 학습자가 미처 생각하지 못한 마을의 자원을 인식하게 되었고, 함께 알고 있던 마을 자원에 대해 더 깊이 있는 대화를 나누는 기회도 가졌을 수 있다.

　학습을 마무리하면서 앞선 '2–⑷. 우리 마을 축제, 상상과 현실을 잇다' 단원과 유사한 활동을 제안할 수 있다. 그러나, 반복적인 학습 활동은 학습자가 피로를 느낄 수 있기에 여행의 고유한 특징에 중점을 두어 마무리 활동을 구성할 수 있다. 대다수 여행자는 지역의 특산물이나 기념품을 구매하여 돌아오는 경우가 많기에 이 소단원의 '창의의 열매'에서는 여행을 마치고 돌아오는 상황을 가정하여 학습자가 생각하는 마을의 특색과 특산품을 담은 기념품을 디자인하는 활동을 실행하고자 한다. 각양각색의 기념품에 담길 마을의 특색은 학습자의 창의성을 높일 기회를 제공할 것이다.

✎ **우리 마을의 특색이 담긴 여행 기념품을 디자인해 봅시다.**

〈여행 기념품 예〉
열쇠고리, 기념 자석, 펜, 명함 케이스, 액자, 북클립, 연필, 펜, 잔(컵), 오프너, 인형, 카드(엽서), 텀블러, 수건 등

우리 마을 여행 기념품 디자인하기

지혜의 수확

마을의 다양한 자원, 즉 먹거리, 놀거리, 볼거리, 즐길 거리는 마을의 문화를 함축하고 있으며, 문화를 재창출하는 역할도 한다. 작은 마을이나 지역의 문화가 현대 정보통신 기술의 발달과 맞물려 세계 여러 지역으로 소개되는 사례가 많다. 우리나라의 매운 볶음면과 달고나는 전 세계적으로 인기를 끌고 있으며, 우리 고유의 농기구인 호미도 주목받고 있는 것이 그 예이다. 문화와 자원을 알리는 것과 이들이 주목받는 것은 상호관련성이 깊다. 특정 문화나 자원이 SNS를 통해 널리 알려져 주목받기도 하지만 반대로 한동안 주목받지 못했던 문화와 자원이 갑자기 인기를 끌며 널리 알려지는 예도 있다. 우리 마을의 문화와 자원 역시 소소한 일상에서 즐기는 소재일 수 있지만, 그 안에는 무한한 가능성이 숨어 있다고 할 수 있다.

'지혜의 수확' 활동에서는 마을의 모둠별로 먹거리, 놀거리, 볼거리, 즐길 거리를 선정하여 이를 영어로 소개하는 글을 작성하고 발표하는 기회를 가질 수 있다.

학년군	중 1~3학년군	교과		영어	영역(내용)	쓰기
평가 명	우리 마을 여행 길잡이 (우리 마을 여행 안내문 작성하기)					
관련 성취 기준	[9영04-01] 일상에 관한 주변의 대상이나 상황을 묘사하는 문장을 쓸 수 있다. [9영04-05] 자신이나 주변 사람, 일상생활에 관해 짧고 간단한 글을 쓸 수 있다.					
핵심 역량	공동체 역량, 지식정보처리 역량					
평가 목적	일상생활에 관한 다양한 놀거리, 볼거리, 먹거리 등 마을의 주요 장소와 요소들을 간단하고 명확한 문장으로 안내하고, 구체적이고 간단하게 묘사하는 능력을 평가함					
평가 설명	자신이 속한 마을에서 놀거리, 볼거리, 먹거리, 즐길 거리를 찾아내고, 이를 간단하고 명확한 문장으로 안내문 형식으로 작성하며, 안내문은 마을을 방문하는 사람들에게 쉽게 이해될 수 있도록 구성해야 하며, 짧고 간결한 문장으로 각 요소를 설명하는 데 중점을 둠					

평가 과정	① 마을 탐색 및 자료 수집
	② 안내문 기획 및 구성(4명이 놀거리, 볼거리, 먹거리, 즐길 거리 중 각 1개씩 담당)
	③ 안내문 작성
	④ 검토 및 수정

평가 요소	주제에 맞는 자료 수집	• 마을의 놀거리, 볼거리, 먹거리, 즐길 거리를 적절하게 탐색하고 관련 정보를 수집했는가?
		• 정보가 목적에 맞고, 안내문 작성에 적합한가?
	문장의 간결성 및 명료성	• 문장이 짧고 간결하게 구성되었으며, 독자가 쉽게 이해할 수 있는가?
		• 마을의 다양한 요소를 명확하게 설명하고 있는가?
	일상생활 묘사	• 마을의 일상적인 대상이나 상황을 구체적으로 묘사했는가?
		• 문장 구성이 명확하며, 마을의 특색을 잘 반영하고 있는가?
	구성 및 내용의 일관성	• 안내문의 구조가 논리적이며, 각 부분이 일관되게 연결되었는가?
		• 마을의 다양한 요소가 체계적으로 소개되었는가?
	맞춤법 및 문법	• 맞춤법과 문법에 오류가 없는가?
		• 문장이 자연스럽고 매끄러운 흐름을 가지고 있는가?

평가 피드백	상	주제에 맞는 정보를 충분히 수집하고, 문장을 짧고 간결하게 구성하여 독자가 쉽게 이해할 수 있으며, 마을의 특색을 구체적으로 잘 묘사했으며, 맞춤법과 문법 오류가 거의 없음
	중	주제에 맞는 정보를 적절히 수집하고, 문장이 간결하게 구성하였으며 마을의 주요 요소를 잘 설명했으며, 맞춤법과 문법도 대체로 정확함
	하	주제에 맞는 정보를 일부 수집하였으나, 문장 구성에서 간결성과 일상생활 묘사와 문장 명료성이 다소 부족하며, 맞춤법 및 문법에서 일부 개선이 필요함

🌾 미래의 씨앗

학습자가 경험하는 여행은 학부모, 보호자가 주로 계획하고 함께하는 여행일 것이다. 지역 여행과 공정여행에 관해서 학습 후에는 가족 여행 시에 공정여행의 취지와 목적을 살린 여행을 계획해 보도록 안내하여 공동체 구성원이 상생하는 여행을 실천하도록 한다.

◆ 3. 우리 마을을 위한 나의 발걸음 ◆

이 대단원에서는 '마을의 삶과 앎' 교육과정에서 '마을을 위한 실천과 성장' 영역을 구체화하여 제시하였으며, 마을을 위한 실천과 성장을 주된 내용으로 학습자가 탐구할 수 있도록 구성하였다.

대단원 개관

이 단원에서는 마을공동체의 구성원으로서 삶의 바탕을 이루는 마을을 위해 기여할 방법을 탐구하고, 이를 실천하는 과정을 통해 개인과 공동체가 함께 성장하는 경험을 학습하도록 한다. 마을은 상호 의존과 협력을 기반으로 한 사회적 공동체이므로 마을의 미래를 위한 구체적인 실천은 사회적 책임감과 주도적인 태도를 함양할 수 있으며, 이는 마을의 지속적인 성장과 긍정적인 변화를 촉진할 수 있다.

마을에는 다양한 직업이 존재하며 이러한 직업들은 마을 경제의 중요한 토대이자 개인의 자아실현을 위한 통로가 된다. 마을의 직업을 조사하고 체험해 보며 직업에 대한 이해를 더욱 깊이 있게 할 수 있으며, 이는 학습자에게 진로와 직업 탐색의 기회를 제공한다. 마을 내에서 창업을 통해 기존의 자원을 새롭게 바라보거나 혁신적인 아이디어를 제안하는 경험은 학습자가 자신의 관심사와 전문성을 적용하는 데 큰 도움이 된다.

마을의 생태 환경 보호와 지속 가능한 발전은 미래 사회를 위한 필수적인 과제이다. 마을의 생태를 위한 작은 실천이 개인의 성장과 마을 발전으로 이어질 수 있음을 인식하게 되고, 지속적인 관심과 행동으로 지역사회의 발전을 도모할 수 있는 민주시민으로 성장할 수 있다.

이 단원은 마을의 가치와 그 안에서의 역할을 명확히 이해하고, 실제로 이바지하는 과정에서 학습자가 진정한 공동체의 일원으로서 책임을 느끼고, 나아가 더 나은 사회를 만드는 데 필요한 능력을 배양하는 데 중점을 두고 있다. 이러한 과정은 궁극적으로 학습자에게 개인적인 성장을 넘어 지역사회의 지속 가능성과 복지를 위한 중요한 기초를 제공할 수 있다.

위의 내용을 종합하면, 마을을 통한 참여와 역할을 다룬 단원에서는 '우리 마을에는 어떤 직업이 있을까?', '우리 마을에 어떤 가게를 만들어 볼까?', '우리 마을의 탄소 배출을 어떻게 줄일까?', '우리 마을 구성원을 위한 어떤 지도를 만들어 볼까?', '우리 마을은 어떤 미래에 어떻게 변할까?'라는 핵심 질문을 중심으로 정리할 수 있다. 이 질문을 중심으로 다음과 같이 세부 단원을 구성하였으며 각각 학습 요소와 핵심 역량은 다음과 같다.

소단원 명	학습 요소(핵심 역량)
우리 마을의 직업 팔레트	마을의 직업, 마을 직업 체험 (자기관리 역량, 지식정보처리 역량)
우리 마을 창업 레시피	마을의 경제활동과 창업 (자기관리 역량, 공동체 역량)
우리 마을 친환경 대작전	친환경 마을 (공동체 역량, 협력적 소통 역량)
우리 마을의 보물 지도	마을 지도 (창의적 사고 역량, 지식정보처리 역량)
미래의 우리 마을, 모두의 가능성	미래의 마을, 지속 가능한 마을 (공동체 역량, 협력적 소통 역량)

♣ 3-(1). 우리 마을의 직업 팔레트 ♣

소단원 개관

사람들은 자신의 적성과 능력, 사회적 필요 등에 따라 직업을 선택하며, 이 직업은 생계를 유지하고 자신이 속한 사회에 기여하는 중요한 역할을 수행한다. 직업은 경제적 여건을 위한 수단일 뿐만 아니라 개인의 자아실현, 사회적 기여, 공동체 발전에도 필수적인 기능을 한다. 마을에서는 다양한 직업이 존재하며, 이러한 직업을 이해하고 체험하는 과정은 학습자에게 직업에 대한 더 깊은 통찰을 제공한다. 마을의 직업을 간접적으로 체험해 보며, 학습자는 자신의 생활 속에서 진로에 관해 고민하고, 직업인이 되기 위한 능력을 구체적으로 생각해 볼 수 있다. 예를 들어, 농업, 상업, 서비스업 등 다양한 직업을 통해 마을의 경제가 어떻게 운영되는지를 직접 경험함으로써 자신이 원하는 직업의 요구 사항과 그에 필요한 역량을 구체화할 수 있다. 마을에서 운영되는 상점, 병원, 은행, 행정 기관 등을 탐방하며 각 직업의 역할과 중요성을 이해하고, 마을의 사회적 구조에 대한 인식을 높일 수 있다. 이 과정에서 학생들은 자신이 속한 사회와의 관계를 탐구하고, 직업 선택에 있어 더 책임감 있는 결정을 내릴 수 있는 기회를 얻게 할 수 있다.

이 단원에서는 직업의 개념과 중요성을 이해하고, 마을 내 직업의 분포 및 구성 등을 분석하여 마을의 산업활동을 파악하도록 한다. 자기 진학이 관련된 마을의 직업을 조사하고, 해당 직업에 필요한 역량과 자격을 살펴보며, 이를 바탕으로 자신의 진로 및 진학 계획을 수립하도록 한다.

이 단원은 상점, 병원, 은행, 행정 기관 등 마을에서 운영되는 다양한 직업을 이해하도록 구성되었다. 학습자는 마을의 경제활동과 구조를 탐구하고, 자신의 진로 및 진학과 연계하여 진로 목표를 설정하며, 이를 달성하기 위한 구체적인 계획을 수립하도록 구성하였다.

이 단원을 통해 학습자와 관련한 마을의 직업을 체험하고 탐구함으로써 진로 목표를 설정하고 이를 관리하는 능력을 향상하며, 마을의 경제 상황 및 직업 구조에 대한 자료를 수집하고 처리하는 능력도 키우고자 한다.

소단원 개요

<table>
<tr>
<td rowspan="3">학습목표</td>
<td>• 마을에 분포한 다양한 직업군과 그 직업들의 특징, 변화 경향을 조사하고 설명할 수 있다.</td>
</tr>
<tr>
<td>• 마을의 직업들을 분석하고, 각 직업의 사회적, 경제적 가치를 파악하여 자신의 진로 탐색 과정에 반영할 수 있다.</td>
</tr>
<tr>
<td>• 마을의 직업들이 지역사회에 미치는 긍정적인 영향을 존중하며, 자신의 진로 선택에 있어 직업의 가치를 고려하는 태도를 기른다.</td>
</tr>
<tr>
<td>학습 요소</td>
<td>마을의 직업, 마을 직업 체험</td>
</tr>
<tr>
<td>학습 핵심 역량</td>
<td>자기관리 역량, 지식정보처리 역량</td>
</tr>
<tr>
<td rowspan="2">성취기준 및 관련 교과</td>
<td>성취기준</td>
<td>[9마삶-03-01]
마을에 분포한 직업과 그 경향을 분석하고, 마을 내 직업의 가치를 이해하여 자신의 진로와 직업을 탐색한다.</td>
</tr>
<tr>
<td>관련 교과</td>
<td>국어, 수학, 미술, 진로</td>
</tr>
<tr>
<td rowspan="5">학습 내용</td>
<td>생각의 씨앗</td>
<td>마을 직업 빙고, 마을 직업 둘러보기</td>
</tr>
<tr>
<td>배움의 뿌리</td>
<td>마을의 산업 구조, 마을의 경제활동</td>
</tr>
<tr>
<td>탐구의 싹</td>
<td>내가 되고 싶은 마을 속 직업</td>
</tr>
<tr>
<td>상상의 가지</td>
<td>마을 직업 체험, 마을 내 직업 멘토와의 면담</td>
</tr>
<tr>
<td>창의의 열매</td>
<td>마을 직업 픽토그램으로 표현하기, 나의 진로 계획</td>
</tr>
</table>

학습내용		
	지혜의 수확	우리 마을 직업과 통계
	미래의 씨앗	나의 꿈 발표, 나의 진로 선언

생각의 씨앗

학습자들은 일상에서 다양한 직업을 접하며 이들을 동경하고 꿈꾸기도 한다. 많은 경우 학습자는 희망하는 직업에 대한 명확한 이상을 가지고 있지만, 직업에 대한 이해 부족과 다양한 탐색 기회의 결여로 인해 자신의 직업적 목표가 불명확한 경우가 있다. 학교에서는 창의적 체험활동, 자유학기제, 진로 수업 등을 통해 학습자들의 진로 및 직업 탐색을 지원하고 있다. 이러한 노력과 함께 중요한 것은 학습자가 주변을 관찰하며 다양한 직업을 살펴보는 것이다.

마을에는 수많은 직업이 존재하며 이와 관련된 다양한 진로와 학과도 있다. 마을의 직업은 가장 손쉽게 접할 수 있는 대상이기도 하다. 학습자는 등교하는 길에 접하는 공간에서 항상 직업인을 만나게 된다. 학교 수업을 통해 여러 직업을 이해하는 것도 중요하나 일상 속인 마을에서 직업을 관찰하고 탐색하는 것이 더 현실적이고 의미 있는 진로 탐색이 될 수 있다.

'생각의 씨앗'에서는 마을에서 자주 가는 장소와 관련한 직업을 탐색하고, 마을의 직업을 짝과 함께 게임을 통해 이해할 수 있다.

✎ 우리 마을의 직업을 활용하여 직업 빙고를 짝과 함께해 봅시다.

<직업 빙고 하는 법>				
1. 마을 속 직업을 쓰고 밑에 장소를 적습니다. [예: 의사(○○○병원)]				
2. 가위바위보로 순서를 정합니다.				
3. 번갈아 가면서 자신이 작성한 빙고 판의 직업을 하나씩 말합니다.				
4. 4줄 빙고를 먼저 완성하는 모둠이 승리합니다.				

마을 직업 빙고

✎ 나의 생활 이동 경로를 만들어 보고, 경로 속에서 만나는 직업을 탐색해 봅시다.

<나의 생활 이동 경로>

▶ 날짜: 월   일

▶ 나의 이동 장소 떠올려 보기(예: 집-학교-학원-PC방-탕후루가게-집):

▶ 나의 이동 경로 표시해 보기(이동 경로는 지도에 이동 장소를 표시하고, 선으로 이어 보는 것)

▶ 나의 이동 경로 중 관찰하거나 마주한 직업과 하는 일을 간단히 써보세요.

	장소(상호)	직업	하는 일
1			
2			
3			
4			
5			
6			

마을 직업 둘러보기

　　마을의 직업에 관해서 본격적으로 알아보는 것은 마을의 수없이 많은 직업을 하나부터 열까지 학습하는 것을 의미하지 않는다. 마을의 직업 수는 셀 수없이 많을 뿐만 아니라 직업의 이름을 가나다순으로 정리하여 학습할 시간이 많지 않고, 학습의 본질이 아니다. 마을의 직업 관련 내용은 학습자가 관심 있고 알고 싶은 부분을 더 깊이 있게 이해하고, 탐구하는 것이 필요하며 학습자 개개인을 위한 정보를 제공하기에는 한계가 있다.

　　그러므로, '배움의 뿌리'에서는 직업이라는 한정적인 단어에 중점을 두기보다는 직업이 속하고 직업과 영향을 주고받는 지역의 경제 상황이나 직업 활동을 이해해 보는 것이 유의미하다고 판단할 수 있다. 지역의 경제 구조나 산업 활동을 이해하는 것은 직업을 이해하는 것의 기반이 되며, 마을 내의 직업을 단편적으로 이해하는 것을 지양하고 포괄적인 맥락에서 이해하도록 돕는다.

✎ 지역의 산업 활동

▶ 농업

대전 주변 지역의 농업은 노동 집약적 근교 농업으로서 좁은 땅에 여러 가지 시설을 이용한 원예농업이 중심을 이루고 있다. 새로운 기계와 새로운 시설 기술을 이용하여 소득을 높이는 데 노력하고 있다. (후략)

⋮

▶ 공업

대전의 공업이 발달한 까닭으로는, 첫째 경부·호남선 철도와 고속국도, 일반국도의 분기점을 이루고 있어 교통이 편리하다는 점을 들 수 있다. 둘째, 토지와 수자원 등 풍부한 개발 잠재력을 보유하고 있으며 (후략)

지역의 경제

생산·소득									사업체수								

출처: 대전광역시청홈페이지

탐구의 싹

 학습자가 자신의 진로와 직업을 탐색하는 데 있어 마을에 있는 직업만을 한정 짓지 않고, 마을에서 접하는 다양한 직업을 통해 직업의 세계를 이해하도록 하는 것이 주된 목적이다. 마을은 다양한 직업 세계와 미지의 직업을 이해하는 중요한 출발점이 될 수 있다. 친숙하고 가까운 공간인 마을에서 직업을 이해하고 체험하는 것은 마을의 또 다른 강점이다. 전문적이고 체계적인 장비가 갖춰진 대학교나 직업 체험처에서의 경험도 소중하지만, 마을에서 일상적으로 지나치고 접하는 직업을 직접 경험해보는 것도 매우 가치 있는 경험이 될 수 있다.

 학습자가 관심 있는 분야와 직업군을 찾아보고, 그 직업을 가진 마을의 대상을 깊이 있게 탐구하는 과정은 직업을 더욱 가깝고 쉽게 이해하는 데 중요한 기반이 될 수 있다. 이러한 탐색은 학습자가 직업에 관한 관심과 이해를 높이고, 실질적인 경험을 통해 해당 직업의 현실을 더 잘 알 수 있도록 도와준다.

 즉, 학습자들은 파편적으로 직업의 역할과 기능을 배우는 것을 넘어 직업이 지역 사회와 어떤 방식으로 연결되고 기여하는지 이해하게 된다. 마을에서의 직업 탐색은 학습자들에게 가까운 곳에서 실현이 가능한 진로의 가능성을 보여주고, 직업이 가진 사회적 의미와 가치를 발견하는 데 도움을 준다.

✎ 다양한 직업 중에서 자신이 되고 싶은 직업을 선택해 보고, 마을에서 관련 직업을 찾아 봅시다.

※ 직업에 관한 자세한 정보는 커리어넷(www.career.go.kr)에서 찾아볼 수 있습니다.

내가 되고 싶은 직업:	
내가 직업을 선택한 이유:	
우리 마을 속 직업의 모습:	

내가 되고 싶은 마을 속 직업

✎ 마을의 직업을 체험해 보기 위한 계획서를 작성해 봅시다.

체험 희망 직업	
장소명 또는 상호 명	
위치(장소)	
하는 일	
관련 학과	
연봉	
필요 자격	
필요한 역량	

✎ 마을의 직업을 체험하고, 체험 소감을 담은 보고서를 작성해 봅시다.

체험 희망 직업	
장소명 또는 상호 명	
위치(장소)	
이 직업이 하는 일	
이 직업의 중요성	
직업 체험 내용	
인상 깊었던 점	
이 직업에 관한	
나의 소감	
배운 점	
체험이 나의 진로에 미친 영향	
이 직업을 앞으로 더 알아보고 싶은 이유	
다음에 체험해 보고 싶은 직업	

마을 직업 체험 계획서와 보고서

🌱 상상의 가지

마을의 직업을 체험할 수 있는 여건이 마련된다면 이는 학습자에게 색다른 경험을 제공할 수 있다. 학교 교육활동에서는 다양한 지역 학습자원을 활용하여 지역과 연계된 진로 및 직업 체험활동이 이루어지고 있다. 체험은 전문적이고 체계적이며 조직적인 형식으로 진행되며, 학습자가 자신의 진로에 대해 고민하고 탐색하는 데 도움을 준다. 직업에서의 주된 활동을 중심으로 체험함으로써 학습자는 인상 깊은 경험을 통해 기억에 남는 유익한 시간을 보낼 수 있다.

마을 내 직업 체험 또한 비슷한 장점이 있다. 실제 마을의 직업을 관찰하고 체험함으로써 학습자는 직업을 깊이 이해할 수 있다. 마을 내 직업 체험의 가장 두드러진 장점은 주된 직무와 함께 다양한 요소를 함께 관찰하고 체험할 수 있다는 점이다. 바리스타 체험을 할 경우, 학습자는 커피 제조 과정뿐만 아니라 매장을 청소하고, 물품을 정리하며, 커피를 선별하고 볶는 등의 과정도 함께 보게 된다. 학습자는 '바리스타는 커피를 만드는 사람'이라는 등식을 넘어 직업의 다양한 측면을 고려해야 하는 사람이라는 사실을 알게 된다. 이 소단원의 '상상의 가지'에서는 깊이 있는 면담을 통해 직업을 살펴보는 활동을 구성하고자 한다.

✏ 마을 내 직업 체험에서 직업 멘토와의 면담을 계획해 봅시다.

면담 목적	
면담 대상	
면담 대상 선정 이유	
면담 일정	
면담 장소	
면담 질문	

준비물	
기타	

마을 내 직업 멘토와의 면담 계획

🚲 창의의 열매

　학습자들은 자유학기제, 창의적 체험활동, 진로 수업 등 여러 경로를 통해 자신의 진로와 직업을 탐색할 기회를 얻기도 하지만, 제한된 부분도 존재한다. 자기 이해를 바탕으로 학습자가 진로를 탐색하고 직업을 선택할 수 있도록 돕는 것은 중학교 교육과정의 궁극적인 목표 중 하나일 수 있다. 진로와 직업을 이해하는 방법으로는 여러 유형의 검사, 진로 탐색 활동, 직업 강연 등이 있으며, 이 중에서도 관련 학과 체험과 직업 체험은 그 직업을 깊이 있고 직관적으로 이해하는 기회를 제공한다.

　학습자에게 진로와 직업의 선택은 단 몇 번의 직업 체험으로 결정될 수 있는 것이 아니다. 다양한 여건과 요인이 상호작용하면서, 학습자는 고도의 자기 탐색과 이해, 직업에 관한 깊이 있는 고민과 성찰을 통해 접근해야 한다. 직업을 이해하는 것은 표면적으로 보여지는 일이나 연봉, 필요한 능력을 파악하는 데 그치지 않고, 해당 직업에 대한 전반적인 이해를 포함한다. 그 직업을 설명하거나 표현할 수 있다면 일정 수준의 이해가 이루어졌다고 기대할 수 있다.

　이 소단원의 '창의의 열매'에서는 학습자가 마을에서 체험한 직업 또는 되고 싶은 직업을 픽토그램으로 표현해 보며 직업에 관한 정보를 집약적으로 표현해 보고자 한다.

✎ 마을에서 체험한 직업 또는 희망하는 직업의 특징을 고려하여 픽토그램으로 표현해 봅시다.

마을 직업 픽토그램으로 표현하기

✎ 자신의 성향과 흥미, 적성을 토대로 아래의 내용을 작성해 봅시다.

자기분석	흥미와 적성	내가 좋아하는 과목이나 활동:
		내가 잘하는 기술이나 능력:
	성격과 가치관	내 성격을 한 단어로 표현:
		나에게 가장 중요한 가치:
진로 탐색	관심 있는 직업 리스트	내가 탐색하고 싶은 직업:
	직업에 관한 조사	직업명:
		필요 역량:
		자격 요건:
		이 직업의 장단점:

목표 설정	단기 목표 (1년 이내)	내가 이루고 싶은 목표:
	중기 목표 (3~5년 이내)	내가 이루고 싶은 목표:
	장기 목표 (5년 이상)	내가 이루고 싶은 목표:
행동 계획	목표를 이루기 위한 구체적인 계획	다음 단계로 할 것(관련 교육 이수, 경험 등):
		자원 활용 방안(멘토링, 직업 체험 등):
자기 점검 및 피드백	주기적으로 이 계획을 점검하고 수정할 사항	
	내가 이 계획을 어떻게 진행하고 있는지 매달 점검하고 기록	

나의 진로 계획서

🫕 지혜의 수확

마을의 직업을 알고, 체험하는 것이 마을 직업 이해의 핵심적인 내용이지만, 마을 내 다양한 직업의 분포와 관련된 데이터를 수집하고 분석함으로써, 직업에 대한 이해를 높이고 마을의 경제적 구조를 파악해 보는 것도 직업에 관한 실질적인 이해를 도울 수 있다.

통계를 통해 마을에서 어떤 직업이 많이 분포하고 있는지, 특정 직업군의 비율이 어떻게 되는지를 알아보며 학습자들이 통계적 사고를 기르는 데도 영향을 미칠 수 있다. 기존의 자료를 활용하는 것도 방법이지만, 학습자가 직접 통계 자료를 분류, 분석해 봄으로써 마을에 관한 구체적인 이해를 높일 수 있다.

'지혜의 수확'에서는 마을 직업 분포와 경향을 통계 포스터로 작성해 보는 활동을 제안할 수 있다.

학년군	중 1~3학년군	교과	수학	영역(내용)	자료와 가능성
평가 명	우리 마을 직업과 통계 (직업 분포와 통계 분석하기)				
관련 성취 기준	[9수04-04] 통계적 탐구 문제를 설정하고, 공학 도구를 이용하여 자료를 수집하여 분석하고, 그 결과를 해석할 수 있다.				
핵심 역량	의사소통 역량, 연결 역량				
평가 목적	마을의 직업 분포와 경향을 주제로 통계적 문제를 설정하고 자료를 분석하는 방법을 배우고, 통계적 데이터를 효과적으로 해석하여 마을 내 다양한 직업과 그 경향을 파악함으로써 지역사회의 구조와 특징을 이해하고, 이를 분석한 결과를 시각적 자료로 정리함				
평가 설명	마을의 직업 분포와 경향을 탐구 주제로 설정한 후, 다양한 방법을 통해 자료를 수집하고, 수집된 자료는 공학 도구를 사용하여 분석하고, 그 결과를 통계적 시각 자료로 효과적으로 제작하여 표현함				
평가 과정	① 탐구 문제 설정 ② 자료 수집 ③ 공학 도구를 통한 자료 분석 ④ 통계 포스터 제작				

	탐구 문제 설정의 적절성	• 탐구 문제가 명확하고 구체적으로 설정되었는가? • 마을의 직업 분포 및 경향이 실제적이고 중요한 문제를 다루었는가?
	자료 수집의 적절성	• 자료를 적절한 출처(공공 데이터베이스, 현장 조사 등)를 통해 수집하였는가? • 수집한 자료가 탐구 문제 해결에 필요한 정보를 충분히 제공하는가?
평가 요소	공학 도구 사용 및 분석 능력	• 공학 도구를 활용하여 데이터를 적절하게 분석하였는가? • 통계적 분석이 논리적으로 이루어졌으며, 분석 결과가 탐구 문제와 관련성이 있는가?
	포스터의 시각적 구성 및 완성도	• 포스터에 분석 결과가 명확하게 시각적으로 표현되었는가? • 그래프, 차트 등의 시각적 요소가 잘 활용되었으며, 데이터의 의미를 쉽게 전달할 수 있도록 구성되었는가?
	발표 및 자료 설명 능력	• 분석 결과를 논리적으로 설명하고, 통계적 발견 사항을 명확히 전달했는가? • 발표 내용이 일관되고 청중에게 쉽게 전달될 수 있는 구성을 갖추었는가?
평가 피드백	상	탐구 문제를 명확하고 구체적으로 설정하고, 자료 수집 및 공학 도구를 활용한 분석이 논리적이며 정확하고, 포스터의 시각적 구성과 완성도가 높고, 발표에서 분석 결과를 명확히 설명함
	중	탐구 문제를 적절히 설정하고, 자료를 충분히 수집하여 공학 도구로 분석하였으며 포스터가 일관성 있게 구성되어 있으며, 발표에서 결과를 논리적으로 설명함
	하	탐구 문제 설정이 다소 모호하거나 자료 수집이 부족하고, 공학 도구 사용과 분석 과정과 포스터 구성이나 발표에서 일부 보완이 필요함

🌾 미래의 씨앗

이 단원에서 탐색한 내용을 바탕으로 학습자들이 '나의 꿈 발표', '나의 진로 선언' 등 진로 계획을 자신감 있게 공유하며 발표하는 경험을 제공해야 한다. 학습자들이 자신의 진로를 구체화하고, 명확한 목표 설정과 병행하여 다른 학습자들의 발표를 들으며 다양한 진로와 직업에 대한 시각을 넓히고, 긍정적인 자극을 주는 계기가 될 수 있다.

♣ 3-(2). 우리 마을 창업 레시피 ♣

소단원 개관

창업은 기존 아이디어를 개선하여 사업을 운영하거나 새로운 제품 및 서비스를 시장에 제공하는 과정이다. 새로운 산업을 형성하고 일자리를 창출하며, 기술 발전을 이끌어 경제의 활력을 높이는 데 기여한다. 창업은 개인의 창의성과 열정을 통해 자신만의 사업을 구축할 기회를 제공하며, 개인의 자아실현과 사회적 성공을 위한 길을 열어준다. 학습자가 마을에서 창업을 경험하는 과정은 새로운 아이디어를 제안하고 기존 상태를 재해석하거나 개선하는 능력을 키우는 데 중요한 역할을 한다. 이러한 경험은 일회적인 도전이나 과제 수행이 아닌 마을을 면밀히 살펴보고 분석하여 다양한 문제와 도전에 대해 스스로 해결책을 모색하는 주도성을 높일 기회를 제공하고, 창업 과정에서 학습자는 지역사회의 특성과 요구를 이해하고, 이를 바탕으로 한 창의적인 해결책을 모색하게 된다. 창업 경험은 학습자에게 개인적인 성장뿐만 아니라 지역사회에 대한 책임감을 증진하는 긍정적인 영향을 미친다.

이 단원에서는 기존의 제품이나 서비스에서 개선할 필요성에서 출발하여 새로운 아이디어를 도출하고 자신의 창업 계획까지 이어지도록 하여 분석력과 창의력을 개인의 관심사와 전문성이 결합하도록 한다. 마을에 창업 사례나 유명한 창업인들의 사례를 통해 최신 경향과 사회적·환경적 변화를 분석하고 자신만의 새로운 기회를 창출할 수 있도록 한다.

이 단원은 기존의 대상을 창의적으로 접근해 보고, 창업의 개념과 중요성을 이해하고 창업자들의 성공 사례와 전략을 파악하며 마을의 경제 현황과 창업 환경을 분석하고 자신만의 관심사와 전문성을 살려 창업 전략과 계획을 수립하도록 구성하였다.

이 단원을 통해 실용적인 학습을 경험하고 다양한 문제와 상황을 스스로 해결하며,

자율적이고 책임감 있는 자세로 마을에서 창업인으로 경제적·사회적으로 기여해 보는 간접적인 경험을 통해 사회적 가치를 창출할 수 있는 능력을 배양하고자 한다.

소단원 개요

학습목표		• 마을공동체의 창업 현황과 상권의 분포, 특성을 조사하고 이를 분석하여 설명할 수 있다. • 마을 상권의 특성과 창업 기회를 분석하여 창업 아이디어를 발굴하고, 구체적인 창업 전략을 기획할 수 있다. • 지역 창업의 중요성을 인식하고, 지역사회에 긍정적인 영향을 미치는 창업 전략을 고민하며, 창의적이고 책임감 있는 태도를 기른다.
학습 요소		마을의 경제활동과 창업
학습 핵심 역량		자기관리 역량, 공동체 역량
성취기준 및 관련 교과	성취기준	[9마삶-03-02] 마을공동체의 창업 현황과 상권 분포, 특성을 분석하여 창업 아이디어를 발굴하고, 창업 전략을 기획한다.
	관련 교과	국어, 진로
학습 내용	생각의 씨앗	창의적 아이디어 모으기
	배움의 뿌리	창업 성공 사례, 창업가 정신, 온라인 창업 체험 플랫폼
	탐구의 싹	마을의 창업 현황과 구조, 나의 창업가 핵심 역량
	상상의 가지	마을 내 창업 계획서, 가상 창업 체험
	창의의 열매	마을에서 창업 후 20년이 지난 나에게 쓰는 편지

학 습 내 용	지혜의 수확	우리 마을 속 창업
	미래의 씨앗	꾸준한 자기 진로 관리

생각의 씨앗

　마을은 끊임없이 변화하는 모습을 보인다. 거리, 건물, 가로수 등 물리적 환경뿐만 아니라 마을 구성원들의 생활 방식과 필요도 함께 변화한다. 아파트가 들어서거나 하천에 산책길이 생기는 것처럼 경제적·문화적 요인과 소비 경향에 따라 가게가 새로 생기거나 사라지기도 한다. 마을의 가게는 이러한 변화를 가장 가까이에서 느낄 수 있는 공간으로 마을의 역사와 정체성을 반영하기도 한다. 오랜 시간 동안 마을을 지켜온 전통 있는 가게가 있는가 하면, 시대의 흐름에 따라 새로운 모습으로 변모한 가게도 존재한다. 학습자들에게는 자주 이용하는 단골 가게가 있을 수도 있고, 한 번도 들어가 보지 않은 가게도 있을 것이다.

　이 소단원에서는 마을 가게의 존재를 조사하는 데 그치지 않고, 학습자가 직접 가게들을 탐방하며 그 특징과 강점을 분석하는 데 초점을 맞춘다. 이를 통해 학습자들이 마을의 경제적·문화적 흐름을 이해하고, 자신만의 창업 아이디어를 구체화할 수 있도록 돕는다. 더 나아가, 마을 가게를 새롭고 창의적인 관점에서 재해석하여 지역사회와 연결된 창업 모델을 구상하는 기회를 제공한다.

　'생각의 씨앗' 활동에서는 기존의 가게나 마을 자원을 신선하고 독창적인 시각으로 바라보는 훈련을 통해 학습자들이 창의적인 사고를 키우고 마을에서의 창업 가능성을 탐구하도록 유도한다. 학습자들은 관찰을 넘어 자신의 아이디어를 현실로 연결하는 첫걸음을 내딛을 수 있다.

✎ 모둠별로 일상에서 사용하고 있는 제품·상품 중 하나를 선정하여 창의적인 아이디어를 반영하여 새롭게 제안해 봅시다.

제품 선정	제품 이름: 제품 설명:
개선점 도출	현재의 문제점 또는 불편: 개선 방안:
기발한 아이디어 제안	새로운 아이디어(기존 제품에 줄 창의적 아이디어): 이유(아이디어가 필요한 이유와 장점):
제안서 작성	제안서 제목(제품명): 제안서 내용 (기존 제품에 관한 설명, 문제점, 개선 방안 및 새로운 아이디어):

창의적 아이디어 모으기

마을 내 창업을 학습자에게 이해시키기 위해서는 '창업'에 대한 현실적이고 명확한 이해가 필요하다. 중학생 학습자가 실제로 창업할 수 있는 것은 아니지만, 진로 탐색 과정에서 의미 있게 접근할 수 있는 가치를 지닌다. 세계적으로 유명한 인물이나 성공한 사업가들은 자기의 철학과 가치를 바탕으로 창업을 이루었으며, 이들의 이야기는 학습자에게도 영향을 미친다. 학습자들이 창업을 단순히 사업체를 만들어 운영하는 것으로 생각하거나 성공이 큰 부를 가져다주는 대상으로만 인식하는 것은 경계해야 한다. 창업을 통해 성공한 사람들의 강점, 특징, 이야기를 살펴보면서 심도 있게 이해하고, 자신만의 관점으로 전략까지 수립하는 것이 이 단원의 주된 흐름이다.

'배움의 뿌리'에서는 창업자들의 삶을 이해하고, 성공적인 창업 사례를 알아보며, 마을 내에서 창업가로서 학습자가 갖추어야 할 역량과 자질 등을 탐구하도록 구성하였다.

✏️ **창업인들의 사례**

▶ 스티브 잡스(애플)
스티브 잡스는 1976년 Apple Inc.를 공동 창립하여 기술과 가전 산업에 혁명을 일으켰습니다. 1985년 회사에서 쫓겨난 후, 그는 혁신적인 컴퓨터 워크스테이션을 개발한 NeXT를 창립했습니다. Apple은 결국 NeXT를 인수하여 1997년 잡스를 다시 영입했습니다. 그의 리더십 아래에 Apple은 iPod, iPhone, iPad와 같은 상징적인 제품을 출시하여 사람들이 기술과 상호 작용하는 방식을 변화시켰습니다. 잡스는 디자인과 사용자 경험을 강조했고, 이는 Apple 브랜드의 특징이 되었습니다.

▶ 하워드 슐츠(스타벅스)
하워드 슐츠는 1982년 리테일 운영 및 마케팅 책임자로 스타벅스에 입사했습니다. 이탈리아를 여행하며 커피 문화를 경험한 후, 그는 스타벅스를 커피숍 체인으로 탈바꿈하는 것을 구상했습니다. 그는 처음에는 반대에 부딪혔지만 결국 1987년에 회사를 인수하여 미국과 국제적으로 확장하기 시작했습니다. 슐츠의 비전에는 집과 직장 밖에서 고객을 위한 "제3의 장소"를 만드는 것이 포함되었으며, 이는 스타벅스의 정체성 핵심이 되었습니다.

✎ 창업인들의 성공 전략

▶ 명확한 비전

▶ 끊임없는 혁신

⋮

✎ 온라인 창업체험교육 플랫폼(YEEP)에 관한 내용을 알아 봅시다.

▶ 온라인 창업체험교육 플랫폼(YEEP)

모든 청소년에게 4차 산업혁명 등 미래 사회의 변화에 대응하기 위해 창업가정신과 창의적 진로 개발 역량을 함양할 수 있도록 다양한 프로그램을 제공하는 온라인 창업체험교육 플랫폼

▶ 창의체험교육

청소년들이 창의적 사고를 바탕으로 새로운 가치를 창출하는 창업가정신을 함양하기 위한 체험 중심의 교육

▶ 청소년 창업가 정신

실패를 두려워하지 않는 혁신적이고 창의적인 사고를 바탕으로 빠르게 변화하는 사회 환경에 능동적으로 대처하여 새로운 가치를 창출하려는 태도나 행동 양식

▶ 창업가정신 함양 교육 프로그램 모형

출처: 온라인 창업체험교육 플랫폼 홈페이지

✎ 창업가 정신 핵심 역량

▶ 목적 및 필요성

청소년 창업가정신 핵심 역량은 4차 산업 혁명 시대와 그에 따라 격변하고 있는 산업 구조에 대응할 수 있는 역량으로서, 창업 여부와 관계없이 급변하는 사회에 능동적으로 새로운 가치를 창출하여 미래 사회의 건강한 사회 구성원으로 청소년들이 성장하는 데 필요한 역량을 의미합니다.

▶ 핵심 역량

핵심역량군	가치창출 역량군	도전 역량군	자기주도 역량군	집단창의 역량군
핵심역량	혁신성	성취지향성	자율성	공동의사결정
	사회적 가치지향	위험감수역량	자기관리역량	자원연계역량
	변화민첩성	회복탄력성	끈기	협력성

출처: 온라인 창업체험교육 플랫폼 홈페이지

'배움의 뿌리' 부분 내용

탐구의 싹

　창업에 관한 전반적인 이해를 바탕으로 마을 내에서 창업해 보는 활동을 기획할 수 있다. 자신이 관심 있는 분야나 잘 아는 분야에 대해 창업을 구상하는 것은 자연스럽게 이어질 수 있다. 창업 아이디어를 생각하는 것에 그치지 않고, '마을'이라는 전제에 중점을 두어야 한다. 마을이라는 공간을 이해하고 분석하며 자기의 아이디어를 접목하는 것이 이 단원의 목표이다.

　마을의 경제, 상권, 창업 환경 등을 분석함으로써 마을의 특징을 알 수 있다. 마을의 상권과 창업 환경을 분석하는 과정이 다소 어려울 수 있지만, 이 경험이 마을을 구성하는 요인들을 살펴볼 수 있는 기회가 된다. 마을의 가게들을 알아보는 것이 마을 이해와 직접적인 관련이 적다고 느낄 수 있으나 자주 이용했던 가게들이 어떻게 구성되어 있는지를 면밀히 살펴보는 것은 마을을 심층적으로 이해하는 데 큰 도움이 된다.

✎ 다음의 조사 주제에 관해 다양한 사이트를 통해 자료를 수집해 봅시다.

마을의 주요 경제활동은 무엇인가?	
마을에서 가장 많은 창업 직종은 무엇인가?	
마을 내 상권의 분포와 특징은 어떻게 되는가?	
창업 환경은 어떤 요소들이 영향을 미치는가?	

▶ 활용이 가능한 사이트: 통계청, 중소기업청, 대전광역시청, 소상공인진흥공단 등

마을의 창업 현황과 구조 탐색

✎ 온라인 창의체험교육 플랫폼(YEEP)을 활용하여 자기의 창업가 정신 핵심역량을 진단해 봅시다.

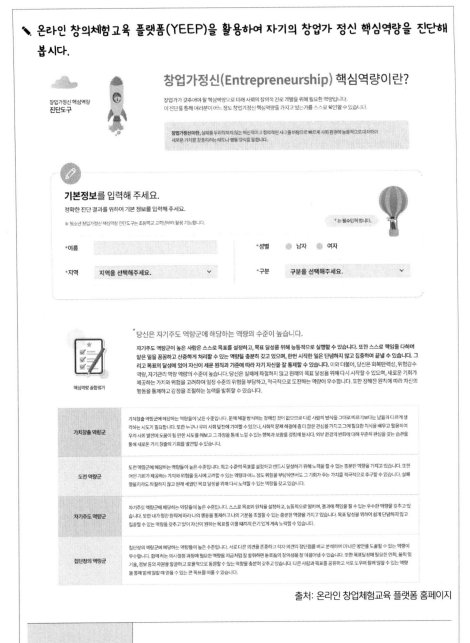

출처: 온라인 창업체험교육 플랫폼 홈페이지

나의 창업가정신 핵심 역량	

나의 창업가정신 핵심 역량

🌱 상상의 가지

창업은 학습자에게 익숙하지 않은 주제로 느껴질 수도 있다. 막연하게 느껴지기도 하고, 실제로 창업이 가시적으로 보이지 않기에 멀게 느껴질 수 있다. 그러므로, 창업이 학습자에게 무겁거나 멀게 느껴지는 주제가 되지 않기 위해서는 학습자가 잘 아는 분야나 관심 있는 분야에서 출발해야 한다. 창업, 마을의 상권과 가게에 관해 이해를 마쳤으므로 창업을 해보는 활동으로 바로 이어지는 것보다는 학습자가 잘 아는 분야와 관심 있는 분야, 즉, 전문성과 호기심을 갖고 있는 분야에서부터 출발하도록 안내해야 한다. 잘 아는 분야나 관심 있는 분야는 많은 정보를 활용할 수 있고, 다양한 시점에서 아이디어를 도출할 수 있기에 학습자가 자기의 강점을 살릴 수 있는 주요한 요소이다.

앞선 마을의 다양한 상권, 가게들에 관해서 살펴보았다면 '상상의 가지'에서는 그 분석을 바탕으로 실제로 아이디어를 구체화하고 창업 전략을 수립하여 실현 방안을 수립할 수 있다. 청소년 학습자로서 규격화되고 성공적인 창업 전략도 중요하지만, 무엇보다 자기만의 생각이 담긴 창의적인 전략을 생각해 내는 것이 핵심이다.

✏️ **마을 내 창업을 위한 계획을 작성해 봅시다.**

창업 아이디어 (예) 먹거리, 서비스, 문화 콘텐츠 등	
창업 아이디어의 이름	

마을의 상권 분석	현재 마을에 있는 가게 목록:
	경쟁 가게의 특징 및 강점:
	마을 주민들이 선호하는 서비스나 상품:
타겟 고객 조사	주요 고객층:
	고객의 필요와 원하는 서비스나 제품:
창업 아이디어 구체화	제공할 제품이나 서비스에 대한 자세한 설명:
	기존 제품/서비스와 관련하여:
	고객에게 제공할 수 있는 이점:
마케팅 전략	SNS, 전단지, 지역신문 등을 활용하는 홍보 대상:
	고객의 관심을 끌기 위한 특별 이벤트나 프로모션:
예산 계획	초기 비용 예측[예: 재료비, 인건비, 임대료 등]:
	예상 수익(예: 예상 판매 가격 및 수익):
단계별 실행 계획	아이디어 개발: ~
	마케팅 준비: ~
	제품 출시: ~
목표	판매 목표:
	방문 고객 목표:
	이익 목표:
평가 및 피드백	성과 평가 방법(목표 달성 여부 평가 방법):
	피드백 계획(고객 및 주민들의 피드백 수집 방법):

마을 내 창업 계획서

✎ 온라인 창의체험교육 플랫폼(YEEP) 활용 가상 창업을 체험해 봅시다.

출처: 온라인 창업체험교육 플랫폼 홈페이지

가상 창업 체험

🍒 창의의 열매

앞선 활동을 통해 창업 전략과 계획을 바탕으로 창업 아이디어를 구체화한 과정
은 학습자가 지닌 기발하고 창의적인 아이디어를 실현해 볼 수 있는 기회를 제공하
며, 이는 학습자에게 큰 만족감을 안겨준다. 학습자의 아이디어가 가시적으로 확
인될 수 있다면 더욱 좋겠지만, 중학생이 실제로 창업하는 것은 현실적으로 어려운
일이다. 학습자의 아이디어가 실현되지 않을 것이라는 부정적인 감정보다는 실현
가능성이 높은 아이디어임을 인식시키고, 그 아이디어의 가치를 느낄 수 있도록 정
서를 확장하도록 해야 한다. 비록, 당장은 현실에서 실현이 어렵고 한계가 있을지
라도, 그 아이디어가 실현되었을 때의 모습과 감정을 상상하도록 함으로써 학습자
가 창의적으로 자기의 모습을 그리고 꿈꿀 수 있게 해야 한다. 학습자 자신이 직접
만든 아이디어에 가치를 부여하고 효능감을 느낄 수 있도록 하는 것이 필요하다.

'창의의 열매'에서는 창업 아이디어를 바탕으로 마을에서 창업한 자기 모습을 상
상해 보며 편지를 작성하는 활동을 실천해 볼 수 있다. 이 활동은 학습자가 자신의
꿈과 아이디어를 더욱 구체화하고, 창의적인 사고를 확장하는 데 기여할 수 있다.

✎ **다음 내용이 포함되도록 '마을에서 창업 20년 후의 나에게 쓰는 편지'를 작성해 봅시다.**

▶ 성장 과정과 배경: 20년 동안 어떤 경험이 있었는지, 창업을 결심하게 된 계기와 배경을 돌아보는 내용
▶ 창업 아이디어의 발전: 어떤 아이디어에서 시작했는지, 그 아이디어가 어떻게 발전하고 구체화하였는
　　　　지에 대한 설명
▶ 창업 과정에서의 도전과 극복: 창업 과정에서 마주한 어려움과 이를 극복하기 위해 어떤 노력을 했는
　　　　지, 그 과정에서 배운 교훈
▶ 마을과의 관계: 마을의 주민들과의 협력, 마을의 문화와 자원을 어떻게 활용했는지, 마을의 발전을 위
　　　　한 노력
▶ 자신의 비전: 20년 후의 자신이 이루고자 하는 목표와 비전, 앞으로의 계획
▶ 감사와 격려의 메시지: 도와준 사람들에게 감사의 마음
▶ 미래에 대한 기대: 마을과 개인의 미래에 대한 기대와 희망적인 메시지

마을에서 창업 후 20년이 지난 나에게 쓰는 편지

🤲 지혜의 수확

마을 내에서의 실제적인 창업은 어렵지만, 창업에 관해서 이해하고 창업에 관한 아이디어를 고민해 보고, 제안하는 것은 진로 탐색과 함께 마을에 있는 잠재적인 자원과 가능성을 실현할 수 있다. 자신의 창의적인 사고를 바탕으로 기발한 아이디어를 발굴하고 아이디어를 공유하며 다양한 의견을 수렴, 발산하면서 창업 계획을 구체화할 수 있다.

개성 있고 창의적인 아이디어를 떠올려 보고 자기의 아이디어를 다른 사람 앞에서 발표하는 활동은 대단히 높은 가치를 가진 경험이다. 꼭 창의적이지 않아도 자기의 관점으로 마을 자원과 상권 등을 분석하고 그 분석을 바탕으로 자기만의 가치를 담은 창업 아이디어를 제안한다는 것은 다양한 능력을 활용하고 향상하는 활동이다.

'지혜의 수확'에서는 마을 속 창업 아이디어를 발표해 보는 활동을 구성해 볼 수 있다.

학년군	중 1~3학년군	교과	국어, 진로	영역(내용)	듣기·말하기, 직업 세계와 진로 탐색
평가 명	우리 마을 속 창업 (마을 속 창업 아이디어 발표하기)				
관련 성취 기준	[9국01-08] 핵심 정보가 잘 드러나도록 내용을 구성하여 발표한다. [9진로02-06] 창업의 특성과 창업가 정신을 이해하고 그 중요성을 인식한다.				
핵심 역량	의사소통 역량, 창의적 사고 역량				
평가 목적	창업의 특성과 창업가 정신을 이해하고, 마을 속에서 실현이 가능한 창업 아이디어를 기획하고, 그 아이디어를 발표 자료를 사용하여 핵심 정보를 잘 드러나는 발표 자료를 통해 명확하게 발표함				
평가 설명	마을의 특성과 자원을 고려하여 창의적이고 현실적인 창업 아이디어를 기획하고, 발표 자료를 통해 아이디어의 핵심 내용을 정리하고, 제한된 시간 안에 명확하고 논리적으로 발표함				

평가 과정	① 창업 아이디어 기획 ② 발표 자료 제작 ③ 발표 스크립트 준비 ④ 발표 연습 ⑤ 발표	
평가 요소	창업 아이디어의 창의성 및 현실성	• 창업 아이디어가 창의적이며 마을의 특성을 잘 반영하였는가? • 실현이 가능한 현실적인 요소를 고려하였는가?
	핵심 정보 전달 및 발표 자료 구성	• 발표 자료에 핵심 정보가 잘 되어 있는가? • 자료가 시각적으로 명확하고 이해하기 쉽게 구성되었는가?
	시간 관리 및 발표 태도	• 제한된 시간 내에 발표를 마무리하였는가? • 발표 태도가 명확하고 논리적이며, 청중과의 소통이 원활했는가?
	창업가 정신 이해	• 창업가 정신을 이해하고 그 중요성을 아이디어에 반영했는가? • 창업의 특성을 고려하여 실현 가능한 계획을 세웠는가?
평가 피드백	상	창업 아이디어가 매우 창의적이고 마을의 특성을 잘 반영했으며, 발표 자료가 핵심 정보를 명확히 전달하며 제한된 시간 내에 발표가 잘 이루어졌고, 발표 태도와 소통 능력이 매우 우수함
	중	창업 아이디어가 적절하게 기획되었고, 핵심 정보를 잘 전달함. 발표 자료가 시각적으로 구성되었으며, 제한된 시간 내에 발표를 마무리하고 발표 태도도 준수함
	하	창업 아이디어가 다소 구체성에 보완이 필요하며, 발표 자료에서 일부 보완이 필요하고, 제한된 시간 내에 발표가 이루어졌으나 발표 태도나 전달력에서 발전 가능성이 있음

🌾 미래의 씨앗

학습자들이 조사하고 탐구하고 발굴·제안한 아이디어를 엮어서 하나의 자료집이나 포트폴리오로 제작하는 것을 추천할 수 있다. 마을과 창업이라는 두 가지를 한 번에 탐색하고 파악할 수 있는 일거양득의 자료를 발간하면 학생들의 효능감을 높일 수 있다.

♣ 3-(3). 우리 마을 친환경 대작전 ♣

소단원 개관

인간의 삶은 자연과 밀접하게 연결되어 있으며, 생물 다양성 보존, 자원 보존, 기후 변화 대응은 인간과 자연 간의 균형을 유지하는 데 필수적이다. 이는 현대 사회에서 불가결한 요소로 자리 잡고 있다. 개인의 노력은 물론 사회 전체의 인식과 대응 또한 중요한 과정이며, 대응도 중요한 과정이기에 개념적인 접근만으로는 충분하지 않다. 실천과 행동이 함께 이루어져야만 진정한 변화를 불러올 수 있다. 학습자들은 자기 삶의 맥락에서 삶의 질과 환경 간의 상호 연결성을 이해하고, 환경 문제에 대한 인간의 책임과 역할을 탐색할 수 있는 기회를 가져야 한다. 이러한 탐색 과정은 그들이 환경 문제에 대한 인식을 높이고, 실질적인 해결 방안을 모색하는 데 도움을 줄 수 있다. 학습자들은 개인의 행동이 환경에 미치는 영향을 이해하고, 지속 가능한 생활을 위해 필요한 실천 방안을 구체적으로 고민할 수 있는 기회를 얻게 된다. 환경 보호의 중요성을 인식하고, 미래 세대에 대한 책임을 느낄 수 있다.

이 단원에서는 탄소 배출의 개념과 그 영향에 대해 이해하고, 마을에서 발생하는 환경 오염 사례 및 그 심각성을 조사하도록 한다. 탄소 중립을 위한 방안을 모색하고 실천하기 위한 실질적인 계획을 수립하여 실행함으로써 장기적인 효과를 이해할 수 있도록 한다.

이 단원은 마을의 환경 오염의 심각성, 유형 및 사례를 살펴보고, 이를 개선하는 방법을 모색하며 실천과 평가를 통해 지속적인 실천의 필요성과 효과, 개선점을 깨닫도록 구성하였다. 이러한 과정을 통해 학습자는 지속 가능한 사회를 위한 실천적인 지식과 태도를 기를 수 있도록 한다.

이 단원을 통해 현재와 미래의 공동체가 직면한 환경 문제를 해결하기 위해 협력하고, 학습자 자신이 실생활에 적용할 수 있는 방법을 모색하고 실천하는 능력을 높이고자 한다.

소단원 개요

학습목표		• 마을의 생태 환경을 조사하여 탄소 중립의 개념과 필요성을 이해하고, 설명할 수 있다. • 마을의 생태 환경 문제를 분석하고, 탄소 중립을 실현하기 위한 구체적인 목표를 수립하여 실행할 수 있다. • 탄소 중립의 중요성을 인식하고, 환경 보호와 지속 가능한 마을을 만들기 위한 책임감을 가지고 적극적으로 참여하는 태도를 기른다.
학습 요소		친환경 마을
학습 핵심 역량		공동체 역량, 협력적 소통 역량
성취기준 및 관련 교과	성취기준	[9마삶-03-03] 마을의 생태 환경을 조사하여 탄소 중립의 필요성을 인식하고, 실현이 가능한 목표를 수립하고 실행한다.
	관련 교과	국어, 미술, 사회, 환경
학습 내용	생각의 씨앗	생활 속 분리수거, 깃대종 알아보기
	배움의 뿌리	환경 오염의 개념과 종류, 지속 가능한 발전
	탐구의 싹	환경 및 생태 오염에 관한 기사 요약하기
	상상의 가지	마을 환경 오염 퍼즐 만들기
	창의의 열매	마을 환경 지킴이 활동, 나의 탄소발자국 기록 및 줄이기

학습내용	지혜의 수확	우리 마을을 담은 업사이클링
	미래의 씨앗	공동체가 함께하는 환경 보호

생각의 씨앗

'탄소 중립', '친환경', '지속 가능성', '에너지 효율', '생물 다양성' 등의 용어는 오늘날 우리의 일상에서 자주 접할 수 있는 말들이다. 이러한 용어들은 수십 년 전부터 지구와 미래 세대를 위해 노력하는 맥락에서 사용됐다. 현재 여러 매체에서 빈번하게 다뤄지지만, 때로는 우리의 일상생활과 거리가 멀게 느껴질 때도 있다. 분리수거를 철저히 지키고 실천하고 있지만, 이러한 노력이 우리의 삶에 큰 변화를 불러온다고 느끼기 어려울 수 있다. 그래서, 때때로 분리수거의 궁극적인 목적에 대한 이해보다 그 효용성에 의문을 품게 되는 때도 있다. 일상과의 관련이 높을수록 학습자가 실천하고자 하는 의지나 관심을 불러 올 수 있으며, 이는 마을의 환경을 위한 실천으로 이어질 수 있다.

'생각의 씨앗'에서는 일상에서 경험할 수 있는 환경 문제와 실천에 대해 살펴보며, 탄소 중립과 친환경이 무겁고 어려운 주제가 아니라 우리의 일상과 밀접한 관련이 있음을 알게 할 것이다.

✎ **다음 분리수거 OX 퀴즈를 읽고 답해 봅시다.**

순	퀴즈	O / X	
1	달걀껍데기는 일반쓰레기다.	O	X
2	다 쓴 칫솔은 일반쓰레기다.	O	X

3	깨진 유리병은 잘 감싸 유리로 분리수거한다.	O	X
4	다 마신 페트병은 바로 플라스틱으로 분리수거한다.	O	X
5	카드 영수증은 종이로 분리수거한다.	O	X
6	화분은 일반 쓰레기다.	O	X
7	고추장, 간장, 쌈장 등 장류는 음식물 쓰레기다.	O	X
8	음식물과 기름이 묻은 용기는 일반쓰레기로 버린다.	O	X
9	전단지는 종이로 분리수거 한다.	O	X
10	음식물 중 동물의 뼈는 꼭 일반쓰레기로 배출해야 한다.	O	X
11	칼은 쇠로 된 부분이 많기에 고철·캔류로 재활용한다.	O	X
12	종이컵은 재활용할 수 있다.	O	X
13	비닐봉지는 일반 재활용 통에 버릴 수 있다.	O	X

생활 속 분리수거 OX

✎ **다음 대전의 깃대종을 보고, 이름을 맞혀 봅시다.**

〈깃대종이란?〉

특정지역의 생태·지리·문화·사회적 특성을 반영하는 상징적인 야생 동·식물을 말합니다. 1993년 국제 연합환경계획(UNEP)에서 발표한 '생물다양성 국가 연구에 관한 지침서'에서 생물 다양성을 지키는 방 안으로 처음 제시되었습니다. 깃대종은 특정지역의 생태환경의 상태를 가늠할 수 있는 지표가 되기에 환 경보전의 정도를 나타내거나, 복원의 증거가 되는 특정 지역의 생태계를 대표하는 종입니다.

대부분 천연기념물, 멸종위기종, 희귀종, 고유종 등 법으로 보호를 받는 야생동식물을 선정하고 있습니다.

천연기념물 제 328호, 환경부 지정 멸종위기 2급	ㅎㄹㅇ
□□□□□	□□□□□

전 세계적으로 우리나라 뿐 아니라, 일본 북해도, 러시아 사할린, 유라시아 북부에 걸쳐 폭 넓게 살고 있 는 포유류입니다. 우리나라에서는 전국의 산림지대에 살고 있으며, 대전에서는 보문산과 식장산에 살고 있습니다.

미주도롱뇽	ㄷㄹㅇ
☐☐☐☐☐	☐☐☐☐☐
원래 아시아지역에서는 발견되지 않는 야생동물이었는데 2003년 미국인 과학 교사 스티븐 카슨 (Stephen J. Karson)에 의해 대전의 장태산에서 아시아 최초로 발견되었고 유전학적 연구를 통해 우리나라 고유종으로 지정되었습니다.	
우리나라 고유종, 환경부 지정 멸종위기 1급	ㄱㄷㅇ
☐☐☐☐☐	☐☐☐☐☐
금강과 만경강 일부 수역에서 서식하는 어류입니다. 대전에서는 유등천 수역에서 살고 있으며 맑은 물이 흐르고 암반이나 큰 돌이 깔린 수역에서 돌 표면에 붙은 수서곤충을 먹으며 살고 있습니다.	

대전의 깃대종 알아보기

🌱 배움의 뿌리

다양한 경로와 매체, 수업 등을 통해 학습자들은 지구 환경을 보호하고 자원을 절약하며 지속 가능한 발전을 위한 노력에 대해 배워왔다. 탄소 중립의 중요성과 필요성에 대해서도 공감하고 있다. 그러나, 탄소 중립의 필요성과 중요성을 더욱 확실히 인식하고 높이기 위해서는 현실적인 체감이 매우 중요하다. 자원을 아끼고 환경을 보호해야 한다는 인식이 있음에도 불구하고, 일상에서 기상이변으로 인해 불볕더위, 지속적인 열대야, 이례적인 한파 등의 현상이 나타날 때 더욱 강하게 실감하게 된다.

탄소 중립을 이해하고 이를 실천하기 위한 구체적인 계획을 수립하고 실천하기에 앞서, 우리 주변의 환경 오염과 탄소 중립에 대한 명확한 이해가 '배움의 뿌리'를 통해 선행되어야 한다. 이러한 기초 지식이 탄소 중립 실천의 첫걸음이 될 수 있다.

✎ 환경 오염

환경 오염은 유해 화학 물질, 물질 또는 에너지가 대기, 물, 토양 등 자연환경에 방출되어 그 품질을 저하하고, 생물체의 건강에 해를 끼치는 현상이며, 대기오염, 수질오염, 소음 오염, 토양오염 등 다양한 형태로 일어난다. 환경 오염의 주된 원인은 산업 활동, 교통, 농업, 생활 폐기물 등으로 인해 발생한다.

▶ 대기오염

대기오염은 대기 중에 유해한 물질이 포함되어 발생하는 오염입니다. 주요 오염 물질로는 이산화황(SO_2), 질소산화물(NO_x), 미세먼지(PM10, PM2.5), 오존(O_3), 일산화탄소(CO) 등이 있다. 이들은 주로 산업 활동, 차량 배출가스, 화석 연료의 연소 등에서 발생하며, 호흡기 질환, 심혈관 질환 등 건강 문제를 초래할 수 있다.

▶ 수질오염

수질오염은 강, 호수, 해양 등 수자원에 유해한 물질이 포함되어 발생하는 오염이며, 주요 원인으로는 공장 폐수, 농약, 비료의 유출, 플라스틱 쓰레기 등이 있으며, 이는 수생 생물의 생태계를 파괴하고 인체 건강에 해로운 영향을 미칠 수 있다.

⋮

✎ 탄소 중립

탄소 중립이란 인간의 활동에 의한 온실가스 배출을 최대한 줄이고, 남은 온실가스는 흡수(산림 등), 제거(CCUS*)해서 실질적인 배출량이 0(Zero)가 되는 개념이다. 즉 배출되는 탄소와 흡수되는 탄소량을 같게 해 탄소 '순배출이 0'이 되게 하는 것으로, (후략)

⋮

'배움의 뿌리' 부분 내용

환경 오염의 심각성은 직접적으로 피해를 경험하지 않는 경우 그 심각성을 느끼기 어렵다. 대기오염으로 인한 황사와 미세먼지, 초미세먼지 등의 문제를 확인하고 직접 겪게 될 때, 환경 오염의 심각성에 대한 공감이 높아진다. 환경 보호와 탄소 중립을 실천하기 위한 기초는 일상생활에서 이러한 문제를 깊이 공감하는 것이다. 실제로 환경 문제를 겪어 보며 그 심각성과 중요성을 깨달을 수 있다. 하지만, 마을의 환경 오염을 일부러 경험하는 것은 바람직하지 않으며 할 수 없다. 대신, 지역에서 발생했던 환경 오염 사례나 올바른 탄소 중립 실천 사례를 다룬 기사를 찾아 보며 환경 오염을 이해할 수 있는 기회를 가질 수 있다. 이러한 접근은 학습자들이 문제를 객관적으로 바라보는 데 도움을 줄 수 있다.

이 소단원의 '탐구의 싹'에서는 환경 및 생태 오염에 관한 기사를 요약하면서 환경 및 생태 오염의 심각성에 대해서 살펴보도록 한다.

✏️ **환경 및 생태 오염에 관한 기사를 찾고, 요약해 봅시다.**

기사 제목	
출처 (신문사)	
작성 날짜	
작성자	
핵심 키워드	
기사 요약	

관련 오염	
오염으로 인한 피해 및 심각성	
개인 의견	

환경 및 생태 오염에 관한 기사 요약하기

🌱 상상의 가지

생태 및 환경 오염에 관한 기사를 살펴보는 과정에서 그 심각성을 인식할 수 있다. 이러한 인식은 문제를 이해하는 데 그치지 않고, 이를 알리고 공유하는 과정이 깨끗하고 지속 가능한 마을을 만드는 기초가 될 수 있다. 심각성이 함께 공유될 때, 현재의 심각한 환경 상황을 극복하기 위한 구체적인 실천 방안을 수립하고 이를 실행할 가능성이 높아진다. 심각성을 공유하는 방법으로는 캠페인, 프로젝트 활동, 소셜 미디어 활용 등이 있다. 이와 함께 지역 주민들이 참여할 수 있는 워크숍이나 세미나를 개최하여 환경 문제에 대한 논의를 촉진하고, 주민들이 직접 행동에 나설 수 있도록 유도할 수도 있다.

이처럼 다양한 방법을 다른 수업에도 활용할 수 있지만, 이 소단원의 '상상의 가지'에서는 협력적인 의사소통을 바탕으로 학습자들이 여러 환경 오염의 심각성을 다룬 그림으로 표현하고 이를 퍼즐로 제작하여 퍼즐을 맞추면서 환경 오염의 심각성을 다시 한번 깨달을 수 있는 활동을 제안할 수 있다.

✎ 모둠원이 함께 마을 환경 오염을 하나 선정하여 그 심각성을 담은 그림을 그리고, 퍼즐로 제작하여 심각성을 알려 봅시다.

환경 오염의 종류	
그림의 주제	
그림으로 표현할 주요 대상들	

<예시>

마을 환경 오염 퍼즐 만들기

🍒 창의의 열매

　마을의 환경을 주제로 구성된 이 단원에서 가장 중요한 것은 학습의 연속성이다. 학습의 연속성은 각 학습 과정 간의 연결고리 역할을 하며, 학습을 확장하는 데 필수적인 바탕이 된다. 다른 소단원에서도 지식과 개념을 이해하고 탐구하며 실천하는 과정이 강조되었지만, 이 소단원에서는 특히 실천에 중점을 두어야 한다. 단순히 아는 것에 그쳐서는 이 소단원의 목표를 완벽히 달성했다고 보기 어렵다. 다양한 개념을 아는 것도 중요하지만, 실제 생활 속에서 이를 실천하고 그 효과를 느끼며 지속해서 실천할 수 있도록 긍정적인 정서와 자기 효능감을 느끼게 할 때, 이 단원의 목표는 성공적으로 달성된다고 할 수 있다.

　학습자가 주도적으로 마을의 생태와 환경 오염을 주제로 조사하고 탐구하면서 마을 구성원으로서 실천이 가능한 방안을 마련하고 함께 실천하며 그 내용을 평가하고 보완하는 과정이 이 활동의 핵심 요소이다. 교사나 마을 전문가의 설명을 수동적으로 받아들이는 것을 넘어 함께하는 실천을 통해 더욱 견고한 네트워크를 형성하고 마을 환경을 지킬 수 있는 기반을 마련할 수 있다.

✎ **마을에서 쓰레기가 가장 많은 곳이나 환경 문제가 심각한 곳을 조사해 봅시다.**

위치(구간)	
환경 문제 종류	
심각성	
해결 방안	
모둠이 선정한 마을 환경 지킴이 활동이 필요한 곳	

※ 마을에서 환경 문제가 있는 곳을 약도로 그려 보세요.

<마을 환경 지킴이 활동>		
장소 선정 이유		
해결 방안		
활동 일지	날짜	활동 내용
	월 일	
	월 일	
	월 일	
	월 일	
	월 일	

활동 전 장소 사진	활동 후 장소 사진

마을 환경 지킴이 활동

✎ 나의 일상 속 탄소발자국을 기록해 보고, 줄이기 위한 실천 계획을 수립해 봅시다.

〈탄소중립이란?〉

대기 중 온실가스 농도 증가를 막기 위해 인간 활동에 의한 배출량을 감소시키고, 흡수량을 증대하여 순 배출량이 '0'이 되는 것을 탄소중립 혹은 '넷제로(Net-Zero)'라고 말한다. 우리나라는 2050년을 목표로 탄소중립을 이루기 위해 노력하고 있다.

〈탄소발자국이란?〉

탄소발자국은 활동, 제품, 회사 또는 국가가 대기에 추가하는 온실가스의 총량을 비교할 수 있게 해주는 계산된 값 또는 지수이다. 탄소발자국은 일반적으로 비교 단위 당 톤의 배출량(지구온난화지수)으로 보고된다. 예를 들어, 연간 톤의 CO2-eq, 소비용 단백질 킬로그램당, 이동한 킬로미터당, 의류 한 벌당 등이 해당할 수 있다. 제품의 탄소발자국은 전 과정 평가 동안의 배출량을 포함한다. 이것들은 공급사슬을 따라 생산된 것부터 최종 소비 및 폐기까지 이어진다.

탄소발자국 기록장

탄소중립생활실천안내

▶ 탄소발자국 계산 방법
- 교통수단: 도보: 0 kg CO2 / 자전거: 0 kg CO2 / 대중교통: 0.1 kg CO2/km자동차: 0.2 kg CO2/km
- 전기 사용: TV: 0.4 kg CO2/hour / 난방기: 1 kg CO2/hour
- 음식: 육류: 5 kg CO2/meal / 채소: 0.5 kg CO2/meal

▶ 나의 일상 기록하기

날짜	활동 내용	시간	사용한 수단/전기/자원	예상 탄소발자국
2024. 10. 1	학교 가기	30분	도보	0 kg CO2
2024. 10. 1	TV 시청	60분	전기 사용	0.8 kg CO2

▶ 탄소발자국 줄이기 계획
- 주간 목표:

- 장기 목표:

▶ 나의 실천 기록 및 느낀 점

날짜	활동 내용	느낀 점
2024. 10. 8	대중교통 이용	탄소 줄이기를 위해 노력해 뿌듯함
2024. 10. 9	전기 사용량 줄이기	전기세 절감과 에너지 효율을 높여서 좋음

나의 탄소발자국 기록 및 줄이기

🫴 지혜의 수확

　마을의 환경을 지키는 태도와 노력은 단기적인 활동만으로는 충분하지 않으며, 장기적인 실천에 방점을 두어야 한다. 단기간의 활동을 통해서는 일시적인 효과를 얻을 수 있지만, 장기적인 실천이 지속될 때 비로소 그 효과는 커진다. 학습자가 성인이 될 때까지 마을의 환경을 고려한 소비와 환경 보호를 실천한다면, 이는 마을 뿐만 아니라 국가의 지속 가능한 발전에도 기여할 수 있다. 그러나, 이러한 실천이 일회성 또는 단편적인 활동으로 그치게 되면 학습자가 느끼는 성취감과 책임감은 일시적일 수밖에 없으며, 장기적인 변화를 끌어내기 어렵다. 장기적인 프로젝트나 캠페인 활동을 지속해서 실천하는 것이 환경 보호를 습관화하는 데 필수적이지만, 쉬운 일이 아니므로 이러한 요소들을 고려하며 꾸준히 실천하는 자세가 중요하고, 교사가 지속해서 관심을 두도록 지원해야 한다.

　이 단원의 '지혜의 수확'에서는 학습자가 자원을 재활용하여 지속해서 사용할 수 있는 물품을 제작하고, 이를 일상에서 활용하거나 다른 사람들과 나누는 활동을 통해 환경 보호를 생활화할 수 있는 기회를 제공한다. 이 활동은 학습자가 자원을 절약하고 환경을 보호하는 태도를 자연스럽게 습관화할 수 있도록 도우며, 실생활에서 직접 사용할 수 있는 물품을 제작함으로써 학습자는 자신의 노력이 실제로 환경에 미치는 긍정적인 영향을 체감하고, 장기적인 환경 보호 실천으로 이어질 수 있는 기반을 마련할 수 있다.

학년군	중 1~3학년군	교과	미술	영역(내용)	표현

평가 명	우리 마을을 담은 업사이클링 (친환경 제품 만들기)

관련 성취 기준	[9미02-01] 주제를 탐구하고 의도를 반영하여 적합한 표현을 계획할 수 있다. [9미02-02] 주도적이고 도전적인 태도로 다양한 미술 표현을 실험하고 작품에 적 용할 수 있다.

핵심 역량	창의·융합 역량, 공동체 역량

평가 목적	마을을 주제로 탐구하고, 환경 보호의 중요성을 인식하며 다양한 미술 표현 방법을 실험하고 주도적으로 작품에 적용한 창의적이고 실용적인 업사이클링 제품을 기획하 고 제작함

평가 설명	다양한 미술 기법을 실험하며, 업사이클링 제품(양말목, 에코백, 텀블러 백, 컵 받침 등)을 제작하고 마을의 특색을 반영한 디자인을 계획하고, 제작 과정에서 예술적 표 현과 기능적 실용성을 동시에 고려하고 환경 보호의 중요성을 연결함

평가 과정	① 주제 탐구 및 표현 기획 ② 제품 기획 및 디자인 ③ 업사이클링 제품 제작 ④ 제작 과정 기록 및 결과물 완성

평가 요소	주제 탐구 및 기획	• 마을의 주제를 탐구하고 이를 창의적으로 제품 디자인에 반영했는 가? • 다양한 미술 기법을 실험하고, 이를 적절히 제품에 적용했는가?
	제품 제작 창의성 및 실용성	• 업사이클링 제품이 창의적이며, 실생활에서 활용 가능한가? • 미술적 표현과 제품의 기능적 요소가 조화롭게 결합하였는가?
	미술 기법 의 실험 및 적용	• 다양한 미술 기법을 실험하고, 주도해서 작품에 적용했는가? • 기법의 표현이 제품에 적합하고, 독창적이며 매력적으로 표현되었는 가?
	제작 과정 기록 및 보 고서 작성	• 제작 과정에서의 실험적 시도와 문제 해결 과정을 기록하고, 논리적 으로 정리했는가? • 제품 기획 및 표현 기법에 대한 설명이 구체적으로 작성되었는가?

평가 피드백	상	주제 탐구와 미술 기법 실험이 주도적이고 창의적이며, 제품 제작 과정 에서 실용성과 미적 표현이 조화롭게 결합하였으며 보고서와 발표가 논 리적이며 설득력 있게 구성됨
	중	주제 탐구와 미술 기법 실험이 충실하게 이루어졌으며, 제품이 창의적 이고 실용적이며 발표와 보고서가 논리적으로 구성되었으며 피드백을 적절히 반영함

평가 피드백	하	주제 탐구와 미술 기법 적용에서 보완이 필요하며, 제품의 실용성이나 미적 표현에서 일부 부족하며, 발표와 보고서에서 개선의 여지가 있음

🌾 미래의 씨앗

　자원을 아끼고 마을의 환경을 보호하는 활동은 학교 교육과정의 창의적 체험활동 중 자율·자치활동, 봉사활동과 연계하여 실천할 때, 공동체의 협력을 통해 그 의의와 가치를 더욱 깊이 느끼고 공유할 수 있다. 개인적인 실천에서 확장하여 학급이나 학교 전체가 함께 참여함으로써 학습자들에게 협력과 소통의 중요성을 느낄 수 있으며, 학습자들이 각자 역할을 분담해 활동을 수행하고, 활동 결과를 공유하며 반성하는 과정을 통해 소통 능력과 책임감을 키울 수 있다.

　환경 보호 활동은 지속 가능한 삶의 방식을 체험하고 실천할 수 있는 기회를 제공한다. 학습자들이 직접 재활용품을 분리하거나 마을의 쓰레기 문제를 조사하고 해결책을 제안하는 과정은 이론적 학습을 실제 생활에 적용하는 유의미한 경험을 할 수 있다.

　환경 보호 활동은 주어진 과제를 행동하는 한정적 실천의 한계를 넘어 학습자들에게 지속 가능한 미래를 위한 사고방식을 심어주는 중요한 교육적 도구가 된다. 학습자들은 자원의 소중함과 환경 보호의 필요성을 실질적으로 이해하고, 이를 바탕으로 자신이 속한 사회와 세계에 긍정적인 변화를 만들어갈 수 있는 능력을 갖추게 된다.

♣ 3-(4). 우리 마을의 보물 지도 ♣

소단원 개관

마을 지도는 마을의 주요 장소, 시설, 자원 등을 시각적으로 표현하여 구성원 간의 정보 공유를 촉진하며, 마을의 구조와 경관에 대한 이해를 깊게 하고 역사와 문화를 탐구할 수 있도록 돕는다. 이러한 지도는 주민들이 일상에서 필요한 중요한 정보를 파악하는 데 기여하고, 정보 공유를 통해 공동체의 결속력을 강화하는 긍정적인 효과를 발휘한다. 객관적인 정보를 탐색하는 도구로서의 역할을 넘어 마을 주민들은 지도에 필요한 정보를 심층적으로 공유하고, 이를 바탕으로 새로운 형태로 재구성하고 재해석할 수 있다. 마을 지도를 통해 정보의 구성, 조직 및 탐색 과정에서 마을 구성원이 참여하여 제작한 지도는 주민들의 생활에 실질적인 도움이 될 수 있다. 이러한 지도는 주민들이 마을의 자원을 효과적으로 활용하고, 서로의 경험을 공유함으로써 지역사회의 문제를 해결하는 데에도 기여할 수 있다. 지리적 정보인 동시에 마을의 사회적 연대와 공동체 의식을 더욱 강화하는 데 중요한 역할을 한다.

이 단원에서는 마을의 물리적 환경, 구조, 역사 및 문화를 이해하고 지도 형태로 표현하는 활동을 통해 지역사회를 구조적으로 파악하도록 한다. 기존의 지도를 재구성하여 새로운 내용을 담도록 하고, 서로의 의견을 나누며 협력하는 과정에서 마을 구성원들에게 필요한 정보와 공유된 의식을 포함하여 이를 시각적으로 구현하는 것을 목표로 한다.

이 단원은 생활 속에서 필요한 정보와 마을 구성원의 삶이 담긴 내용을 포함한 지도의 필요성을 알고 지도가 필요한 마을 이웃을 위해 지도를 제작해 보며, 마을 지도의 효용과 가치를 인식하도록 한다. 다양한 주제의 마을 지도를 구현해 보며, 마을에 담긴 구성원의 삶을 깊이 있게 관찰하고 시각화할 수 있도록 한다.

이 단원을 통해 마을 구성원의 삶에 필요한 자료, 정보를 수집하고 이를 활용하여 유의미하고 체계적으로 만들어 학습자가 주변의 이웃을 위한 매체를 구성, 제작하는 능력의 향상을 기대한다.

소단원 개요

학습목표		• 마을의 주요 자원과 특성, 지역사회에 유용한 정보를 조사하고, 설명할 수 있다. • 마을의 특성 및 자원을 반영한 참여형 지도를 기획하고 제작할 수 있다. • 지역사회에 기여할 수 있는 책임감을 가지고, 마을 구성원을 위한 유용한 지도를 제작하는 과정에 적극적으로 참여하는 태도를 기른다.
학습 요소		마을 지도
학습 핵심 역량		창의적 사고 역량, 지식정보처리 역량
성취기준 및 관련 교과	성취기준	[9마삶-03-04] 마을 구성원에게 유용한 정보와 주요 자원, 특성을 반영한 참여형 지도를 제작하여 지역사회에 기여한다.
	관련 교과	국어, 사회, 미술
학습 내용	생각의 씨앗	마을 지도 제작 대상 탐색하기, 마을 구성원 깊이 살펴보기
	배움의 뿌리	마을 지도 제작 과정, 다양한 마을 지도
	탐구의 싹	마을 지도 주제 및 제공 대상 정하기, 마을 지도 포함 장소 정하기
	상상의 가지	마을 지도 포함 대상·공간 표현하기
	창의의 열매	마을 지도 그리기

| 학
습
내
용 | 지혜의 수확 | 우리 마을 포스터 / 우리 마을 안내서 |
| | 미래의 씨앗 | 성취감, 효능감을 높이는 다양한 활동 체험 |

생각의 씨앗

마을 지도를 제작하는 것은 여러 면에서 긍정적인 요소를 지니고 있다. 지도는 마을을 전체적으로 조망하며 넓은 시야를 탐색할 수 있게 해 주고, 마을의 자원, 문화재, 주요 장소 등을 한눈에 표현함으로써 공간을 재인식할 수 있는 기회를 제공한다. 이와 함께, 활용도가 높은 내용을 포함하면 마을 구성원이 함께 사용할 수 있는 유용한 자료로서의 가치를 가진다.

물론, 정보 기술의 발전으로 애플리케이션 지도는 많은 정보와 서비스를 제공하기 때문에 종이 지도나 휴대하는 지도의 활용도가 낮아질 수 있다. 스마트폰의 몇 번의 터치로 사용자가 원하는 정보를 얻을 수 있기에 마을 지도의 효용성에 대한 의문이 제기될 수 있다. 그러나, 마을 지도는 완벽한 형태의 지도 제작을 목표로 하기보다는 학습자가 마을을 이해하고 인식하며, 마을 구성원을 위한 내용을 담아 지역사회에 이바지할 수 있도록 하는 데 중점을 두어야 한다. 마을 지도는 포함할 내용과 제작에 드는 시간에 따라서나 어느 대상에게 전할 정보를 담느냐에 따라서도 그 가치와 효용이 달라지는 유도성을 지닌다.

이 소단원의 '생각의 씨앗'에서는 마을 지도를 제작하는 것이 주된 활동이지만, 마을 지도를 제작하는 데 있어서 가장 중요한 시작이라 할 수 있는 마을 주변의 이웃을 살펴볼 필요가 있다. 마을 지도 제작이 학습자끼리 만들어 보는 것도 좋지만, 마을 구성원을 위한 마을 지도를 만드는 것이 학습자가 느낄 수 있는 만족감과 성취감을 높일 수 있다.

위로를 전할 대상과 공간	
감사를 전할 대상과 공간	
존경을 전할 대상과 공간	
도움을 전할 대상과 공간	

마을 지도 제작 대상 탐색하기

앞선 활동은 마을 지도를 활용하여 지원, 도움, 감사, 존중 등을 전할 수 있는 대상을 떠올리거나 마을 지도에서 활용할 수 있는 대상을 알아보는 과정이다. 이어서 진행할 수 있는 활동은 마을 지도의 제작 목적과 활용도를 심도 있게 생각해보는 것이다. 이 활동에서는 마을이라는 공간을 공동으로 공유하며 공간의 연결점이나 공통점, 특징을 통해 하나의 마을 지도로 포괄할 수 있는 주제를 탐구할 수 있다.

✎ 모둠원과 협의하여 마을에서 중요하거나 의미 있는 공간 10곳을 선정해 봅시다.

곳	제안자	제안 이유	공간의 위치
1			
2			
3			
4			
5			
6			
7			
8			
9			
10			

마을 구성원을 깊이 살펴보기

마을 지도 제작 활동은 다양한 교과와 영역에서 수행할 수 있으며, 간단한 1차시 수업으로도 가능하고, 프로젝트 수업으로 진행하여 긴 시간 동안 연계할 수도 있다. 이 활동은 주제와 품질, 포함 내용에 따라 여러 형태로 구현될 수 있다. 마을 지도 제작의 핵심은 '어떤 지도를, 누구를 위해 만들 것인가'라는 질문이다.

이 소단원에서는 단순히 학교와 마을을 탐색하는 지도 제작이 아니라 마을 구성원들이 지도에서 적절히 활용할 수 있는 대상을 고려하고, 마을만의 이야기를 담은 지도를 제작하는 것을 목표로 한다. 이 목표를 달성하기 위해 마을 지도 제작 과정에 대한 전반적인 이해와 다양한 마을 지도의 특성을 알 수 있도록 한다.

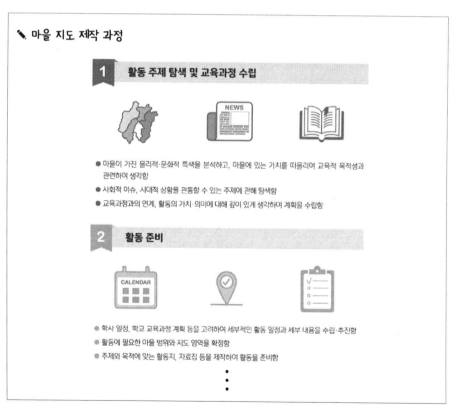

✎ 마을 지도 제작 과정

1 활동 주제 탐색 및 교육과정 수립

- 마을이 가진 물리적·문화적 특색을 분석하고, 마을에 있는 가치를 떠올리며 교육적 목적성과 관련하여 생각함
- 사회적 이슈, 시대적 상황을 관통할 수 있는 주제에 관해 탐색함
- 교육과정과의 연계, 활동의 가치·의미에 대해 깊이 있게 생각하며 계획을 수립함

2 활동 준비

- 학사 일정, 학교 교육과정 계획 등을 고려하여 세부적인 활동 일정과 세부 내용을 수립·추진함
- 활동에 필요한 마을 범위와 지도 영역을 확정함
- 주제와 목적에 맞는 활동지, 자료집 등을 제작하여 활동을 준비함

'배움의 뿌리' 내용 부분

🖋 다양한 마을 지도

▶ 마을 맛집 지도

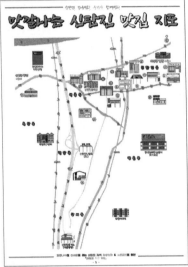

코로나19로 인하여 많이 바뀐 학교의 일상에서 학생들은 안전하고 건강히 지내기 위해 노력하고 있으며, 이를 지켜보는 교사로서 대견하고 감사한 마음이 큽니다. 학생들의 바뀐 일상을 보면서 예전처럼 학생들이 즐겁고 신나게 뛰어놀고 친구와 거리 두지 않고 지낼 수 있는 일상으로 회복을 간절히 바라며 오늘도 학생들 앞에 섭니다. 다행히도 백신, 방역 등으로 작년보다 학생들이 서서히 일상을 되찾아 가는 걸음을 뗀 것 같아서 기쁘고, 코로나19 속에서도 잘 지내주는 학생들에게 고마움이 큽니다. 학생들이 안전하고 건강하게 지낼 수 있는 것은 학생들, 교사, 학부모님들의 노력과 수고가 있었기에 가능했습니다. 또한, 밤낮으로 코로나19 예방과 방역을 위해 애쓰시는 보건소, 병원에 근무하시는 분들의 덕분입니다. 서로서로 위해 힘쓰고 격려하고 배려하는 마음이 우리 사회를 현재 지탱하고 있는 가장 큰 힘입니다. 이러한 코로나19 확산 방지, 감염 예방 노력의 상황 속에서 어려움을 겪는 우리 주변의 소중한 이웃을 학생들과 생각했습니다. 신탄진 지역에서 오랜 역사와 전통을 토대로 코로나19에 맞서고 있는 신탄진 지역의 맛집입니다. 학생들이 코로나19로 경제적인 어려움을 겪고 있는 소상공인, 자영업자분들을 생각해 보고, 그분들에게 따뜻한 위로와 힘을 보태고 싶었습니다. 그래서 학생들과 총 89곳의 신탄진 맛집을 찾고, 선정하여 「신탄진 지역 자영업자, 소상공인을 위한 신탄진 맛집 지도」를 만들었습니다. 학생들이 자신들이 직접 방문해 보고 자료를 조사하여 얻은 지식과 경험을 바탕으로 신탄진 지역의 맛집을 선정하여 안내하는 지도를 만들었습니다. 7개의 모둠으로 나누어 활동하고, 그림 실력이 뛰어나고 미술에 관심 있는 학생들이 건물 모양을 같이 그렸습니다. 활동의 주인공은 우리 학생들이었습니다.

▶ 마을 전통시장 지도

마을의 전통 오일장을 학생들이 조사, 탐구하면서 오일장에 있는 가게들을 분류하여 오일장을 이용하는 사람들에게 정보를 제공하며, 오일장의 가치와 역사를 알릴 수 있도록 하였습니다. 학생들이 직접 오일장을 걸으며 가게를 조사, 파악하며 시장을 깊이 있게 이해

:
:
:

'배움의 뿌리' 내용 부분

🌱 탐구의 싹

마을 지도 제작 과정과 여러 마을 지도에 관해서 이해하였다면 실제로 마을 지도 제작에 관한 경험을 제공하여 실행할 수 있다. 마을 지도 제작에서 교사의 역할보다는 학습자의 역할이 무엇보다 강조되어야 한다. 마을에 숨겨져 있거나 흩어져 있는 여러 가지 마을 지도의 소재를 학습자가 함께 찾아내서 목걸이를 만들 듯이 하나의 주제로 만들어 내야 한다. 학습자가 주도적으로 탐색하면서 지도를 활용할 수 있는 대상을 고민하고 그 대상이 활용할 수 있는 내용을 담아 내야 하기에 긴밀한 소통이 바탕이 되어야 한다.

이 소단원의 '탐구의 싹'에서는 모둠원들이 협력하여 마을 지도의 주제, 장소, 내용 등을 탐색하여 마을 지도 제작 계획을 수립할 수 있도록 한다.

✎ 모둠별로 마을 지도를 만들기 위한 주제와 마을 지도를 제공할 대상을 제시해 봅시다.

<피자 조각 활동이란?>

1. 4명의 모둠으로 구성하세요.
2. 자신이 생각하는 마을 지도 주제와 마을 지도를 제공할 대상을 생각해 보세요.
3. 피자 판에 마을 지도 주제와 마을 지도를 제공할 대상을 1개씩 적어 보세요.
4. 모둠원이 적은 주제를 토대로 협의하여 모둠의 마을 주제와 대상을 정합니다.

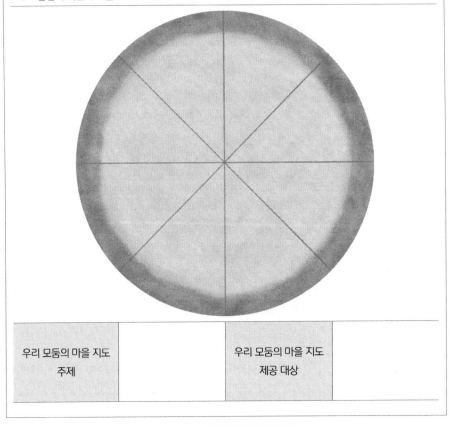

우리 모둠의 마을 지도 주제		우리 모둠의 마을 지도 제공 대상	

마을 지도 및 제공 대상 정하기

✎ 모둠별로 마을 지도를 만들기 위한 장소를 협의하고, 선정해 봅시다.

〈피자 조각 활동이란?〉

1. 4명의 모둠으로 구성합니다.
2. 자신이 생각하는 마을 지도에 포함할 장소 2곳을 생각합니다.
3. 자신이 생각하는 마을 지도에 포함할 장소 2곳을 조각 위에 적습니다.
4. 모둠원이 적은 주제를 토대로 협의하여 모둠의 마을 주제를 정합니다.

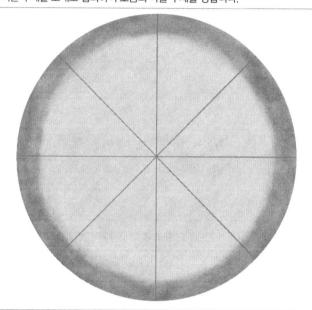

마을 지도에 포함할 장소로 선정된 곳			
곳	선정된 장소	장소에 관한 정보	위치(주소)
1			
2			
3			
4			
5			
6			
7			
8			

마을 지도 포함 장소

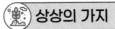

마을 지도를 제작하는 과정에서 반드시 고려해야 할 핵심 요소가 있다. 우선, 지도는 시각적 자료이므로 표현 방식에 따라 지도를 활용하는 사람이 느끼는 감정과 활용도가 달라질 수 있다. 비슷한 맥락에서 지도에 담는 정보의 종류와 방식 또한 같은 주제를 다루더라도 지도를 다르게 만들 수 있다. 지도를 제작하는 과정에서는 어떤 정보를 어떻게 표현할 것인지 모든 것이 포괄하는 마을 지도의 주제와 제공 대상과 어떻게 연결되는지를 신중하게 고려해야 한다.

'상상의 가지'에서는 학습자가 실제로 마을 지도에 표현할 장소 또는 대상을 그림으로 간단히 표현해 보는 활동과 마을 지도에 담을 내용과 항목을 설정해 보도록 한다.

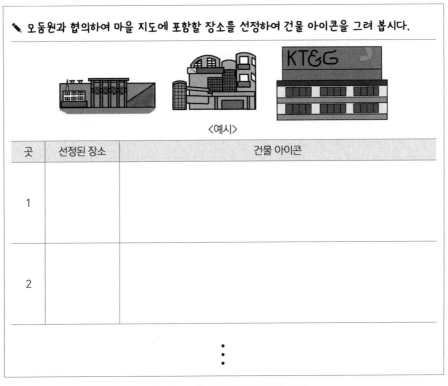

마을 지도 포함 공간 및 대상 표현하기

모둠원과 협의하여 마을 지도에 포함할 장소와 내용을 구성해 봅시다.

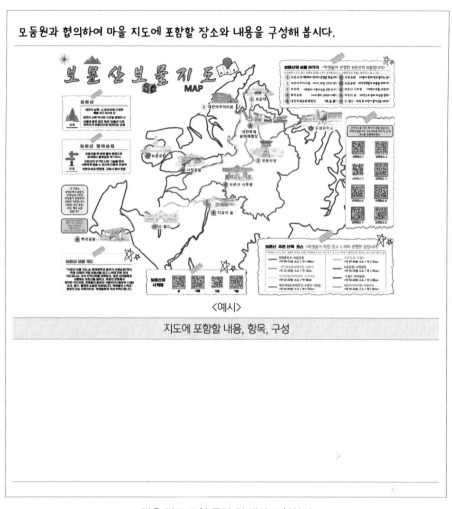

〈예시〉

지도에 포함할 내용, 항목, 구성

마을 지도 포함 공간 및 대상 표현하기

🍒 창의의 열매

그동안의 자료 조사와 협의 등을 바탕으로 모둠별로 지도 만들기 활동을 실제로 실행해 볼 수 있다. 종이에 작성하여 지도를 만들 수도 있지만, 전자 기기 및 협업 플랫폼의 협업 기능을 활용하여 전자 매체 속 지도를 제작하여 수정, 보완, 변경이 가능하게 할 수 있다.

⑤

⑥

⑦

⑧

지도명:

①

②

③

④

🫴 지혜의 수확

　　마을 지도는 짧게는 수업 1차시에도 마무리할 수 있지만, 활용도가 높은 지도를 목표로 하면 꽤 오랜 시간을 할애할 수 있다. 시각적인 요소가 강하기에 학습자 간의 표현 능력의 차이가 있어서 시각적 표현력이 미흡한 학습자는 참여 동기나 흥미가 낮아질 수도 있다. 이를 고려하여 '지혜의 수확'에서는 시각적 요소를 강조하지만, 단시간에 압축하여 마을을 상징적으로 표현할 수 있는 포스터를 제작해 보는 활동을 제안해 볼 수 있고, 시각적인 요소와 함께 텍스트를 더하여 마을 안내서를 작성해 보는 활동도 제안해 볼 수 있다.

학년군	중 1~3학년군	교과		미술	영역(내용)	표현
평가 명		우리 마을 포스터 (마을 소개 포스터)				
관련 성취 기준	[9미02-01] 주제를 탐구하고 의도를 반영하여 적합한 표현을 계획할 수 있다.					
핵심 역량	창의·융합 역량, 공동체 역량					
평가 목적	마을의 역사, 문화, 자원 등을 탐구하고, 마을의 특색을 반영한 시각적 표현과 안내 요소를 포스터로 구성하여 창의적이고 설득력 있는 디자인을 완성하여 효과적으로 안내하고 홍보하는 포스터를 제작함					
평가 설명	자신이 살고 있는 마을을 소개하고 홍보하기 위한 포스터를 그려서 마을의 특색 있는 장소, 자원, 역사적 또는 문화적 요소를 탐색하고, 이를 시각적으로 표현하며 포스터는 마을을 방문하는 사람들에게 정보를 전달하고, 마을을 효과적으로 홍보함					
평가 과정	① 주제 탐색 및 자료 수집 ② 포스터 디자인 기획(목적, 색상 및 글꼴, 이미지 구성) ③ 포스터 제작 ④ 제작 과정 기록					
평가 요소	주제 탐색의 충실도	• 마을의 역사, 문화, 자원 등을 탐색하고 그에 맞는 주제를 선택했는가? • 주제를 적절히 표현할 방법을 다양한 방식으로 탐색했는가?				
	정보 전달의 명확성	• 포스터가 전달하려는 정보가 명확하고 쉽게 이해할 수 있는가? • 주제와 연관된 정보가 적절하게 배치되었는가?				

평가 요소	제작 과정의 성찰 및 기록	• 제작 과정에서 선택한 디자인 기법, 자료 수집 및 주제 탐색의 과정을 논리적으로 기록했는가? • 시도한 방법과 결과에 대한 성찰이 포함되었는가?
평가 피드백	상	주제 탐구와 다양한 표현 방식 실험이 주도적이고 창의적이며, 포스터가 정보 전달과 시각적 매력에서 매우 뛰어나며 제작 과정이 논리적으로 기록되고 성찰이 잘 이루어짐
	중	주제 탐구와 다양한 표현 방식을 충분히 시도하였고, 포스터가 창의적이며 정보 전달이 잘 이루어졌으며 제작 과정과 발표가 논리적이며 피드백을 적절히 반영함
	하	주제 탐구와 표현 방법에서 보완할 부분이 있으며, 포스터의 정보 전달력과 시각적 요소에서 부족한 부분이 있으며, 제작 과정 기록이나 발표에서 개선의 여지가 있음

학년군	중 1~3학년군	교과		미술	영역(내용)		표현
평가 명			우리 마을 안내서 (마을 소개 안내문 만들기)				
관련 성취 기준	[9미02-01] 주제를 탐구하고 의도를 반영하여 적합한 표현을 계획할 수 있다. [9사(지리)07-02] 우리나라 행정 구역과 주요 도시의 위치를 파악하고, 자신이 살고 있는 곳의 장소성과 장소감을 표현한다.						
핵심 역량	공동체 역량, 창의·융합 역량, 정보 활용 역량						
평가 목적	다양한 방식으로 마을의 역사, 문화, 자연환경 등을 수집하여 이를 탐구하여 안내서에 알기 쉽고 체계적으로 표현하여 마을을 알리고 홍보할 수 있는 방법을 고민하여 안내서를 제작함						
평가 설명	마을을 소개하고 안내하는 내용의 안내서를 제작하며 이 안에 마을의 역사, 문화, 자연경관, 주요 명소, 대표적인 행사 등을 탐색하고 이를 다양한 방식으로 수집하며, 탐색한 자료를 바탕으로 마을 방문객에게 정보를 전달하는 동시에, 마을의 특성을 효과적으로 알기 쉬운 구성으로 제작함						
평가 과정	① 주제 탐색 및 자료 수집 ② 안내서 기획 및 디자인 ③ 안내서 제작 ④ 제작 과정 기록						

평가 요소	주제 탐색의 충실도	• 마을의 역사, 문화, 자연경관 등을 충실히 탐색하고, 적합한 주제를 선정했는가? • 자료 수집 방법이 다양하며, 수집한 자료가 안내서 제작에 충분히 반영되었는가?
	구성 및 디자인	• 안내서의 레이아웃과 디자인이 시각적으로 매력적이고 정보 전달이 효과적인가? • 사진, 그래픽, 지도 등의 시각 자료가 적절하게 활용되었으며, 텍스트와 균형이 잘 이루어졌는가?
	정보 전달의 명확성	• 안내서에 포함된 정보가 명확하게 전달되며, 마을에 대한 이해를 돕는가? • 주요 독자를 고려한 정보 구성과 내용이 적절하게 배치되었는가?
	제작 과정의 성찰 및 기록	• 주제 탐색 과정에서 선택한 방법과 표현 방식이 논리적으로 기록되었는가? • 제작 과정에서의 문제 해결 과정과 성찰이 충분히 이루어졌는가?
평가 피드백	상	마을의 다양한 자원을 충실히 탐색하고, 수집한 자료가 주제에 적합하게 명확히 구성하였으며 안내서의 시각적 구성과 정보 전달이 매우 뛰어나며, 제작 과정의 기록과 성찰도 우수함
	중	마을 탐구가 적절히 이루어졌으며, 안내서가 시각적으로 매력적이고 정보 전달이 명확하며, 제작 과정에서 성찰이 이루어졌고, 피드백도 잘 반영됨
	하	마을 탐구와 주제 선정에서 다소 부족한 부분이 있으며, 안내서의 시각적 구성이나 정보 전달에서 보완이 필요하며 제작 과정 기록이나 성찰에서 개선의 여지가 있음

미래의 씨앗

마을 지도 제작의 가장 핵심은 성취감과 효능감, 만족감에 있다. 마을을 위한 지도 제작이 학습자가 지속해서 마을을 위한 활동으로 이어질 수 있도록 학습자가 만족하고 성취감을 느낄 수 있는 활동을 계속 제공해야 한다. 지도 제작 과정을 통해 학습자들은 마을의 자연환경, 역사, 문화적 가치를 새롭게 발견하며, 학습자가 제작한 지도가 마을 공동체에 실질적인 도움을 줄 수 있다는 자부심과 효능감을 얻게 된다.

♣ 3-(5). 미래의 우리 마을, 모두의 가능성 ♣

소단원 개관

지속 가능한 발전은 현재 세대의 필요를 충족하면서 미래 세대가 자신들의 필요를 충족할 수 있도록 하는 발전 방식이다. 이는 환경 보호, 경제 성장, 사회적 평등을 동시에 고려하며, 마을의 생태계를 건강하게 유지하고 경제활동을 활성화하며 사회적 불평등을 줄이고 공동체 구성원 간의 협력과 신뢰를 강화한다. 이러한 발전은 기후 변화에 대응하는 효과적인 방법을 제공하고, 학습자들은 공동체 구성원으로서 이러한 발전의 필요성을 이해하고, 지속 가능한 목표 달성에 기여할 수 있다.

이 단원에서는 일상생활에서의 경험을 지속 가능한 발전의 필요성과 연결하여 고민하고, 지속 가능한 발전 목표와 실천 사례를 학습한다. 마을의 지속 가능한 발전 방안과 실천 과제를 탐색하며, 미래 마을을 위한 지속적인 실천 방안을 제안한다. 이 과정을 통해 학습자들은 실제적인 실행 계획을 세우고, 구체적인 실천을 통해 지속 가능한 발전의 효과와 중요성을 체험할 수 있다.

이 단원은 개인의 경험에서 출발하여 공동체가 직면한 문제를 인식하고, 이를 해결하기 위한 전 세계의 노력을 조사하고, 일상에서 적용할 수 있는 실천 사례를 탐구하며, 학습자가 목표를 설정하고 실행한 후 평가할 수 있도록 구성하였다. 이 과정을 통해 학습자는 문제 해결 과정에 적극적으로 참여하며, 실질적인 변화를 끌어낼 수 있는 능력을 개발할 수 있다.

이 단원은 환경과 사회를 아우르는 지속 가능한 발전을 위한 효과적인 해결책을 제시하고, 사회 및 환경 문제를 종합적으로 분석하며 비판적 사고를 촉진한다. 현재와 미래 세대를 위해 협력하고 소통하는 능력을 강화함으로써 학습자가 다양한 문제에 대해 깊이 있는 이해와 대응을 할 수 있도록 한다. 이 과정을 통해 학습자들은 개인적이고 공동체적인 차원에서 지속 가능한 변화를 이끌어갈 수 있는 기반을 마련할 수 있다.

소단원 개요

학습목표		• 마을의 현재 상황과 환경적, 사회적 문제를 조사하고, 분석하여 설명할 수 있다. • 마을의 문제를 해결하기 위해 지속 가능한 실천 방안을 탐구하고, 구체적인 계획을 수립하여 제안할 수 있다. • 마을의 미래를 위한 지속 가능성의 중요성을 인식하고, 이를 실현하기 위해 책임감과 협력의 자세를 기른다.
학습 요소		미래의 마을, 지속 가능한 마을
학습 핵심 역량		공동체 역량, 협력적 소통 역량
성취기준 및 관련 교과	**성취기준**	[9마삶-03-05] 마을의 현재를 탐구하고, 미래를 위한 지속 가능한 실천 방안을 모색한다.
	관련 교과	국어, 기술·가정
학습 내용	생각의 씨앗	푸드 마일리지 이해 및 계산해 보기
	배움의 뿌리	지속 가능한 발전 및 목표
	탐구의 싹	마을 발전 방안 탐구
	상상의 가지	마을의 미래 모습 상상하기
	창의의 열매	지속 가능한 마을을 위한 실천 일기, 지속 가능한 마을의 모습

학습내용	상상의 가지	미래의 친환경 우리 마을 설계하기
	창의의 열매	마을을 함께 만들어 가는 마을 구성원

생각의 씨앗

'마을의 삶과 앎'을 통해 학습자는 마을을 깊이 이해하고 탐구하며, 마을 구성원으로서 역할과 책임을 배우고, 마을의 지속 가능한 발전을 위해 함께 참여하고 실천할 수 있도록 한다. 지속 가능한 발전의 의미와 필요성을 이해하도록 유도하며, 이를 바탕으로 학습자가 마을의 발전을 위한 책임 있는 자세를 갖추도록 돕는다.

마을교육과정은 학습자들이 일상과 밀접하게 연결된 내용을 중심으로 학습할 수 있도록 구성되며, 실생활에서 직접 경험하고 체험할 수 있는 활동을 통해 학습자의 적극적인 참여를 유도할 수 있다. 배운 내용을 이론적으로 이해하는 데 그치지 않고, 이를 실제 생활에 적용할 수 있도록 하여 학습자들이 지속 가능한 실천의 중요성을 체감하게 한다.

'생각의 씨앗' 단원에서는 푸드마일리지와 에너지 절약과 같은 일상적인 주제를 탐구하며, 학습자들이 자원과 에너지 소비에 대한 책임감을 갖도록 한다. 학습자들은 자신이 생활 속에서 실천할 수 있는 작은 변화를 계획하고 실행하면서 지속 가능한 발전의 기초를 마련하게 된다. 예를 들어, 지역에서 생산된 농산물을 이용하는 방법을 조사하거나 가정에서 실천할 수 있는 에너지 절약 방법을 정리하여 가족과 공유하는 활동을 통해 실질적인 변화를 체감할 수 있다.

✎ **다음 상황에 맞게 밥상을 차려 봅시다.**

〈상황〉
가족의 생일(생신), 친구 초대, 우리집 저녁 식사, 주 1회 특별식 중에서 한 가지 상황을 설정하여 밥상을 차려 보세요.

✎ **내가 차린 밥상의 푸드마일리지를 파악해 봅시다.**

| 푸드 마일리지란? |

식료품의 양(t)에 이동거리(km)를 곱한 것으로 식재료가 생산, 운반, 소비되는 과정에서 발생하는 환경 부담을 나타낸다.

예를 들어, 국산 포도의 푸드 마일리지는 514만t.km이지만 수입 포도의 푸드 마일리지는 5억 2천 400만t.km으로 나타난다.

2004년 한겨레 신문에서 조사한 우리 나라 주요 식재료 중 수입품의 푸드 마일리지는 아래와 같다.

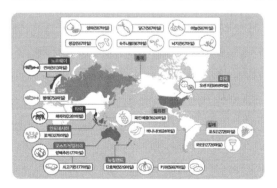

출처:2004년 한겨레신문

| 주요 식품의 자급률과 푸드 마일리지 |

자급률 90% 이상

식품명	원산지
쌀, 오이, 딸기, 양배추, 사과, 배, 수박, 고구마, 양파	국산

자급률 50~90%

식품명	원산지	푸드 마일리지	
고추	중국	567마일	912.5t.km
생강	중국	567마일	912.5t.km
포도	칠레	12,726마일	20,480.5t.km
돼지고기	미국	5,968마일	9,604.5t.km
닭고기	미국	5,968마일	9,604.5t.km
연어	노르웨이	5,113마일	8,228.5t.km
해파리	타이	2,281마일	3,671t.km
명태	일본	759마일	12,215t.km
꽃게	인도네시아	3,278마일	5,275.5t.km

자급률 10~50%

식품명	원산지	푸드 마일리지	
잡곡	중국	567마일	912.5t.km
당근	중국	567마일	912.5t.km
소고기	호주	5,177마일	8,331.5t.km

자급률 0~10%

식품명	원산지	푸드 마일리지	
밀	미국	5,968마일	9,604.5t.km
옥수수	미국	5,968마일	9,604.5t.km
콩	중국	567마일	912.5t.km

자급률 0%

식품명	원산지	푸드 마일리지	
오렌지	미국	5,968마일	9,604.5t.km
바나나	필리핀	1,624마일	2,613.5t.km
파인애플	필리핀	1,624마일	2,613.5t.km
레몬	미국	5,968마일	9,604.5t.km

푸드마일리지 이해

✎ **내가 차린 밥상의 음식 중 한 가지를 골라서 푸드마일리지를 알아 봅시다.**

고른 음식	
전 과정 (원재료 생산에서부터 가정으로 오기까지의 과정)	〈전 과정의 예〉 밭 → 운송(트럭, 기차, 비행기 등) → 도매상 → 운송수단(트럭, 기차 등) → 소매상 → 우리집

	번호	식품명	푸드마일리지 (수입 식품 대상)
푸드마일리지 탄소 발생량			t.km
			t.km
			t.km
			t.km
			t.km
			t.km
			t.km

푸드마일리지 계산하기

　지속 가능한 발전은 환경, 경제, 사회적 측면이 조화롭게 발전하며 현재와 미래 세대의 필요를 만족시키는 발전 방식을 말한다. 더 나은 미래를 조성하고 다음 세대에게 건강하고 지속 가능한 지구를 물려줄 수 있다는 목표를 가지고 있다. 지속 가능한 발전은 전 세계적인 움직임이며 우리나라에서도 널리 알려져 강조되고 있다. 초등학교부터 교과 수업 및 창의적 체험활동과 연계해 다양한 활동을 하고 있지만 정확한 이해와 실천을 위한 명확한 행동에 대한 공감과 이해는 아직 부족하다. 개인의 실천이 큰 긍정적 효과를 낼 수 있다는 '나비 효과'를 가시적으로 인식하지 못하고 편의에 따른 행동 때문에 지속 가능한 발전을 위한 실천으로 이어지지 않는 경우가 많다.

　학습자가 작은 것부터 시작하여 실천할 수 있는 행동력과 공감, 이해가 바탕이 되어야 한다. 세계적인 흐름도 중요하지만, 가정, 학교, 마을에서 실천할 수 있는 활동을 적극적으로 안내하는 것이 필요하다.

✏️ 지속가능발전

지속가능발전(Sustainable Development)이라는 용어는 1987년 세계환경개발위원회(WCED)가 발표한 보고서인 "우리 공동의 미래"(Our Common Future)에서 '미래 세대가 그들의 필요를 충족시킬 능력을 저해하지 않으면서 현재 세대의 필요를 충족시키는 발전's)이라고 정의하면서 본격적으로 사용되었다.

우리나라 「지속가능발전법」에서는 "지속가능성"이란 현재 세대의 필요를 충족시키기 위하여 미래 세대가 사용할 경제·사회·환경 등의 자원을 낭비하거나 여건을 저하(低下)시키지 아니하고 서로 조화와 균형을 이루는 것을 말하고, "지속가능발전"이란 지속가능성에 기초하여 경제의 성장, 사회의 안정과 통합 및 환경의 보전이 균형을 이루는 발전을 말한다고 정의하고 있다.

현대 서구의 물질문명 사회는 인본주의 사상과 기계론적 우주관에 그 뿌리를 두고 발전해 왔다. 공리주의 철학 바탕을 둔 인본주의는 본질적인 가치를 지니는 주체로 인간만을 설정하고, 자연은 본원적인 존재가치가 없는 인간의 행복 달성을 위한 수단적인 객체로 간주되었다. 그리하여 인간이 자연을 소유지배 관리함으로써 영원한 번영을 누릴 수 있는 것으로 인식되다. 또한 기계론적 우주관은 우주와 자연은 수많은 부품으로 만들어진 자동차와 같아 만일 어떠한 부분이 고장나면 그것만 수리하거나 교체하면 다시 작동되는 것으로 인식하였다. 이러한 자연관과 문명에 대한 인식은 인간이 자연을 착취하는 경제사회구조를 만들었다.

⋮

✎ 지속가능발전 2030 의제

2015년 9월 채택된 유엔 SDGs(Sustainable Development Goals) 합의문인 「Transforming Our World」 서문에서는 "이 의제는 사람, 지구, 그리고 번영을 위한 행동 계획이다."라고 밝히고 있으며, 좀 더 많은 자유가 있는 보편적인 평화를 강화하고자 함을 강조하고 있다. 이어서 "모든 국가와 모든 이해당사자는 협력적 파트너십을 통해 이 계획을 이행할 것이다."라고 하고 있다. 유엔 SDGs 2030은 17개의 목표(Goals)와 169개의 세부 목표(Targets)로 구성되어 있음. 169개 세부 목표는 목표 달성을 위한 전략이라고 볼 수 있는데, 193개국이 모두 참여한 것이라 17개 목표별로 각국의 발전 단계에 따른 세부 목표가 서로 다를 수 있는 것이다. SDGs의 목표연도인 2016부터 2030년까지 각국은 매년 7월 유엔총회에 SDGs 이행 상황을 보고해야 하며, 4년에 한 번씩은 각국 정상회담을 통해 이행 체계를 점검하기로 되어 있다. 이를 위해 230여 개의 평가지표(Indicators)를 마련하고 있다.

▲ 지속가능발전목표(SDGs)의 17가지 목표들

번호	목표 명	설명
1	모든 형태의 빈곤 퇴치	모든 곳에서 모든 형태의 빈곤 종식
2	기아 해소와 지속 가능한 농업	기아 종식, 식량 안보 달성, 개선된 영양상태의 달성, 지속 가능한 농업 강화
3	건강과 웰빙	모든 연령층의 모든 사람을 위한 건강한 삶 보장 및 복지증진

⋮

'배움의 뿌리' 부분 내용

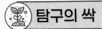
탐구의 싹

 마을의 지속 가능한 발전은 자원과 에너지를 아끼는 것만을 의미하지 않는다. 이는 마을 구성원으로서 마을을 심층적으로 이해하고 탐구하여 마을의 문제점을 보완하고, 마을의 잠재적 가능성과 자원을 효율적으로 활용하도록 하는 것을 포함한다. 이전 단원에서는 마을의 문제점을 탐색하고 단기적인 실천 방안을 모색했다면, 이 단원에서는 보다 장기적인 안목으로 접근한다. 문제점을 발굴하고 해결 방안을 제안하는 것은 물론, 이전 단원에서 배운 내용을 종합하여 마을의 강점, 약점, 개선점을 분석하는 것이 의미가 있다. 마을에서의 축적된 경험을 되새기고 이를 통해 얻은 통찰력을 바탕으로 전체적인 탐구 활동을 진행하도록 한다.

✎ **우리 마을이 지속해서 유지, 발전하면서 성장하는 방안을 작성해 봅시다.**

우리 마을의 장점(Plus)	
우리 마을의 단점 (Minus)	
우리 마을의 개선점 (Interesting)	
모둠원끼리 공유하고, 발전을 위한 방안 토의 및 정리	

마을 발전 방안 탐구하기

🔬 **상상의 가지**

마을은 끊임없이 변화하며, 이 변화는 물적, 인적 요소의 상호작용을 통해 이루어진다. 마을의 발전을 통상적으로 높은 건물이 들어서고 인구가 증가하는 현상으로 볼 수 있지만, 마을 구성원이 환경, 사회, 경제적으로 지속 가능한 방식으로 함께 살아가는 것도 큰 의미를 둔다. 시간이 흐름에 따라 변화하는 마을에서 지속 가능한 발전이 이루어지면, 마을은 기후 변화에 효과적으로 대응하고, 사회적 통합을 이루며, 생태계를 보호하는 방향으로 나아갈 것이다. '상상의 가지'에서는 이러한 미래의 마을을 상상하며, 지속 가능한 발전의 가치를 포함한 마을을 탐구하도록 한다.

✎ 30년 후의 우리 마을의 모습을 상상하며 작성해 봅시다.	
가장 크게 변했을 것 같은 모습 (인구, 환경, 거주형태 등)	
20년 후의 마을의 자랑 (명소, 인물, 특산물 등)	
내가 사는 집 주변의 모습	
20년 후의 마을의 전체 모습	

마을의 미래 모습 상상하기

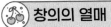 **창의의 열매**

지속 가능한 발전이 함께하는 마을은 현재의 상상이나 미래의 모습일지라도, 우리의 노력과 실천이 병행될 때 현실이 될 수 있다. 실천과 행동 없이는 지속 가능한 발전과 우리가 꿈꾸는 마을은 실현 불가능한 신기루에 불과하다. 지속 가능한 발전을 단순히 아는 것에 그치지 않고 실제로 실천하는 것에 주안을 둘 필요가 있다. 간헐적인 실천보다는 지속적인 노력이 필요하며, 이러한 실천을 통해 다양한 감정을 경험하고 그에 대한 평가와 피드백을 받을 때 진정한 성장이 이루어진다고 할 수 있다. '상상의 가지'에서는 미래의 우리 마을을 상상한 바를 토대로 '창의의 열매'에서는 구체적인 실천 방안을 선정하고 이를 기반으로 실천 일기를 작성해 보는 활동을 권장하며, 이는 학습자가 자기 행동을 통해 직접적으로 지속 가능한 발전에 기여할 수 있는 방법을 모색하고 적용해 볼 수 있다.

✎ **지속 가능한 마을을 위한 실천 방법을 선정하여 실천 일기를 작성해 봅시다.**

〈실천 방법〉
재활용과 분리수거 참여, 지역 청소 활동, 대중교통 이용 및 친환경 교통수단 활용, 에너지 절약 실천, 지속 가능한 소비 실천, 환경 교육프로그램 참여 및 홍보, 녹색 건축 및 조경 프로젝트 참여, 환경 보호 지역 행사 및 캠페인 참여, 사회관계망 서비스를 통한 친환경 인식 캠페인 등
※ 제시한 방법 이외의 방법은 인터넷 검색하여 선정할 수 있음

내가 선정한 실천 방법 (여러 개 가능)			
실천 다짐			
실천 목표			
	날짜	실천 방법	실천 느낌(한 줄)
실천 기록			
느낀 점			

지속 가능한 마을을 위한 실천 일기

실천 일기와 더불어 학습자가 실천할 수 있는 활동으로 지속 가능한 삶의 모습을 기록하는 것이 제안될 수 있다. 실천 일기가 주로 개인의 경험을 중심으로 한다면 공동체 내에서의 지속 가능한 삶의 모습을 관찰하고 그 과정을 사진으로 기록하는 활동은 공동체 차원에서의 실천을 장려한다. 학습자는 공동체 내에서 실천하고 있는 지속 가능한 행동들을 더 깊이 이해하고 자신의 일상에 적용해 볼 수 있는 기회를 얻게 된다.

✎ **공동체에서 지속 가능한 삶의 모습을 포착하여 작성해 봅시다.**

〈지속 가능한 삶의 모습 예〉
도로에서 자전거를 타는 모습, 재활용 쓰레기통, 분리수거하는 모습, 지역 농민의 가게, 지역상점, 대용량 음료 용기, 심어진 묘목, 도서관, 아이들과 함께 일하는 어르신, 지역사회 구성원·주민 모임, 어려운 이웃을 위해 돕는 모습 등

사진 제목	

※ 사진 표현이 어려우면 그림으로 표현해 보세요.

▶ 위 사진에 담고 있는 내용에 관해 서술해 봅시다.

  – 사진 촬영 대상:

  – 사진에 담긴 의미:

지속 가능한 마을의 모습

지속 가능한 발전은 현재와 미래의 조화를 통해 현재와 미래 세대의 필요를 충족하며, 미래 세대에게 건강한 지구를 물려주기 위해 현재부터 준비하고 실천해야 하는 분명한 이유가 있다. 지금부터 준비하고 실천함으로써 미래를 함께 만들어 가는 것이 중요하다. 마을도 같은 맥락에서 현재의 구성원이 함께 협력하여 지속 가능한 발전을 위한 기반을 만들어야 한다. 현재의 거주 환경과 생활 기반 시설은 미래의 지속 가능한 발전을 위한 핵심 요소이다.

'지혜의 수확'에서는 앞선 '탐구의 싹'과 '상상의 가지'를 통해 탐구한 마을의 장단점과 가능성을 활용하여 지속 가능한 발전이 실현된 친환경 마을을 설계해 볼 수 있다.

학년군	중 1~3학년군	교과	기술·가정	영역(내용)	지속 가능한 기술과 융합
평가 명	미래의 친환경 우리 마을 설계하기 (친환경 도시 설계하기)				
관련 성취 기준	[9기가04-12] 기술적 문제에 대한 도전적 태도로 다양한 분야에 활용되고 있는 융합 기술의 사례를 탐구하고 미래의 기술 변화를 전망한다.				
핵심 역량	기술학적 지식, 기술적 실천				
평가 목적	기후 변화와 환경 문제 해결을 위한 친환경 도시 설계에 적용할 수 있는 융합 기술의 사례를 탐구하고, 이를 바탕으로 미래 도시가 나아가야 할 방향을 창의적으로 제시하며 마을의 친환경 도시 모델을 제안함				
평가 설명	친환경 미래 도시 설계에 필요한 융합 기술을 탐구하고, 이를 바탕으로 마을을 친환경적이고 지속 가능한 도시로 발전시키기 위한 아이디어를 기획하고, 다양한 기술적 문제를 해결하는 방법과 미래에 예상되는 기술 변화를 반영한 설계 방안을 제안함				
평가 과정	① 융합 기술 탐구 및 주제 선정 　(스마트 그리드, 재생 에너지, 에너지 효율 건축물, 자율주행 차량 등) ② 미래 기술 변화 전망 ③ 미래 친환경 도시 설계 계획 ④ 설계도 및 보고서 작성 ⑤ 발표 및 피드백				

	융합 기술 탐구 및 적용	• 다양한 융합 기술을 충실히 탐구하고, 도시 설계에 창의적으로 적용했는가? • 기술적 문제를 인식하고, 이를 해결하는 방법을 구체적으로 제시했는가?
	미래 기술 변화 전망	• 미래의 기술 변화와 그 발전 가능성을 전망하고, 도시 설계에 반영했는가? • 기술 변화에 따른 도시의 변화를 구체적으로 설명했는가?
평가 요소	설계의 창의성 및 실현 가능성	• 미래 도시 설계가 창의적이고 실현이 가능하며, 친환경적인 요소가 잘 반영하였는가? • 설계가 논리적이며 기술적 도전 과제를 해결하는 방안을 제시했는가?
	설계 설명서, 보고서 작성	• 설계 설명서와 보고서에 융합 기술의 적용, 기술적 문제 해결 과정, 미래 기술 전망이 명확히 설명되었는가? • 설계의 목적과 의도가 논리적으로 정리되었는가?
	발표 및 피드백 반영	• 발표가 명확하고 논리적으로 이루어졌는가? • 피드백을 적절히 반영하여 설계를 보완했는가?
평가 피드백	상	융합 기술 탐구와 미래 기술 전망이 매우 충실하고 창의적이며, 도시 설계에서 실현 가능성과 친환경적 요소가 훌륭하게 반영되었으며 보고서와 발표가 논리적이며 명확함
	중	융합 기술 탐구가 충분히 이루어졌으며, 미래 기술 변화 전망이 설계에 잘 반영되었으며 도시 설계가 실현 가능하며 창의적이고, 보고서와 발표가 논리적으로 구성함
	하	융합 기술 탐구와 미래 기술 전망에서 다소 부족한 부분이 있으며, 도시 설계의 실현 가능성이나 창의성에서 일부 보완이 필요하며 보고서와 발표에서 개선할 여지가 있음

🌾 미래의 씨앗

학습자가 생활하는 마을은 가족 구성원의 삶의 터전이자 오랜 시간을 머무는 공간이다. 학교가 있는 공간에 국한될 수 있지만, 다양한 구성원이 함께 거주하며 만들어 가는 복합적이고 다채로운 공간임을 알고 마을 구성원으로서 갖추어야 할 자질과 역량을 키우며 마을 구성원이자 청소년으로서 마을을 위해 참여하고 실천하는 민주시민으로서 지속해서 성장할 수 있는 경험을 제공해야 한다.

참고문헌

교육부(2021). 2022 개정 교육과정 총론 주요 사항.

교육부(2022). 초등학교 교육과정(교육부 고시 제2022-33호, 별책 2).

교육부(2022). 중학교 교육과정(교육부 고시 제2022-33호, 별책 3).

한국교육과정평가원(2024). 2022 개정 교육과정에 따른 성취수준 개발 연구(총론).

대전교육청(2024). 「대전광역시교육청 학교자율시간 운영 길라잡이」. 대전교육청.

윤현식(2024). 「삶과 앎이 공존하는 마을교육·학교자율시간」. 한국문화사.

대전광역시(2006). 「대전의 역사와 문화」. 대전광역시 역사문화교과서편찬위원회.

대전광역시(2014). 「대전의 역사와 문화」. 대전광역시 역사문화교과서편찬위원회.

대전광역시(2023). 「우리 고장의 역사와 문화」. 대전광역시 문화유산과.

대전광역시교육청(2024). 「대전의 생활」. 대전교육과학연구원.

대전광역시 누리집(대전 소개): https://www.daejeon.go.kr/drh/daejeon

대전광역시 누리집(대전의 통계): https://www.daejeon.go.kr/sta

대전광역시 누리집(대전 관광 홈페이지): http://daejeontour.co.kr

대전문화재단 누리집: http://www.dcaf.or.kr

대전문화재단 누리집: http://www.dcaf.or.kr

전국지속가능발전협의회 누리집: http://www.sdkorea.org

지속가능발전포털 누리집: https://www.ncsd.go.kr

ODA 청소년 누리집: https://www.odakorea.go.kr

아하! 세계시민 누리집: http://ahagc.net

에필로그

학교 현장의 교사들은 항상 교육과정에 대해 깊이 고민하며, 학생들의 성장을 위해 최선을 다하고 있습니다. 학교 현장의 교사들은 교육 환경의 변화, 구성원의 다양한 요구, 교육 활동의 제약 등 여러 어려움 속에서도 학생들을 위한 교과 수업, 창의적 체험활동, 생활 지도와 상담에 진심으로 임하고 있습니다. 이 순간에도 학교에서 교육적 가치를 실현하고자 최선을 다하는 선생님들께 깊은 감사와 존경의 마음을 전합니다.

다양한 구성원이 만들어가는 교육의 경향과 요구 속에서 교사의 역할은 더욱 중요해지고 있으며, 그에 따른 책임과 부담도 증가하고 있습니다. 마을과 학교를 잇고, 교사 교육과정 실현을 위한 고민과 노력 속에서 마을교육은 2000년대 후반부터 재조명받기 시작해 2010년대 중반에는 마을교육공동체가 강조되면서, 다양한 주체가 함께하는 교육으로 주목받고 여러 기관과 연계한 교육이 실천해 왔습니다. 이러한 흐름에서 학교와 교사는 물론, 지역 사회, 지자체, 마을전문가가 참여하여 마을의 가치와 특색을 반영한 교육과정을 만들어냈습니다.

이 과정에서 주체들 간의 관점 차이, 사업의 시기와 성격에 따른 협조 제한, 학생 참여의 제약, 학교 교육과정과의 연계 어려움, 추진 동력과 예산 지원의 편차 등 다양한 도전과 과제가 나타났습니다. 이런 상황 속에서도 교사 중심의 마을교육 실천이나 학교 교육과정 중심의 교육 활동을 이어가며 교육적 가치를 지켜가는 이들이 있었습니다. 학교 현장의 교사들은 묵묵히 지역 사회와 연계하는 교육과정을 고민하고, 마을을 배우고, 마을을 통해 익히며, 마을을 위해 실천하는 활동을 꾸준히 추진했습니다. 이러한 노력과 과정은 2022 개정 교육과정에서 새롭게 도입된 '학교자율시간'을 통해 지역화 교육과정과 학교 특색을 반영한 교육과정을 실현할 수 있는 든든한 토대가 될 것입니다. 2022 개정 교육과정 이전 교육과정에서도 분권화와 지역화 교육과정이 강조되었으나, 이를 실현할 기회는 제한적이었습니다. 그러나 2022 개정 교육과정의 '학교자율시간'을 통해 이제는 그 가능성을 조금 더 기대해 볼 수 있습니다.

이 책을 마무리하며, '학교자율시간'을 통해 학생들이 자기 삶의 터전이자 지식의 바탕이 되는 마을과 학교에서 배우고 실천하며 성장해 나가기를 바랍니다. 학교자율시간을 활용한 마을교육이 마을을 단편적으로 경험하는 공간이 아니라 길게는 학창 시절 12년을 보내며 가치관과 경험, 추억과 기억이 쌓이는 곳, 그리고 함께 살아가는 공동체가 만들어 가는 장소로 인식되기를 기대합니다. 나아가, 학생들이 마을을 위해 고민하고 실천하며 성장할 수 있는 소중한 토대가 되기를 바랍니다.

이 책에서 제시한 '마을의 삶과 앎'이라는 학교자율시간 과목의 교육과정 성격과 목표, 체계, 성취기준, 성취수준, 단원 구성은 그동안 교사 중심의 마을교육을 실천하며 쌓아온 경험과 생각, 가치를 담았습니다. 제시된 내용은 완전하고 절대적인 것이 아닙니다. 이 책을 읽는 분들과 함께 공유하고 고민하며 더 나은 방향과 효과적인 방법을 모색하고자 하는 제안입니다.

이 책이 완성되기까지 많은 분들의 도움과 지원을 받았습니다. 모든 분을 일일이 열거할 수는 없지만, 한 분 한 분께 진심 어린 감사의 마음을 전합니다. 언제나 아낌없는 도움과 격려를 보내주신 모든 분께 깊이 감사드립니다. 더불어, 이전에 출간한 책에 관심과 성원을 주신 분들과 이 책을 읽게 될 독자 여러분께도 깊은 고마움을 전하며 독자분들의 삶이 행복으로 가득한 나날이 되기를 진심으로 바라며 그 마음을 이 책에 담아 고이 전합니다.

한국문화사 대표님을 비롯해 원고 검토와 출간 과정에서 많은 도움을 주신 부장님과 최선을 다해 지원해 주신 대리님께도 감사의 인사를 드립니다. 양가(兩家) 부모님을 비롯한 가족들에게도 깊은 감사의 마음을 전합니다.

끝으로, 두 번째 책을 출간할 수 있도록 가장 가까이에서 격려하고 묵묵히 응원해 준, 세상에서 가장 아름답고 사랑스러운 아내에게 깊은 감사의 마음을 전합니다. 또한, 아빠의 첫 책을 자랑스럽게 친구들에게 보여주며 "이게 우리 아빠 책이야"라고 소개하고, 집필 과정 내내 "아빠 멋져.", "아빠, 잘 생겼어.", "아빠 최고야."라며 힘을 북돋워 준 사랑스러운 쌍둥이 두 딸에게도 진심으로 고마운 마음을 전합니다.

2025년 1월 20일
사랑하는 쌍둥이 두 딸의 생일을 기념하며

저자소개

윤현식

'知之者 不如好之者, 好之者 不如樂之者'라는 마음가짐을 늘 간직하며 학생들과 함께해왔습니다. 학생들과의 행복한 시간과 추억을 쌓으며, 그들의 앎이 삶과 연결되기를 고민해 왔습니다. 학생들이 주도적으로 경험하고 성찰하며, 실천과 성장을 이어가는 존재가 되기를 언제나 바라며 기원합니다.

'如犀角獨步行'의 자세로 고유한 가치와 색깔을 지닌 교사 중심의 마을교육을 묵묵히 실천해왔습니다. 학생들이 삶과 배움의 결합을 넘어 스스로 문제를 해결하고 주도적으로 사회에 참여하며 함께 살아가는 포용적인 존재로 성장할 수 있도록 늘 함께하겠습니다.

'삶의 공간으로서의 학교', '축소된 사회로서의 학교'를 지향하며, 학생들의 배움을 삶과 연결하고, 마을이라는 삶의 터전에서 다양한 경험과 실천을 통해 깨달음을 얻고, 삶의 본질에 주목하며 배움과 삶을 연계하여 타인과 공존하는 주체적 존재로서 주도성을 키울 수 있도록 항상 최선을 다하겠습니다.

▶저서: 「삶과 앎이 공존하는 마을교육·학교자율시간」(2024, 한국문화사)
▶충남대학교 교육대학원 교육학(교육심리 및 교육과정) 석사

- 대전교육연수원 강사 위촉(2014, 대전교육연수원)
- 청소년활동 프로그램 공모전 최우수상(2015, 대전청소년활동진흥센터)
- 대전교육발전실천연구대회 3등급(2016, 대전교육청)
- 자유학기제 유공 교원 표창(2016, 대전동부교육지원청)
- 청소년활동 프로그램 공모전 대상(2016, 대전청소년활동진흥센터)
- 제14회 100대 교육과정 우수학교 유공 교원(2016, 대전교육청)
- 학교폭력 예방 및 해결 우수 유공 교원(2017, 대전대덕경찰서)
- 교재개발연구위원 연구대회 3등급(2017, 대전교육청)
- 창의인재씨앗학교 운영 유공 교원 표창(2017, 대전교육청)
- 혁신학교 유공 교원 교육부 장관 표창(2020, 교육부)
- 대전교육발전실천연구대회 3등급(2021, 대전교육청)
- 마을 교육 지원 유공 표창(2023, 대전동부교육지원청)
- 2022 개정 교육과정 선도 교원
- 수업·평가 혁신지원단
- 마을교육공동체 지원단
- 창의인재학교(대전형 혁신학교) 컨설턴트

누구나 쉽게 따라 하고 사용할 수 있는
마을을 담은 학교자율시간 교과서

1판 1쇄 발행   2025년 1월 20일

지 은 이 | 윤현식
펴 낸 이 | 김진수
펴 낸 곳 | 한국문화사
등   록 | 제1994-9호
주   소 | 서울시 성동구 아차산로49, 404호 (성수동1가, 서울숲코오롱디지털타워3차)
전   화 | 02-464-7708
팩   스 | 02-499-0846
이 메 일 | hkm7708@daum.net
홈페이지 | http://hph.co.kr

ISBN 979-11-6919-283-5 03370